纺织服装高等教育"十二五"部委级规划教材

服装职业教育项目课程系列教材　系列教材主编：张福良

MERCHANDISING MANAGEMENT OF APPAREL

服装理单跟单实务

周爱英　于春阳　楼亚芳　编著

东华大学出版社
·上海·

图书在版编目(CIP)数据

服装理单跟单实务 / 周爱英,于春阳,楼亚芳编著.
—上海:东华大学出版社,2015.8
ISBN 978-7-5669-0873-5

Ⅰ.①服… Ⅱ.①周… ②于… ③楼… Ⅲ.①服装
企业—工业企业管理—销售管理—高等学校—教材
Ⅳ.①F407.865

中国版本图书馆 CIP 数据核字(2015)第 179816 号

责任编辑:谭 英
装帧设计:戚亮轩

服装理单跟单实务

周爱英 于春阳 楼亚芳 编著

东华大学出版社出版

上海市延安西路 1882 号

邮政编码:200051 电话:(021)62193056

新华书店上海发行所发行 苏州望电印刷有限公司印刷

开本:787mm×1092mm 1/16 印张:18.25 字数:470 千字

2015 年 8 月第 1 版 2015 年 8 月第 1 次印刷

ISBN 978-7-5669-0873-5/TS·636

定价:41.00 元

序

  服装职业教育是服装工业化和生产社会化、现代化的重要支柱。我国高职服装教育起步较晚,是从普通高等教育分化出来的,受普通高等教育的影响很大。从课程结构上看,其课程结构安排基本上是普通高等教育的翻版,表现为文化基础课、专业基础课和专业课这种三段式结构。专业课的教学与实习也是分开进行的,理论教学与实践教学缺乏紧密的联系。从课程内容上看,高职课程也是以理论知识为主,实践仅被作为理论的应用和验证而置于次要地位。尽管通过改革,实践教学的比例有所放大,但并没有从根本上解决理论和实践的整合问题,正如近代教育家杨贤江所说的"教育与劳动分家","脑与手拆了伙,求知与做工离了婚"。理论与实践的这种割裂,必然难以培养出融理论和实践于一体的高技能人才。

  教材建设也与服装产业快速发展的要求存在很大差距。虽然市场上高职服装教材似乎并不缺乏,但普遍存在着这样或那样的问题,许多教材缺乏高职特色、内容陈旧,大多还是按照学科体系安排的,往往都是挑选学科知识体系中的显性知识,并且每门学科课程都强调系统性和完整性。然而,这些所谓的"经典"内容往往跟不上日新月异的服装时尚的发展,没有和先进的产业技术接轨,"教非所用,用非所学"的现象相当普遍。

  国际上一些国家近年来对职业教育教学内容进行了改革,如德国的学习领域、澳大利亚的培训包、美国的课程整合、法国的职业探索课程以及日本"地域综合科学科"和"桥梁课程体系"等。这些国家职业教育的改革呈现了许多共同要素,也为我们职教课程改革提供了总体走向。

  国内近年来高职项目课程的教学改革也如火如荼。以工作任务为主体的项目课程,一方面要针对学生未来某一职业岗位或岗位群,选择特定的知识和技能,不特别强调内容的完整性、系统性,着力选择学生在未来职业世界所需要的知识结构和能力结构,使学生得到职业世界的认可;另一方面,又为学生长期的工作和发展服务,为今后的教育和持续学习创造接口和条件,增加拓展性的教学内容,使这些内容具有迁移作用。

  项目课程模式的基础体系是工作体系。该体系的基本逻辑关系是基于职业岗位(群)的工作任务的相关性。工作体系在本质上是一个实践体系。工作体系是跨学科的,而学科体系是跨任务的。不同于学科结构的工作结构是客观存在的,而非人为构建的。工作知识是在工作实践中"生产"的,它们的产生完全出于工作任务目标达成的需要,依附于工作实践过程而存在。因此以工作知识为内容的项目课程的结构也必然取决于工作结构。项目课程的功能定位不同于学科课程,它适用于培养高素质技能型专门人才。项目课程模式体系、结构是符合高职教育人才培养规律的。

  经过几年的教学改革和试用,我们大胆推出高职服装项目课程系列教材。课程内容打破学科界限,使内容组织服从于所要解决的服装工作领域的问题。教材配合服装项目课程体系改革,以培养学生服装职业综合能力为主要目标,内容选择以"任务"为主线,以"行动"为主题,以服装业中有结构的项目,即具有相对独立性的工作任务为单元,选择真实的案例或者完整的项目来达到课程内容的综合化,充分考虑案例和任务的典型性、真实性、完整性和覆盖面,把单一的工作任务与整体的工作任务整合起来,并与最终的产品联系起来,学生通过完成工作任务来建构和职业相关的知识和技能。

  服装项目课程是一种全新的高职服装教学课程体系,与之相应的项目教材无论是体系还是内容、乃至教学方法都是全新的。因为是重新建构,一定存在矛盾和问题,也正因为新,才充满生命活力。所以我们热诚欢迎同仁们提出问题,以便我们不断进步,使新的高职服装项目教学更加健康成长,为我国目前服装产业的全面提升作出应有的贡献!

张福良

前　言

　　近年来,随着纺织服装行业的迅速发展以及服装品牌全球化趋势的日益明显,纺织服装的分工也越来越细,要求也越来越高,服装理单跟单工作也显得越来越重要。服装企业、服装公司的所有工作都是围绕服装订单、提高服装质量、增强服装品牌知名度这一目的开展的。本书全部采用服装企业实际案例,选取有代表性的订单——针织及梭织服装订单,根据企业服装理单跟单实际操作,详细介绍服装理单跟单的基本要求、如何签订合同、如何选择与评估服装加工厂、样衣的制做与确认、面辅料的确认、服装大货生产跟单、服装品质控制与检验以及装箱等各相关环节内容。书中各环节的详细分解说明、相关的理论知识拓展和技能训练等,便于学习者理解、掌握以及实际操作,能够起到举一反三、融会贯通的作用。此外,本书的全部资料均来自于宁波服装公司的实际订单,按照服装公司的实际工作情境组织课程内容,意在强调实用性及实际操作性。

　　全书结构新颖,内容完整,方法具体,实例详实、丰富,且结合了当前服装企业的实际操作,具有很强的实用性。本书可作为服装类院校"服装理单跟单实务"课程的专业教材;同时也可供有志从事服装行业的人士参考使用。

目 录

第一章　理单跟单认知

理单跟单是企业以客户需要为起点,以客户订单为线索,对生产、贸易过程中的各种沟通资讯以及订单标的(产品或服务)的生产运作过程加以监控,对与订单任务有关的生产、物流、信息、资金、客户服务等进行全程跟进、组织、协调、管理、控制,以确保生产任务和订单交易按质、按量、按时完成的全过程。从事理单跟单工作的人员被称为理单跟单员。

理单跟单是生产、贸易运作过程的基本控制手段,是企业经营管理的核心业务,综合反映了企业的贸易谈判能力、产品开发能力、生产协调能力、成本控制能力、资讯管理能力和客户服务能力。理单跟单员工作能力的强弱和工作水平的高低,直接关系到产品质量的好坏,交货期的准时与否,成本与效益的高低。

一、理单跟单的渊源

理单跟单是专业分工的结果。在手工时代一件产品是由一个人完成的,产品的质量由单个生产者的技艺水平决定,生产者的质量标准就是市场的质量标准。专业分工出现之后,产品是由多人分工来完成的,为了达到预期的质量标准,必须有人跟进生产线,监督每位员工的工作质量是否与预期标准一致,这样质量跟进的管理职能就出现了。这是理单跟单最早的形态。

在卖方市场时期,由于市场的质量标准是由生产者的质量标准决定的,消费者没有选择权,因此,理单跟单的职能也就简单地界定为企业内部预期的质量控制。大工业化出现之后,生产者由生产要素的组织者转变为生产要素的被组织者。随着生产、交换的时间与空间分离,特别是品牌营销策略付诸实践之后,为了确保统一的质量,贸易或零售企业制定了质量标准,生产企业必须按照客户的质量标准组织生产。为了检查客户的质量标准是否被有效执行,生产企业需要有内部理单跟单人员进行质量监测,客户也需要有专业的理单跟单人员进行质量监测,从而形成由企业理单跟单与客户理单跟单构成的质量监测体系。

二、理单跟单员的工作特点

理单跟单员的工作范围既有涉及企业(外贸公司和生产企业)生产过程和产品质量控制的事宜,也涉及与外贸业务员有关的其他相关部门(如海关、检验检疫、货物运输)等的事宜。因此,理单跟单员的工作具有以下特点。

1. 较高的责任心

理单跟单员的工作是建立在订单与客户基础上的。订单下的产品质量,是决定企业能否安全收回货款、保持订单持续性的关键。因此,执行好订单、把握产品质量需要理单跟单员的敬业精神和认真负责的态度。

2. 协调与沟通

在工作过程中,对内需要与多个部门(如生产、计划、检验等部门)打交道,对外要与商检、海关、银行、物流等单位打交道,因此理单跟单员的协调与沟通的能力直接影响工作效率。

3. 节奏快、变化多

理单跟单员的工作方式、工作节奏必须适应客户的要求。由于客户来自世界各地,他们有不同的生活方式和工作习惯,因此,理单跟单员的工作节奏和工作方式必须与客户保持一致,要具有高效率和务实性,能吃苦耐劳。另外,不同的客户需求也不同,而且这种需求又随着产品不同而有所区别,这些都需要理单跟单员具有快速应变能力。

4. 工作的综合复杂性

理单跟单员工作涉及企业所有部门,由此决定了其工作的综合性、复杂性。对外执行的是销售人员的职责,对内执行的是生产管理协调职责。所以理单跟单员必须熟悉进出口贸易的实务和工厂的生产运作流程,熟悉和掌握服装专业知识和生产管理全过程。

5. 涉外性和保密性

理单跟单员工作是围绕着外来订单进行的,在跟单过程中要与客户沟通,理解并贯彻他们对合同的要求,从而保证订单的顺利执行。在工作过程中涉及的客户、商品、工艺、技术、价格等信息资料是企业商业机密,理单跟跟单员必须保密,必须忠诚于企业。

三、理单跟单种类

根据工作地点、工作单位、工作对象和工作内容的不同,服装理单跟单可以被划分为不同的种类。划分方法没有固定的模式,各服装企业可根据自身的实际情况作适当分类,以明确工作分工和职责。

1. 根据工作地点不同划分

可划分为内勤跟单与外勤跟单。内勤跟单是指在企业内部开展相关跟单工作。外勤跟单是指在有关协作企业开展相关跟单工作。比如,对于接单能力较强的生产企业,通常会有大量的外发业务,为了控制外发业务的质量与进度,需要派出专门人员跟进,这就属于外勤跟单。

2. 根据隶属单位不同划分

可划分为企业跟单、中介跟单与客户跟单。企业跟单又分为贸易跟单和生产跟单,是生产加工厂和贸易公司分别聘用的跟单人员;中介跟单是专门提供跟单服务的中介公司聘用的跟单人员;客户跟单是客户聘用的跟单人员。

企业跟单、中介跟单、客户跟单虽然分工不同,但都有着共同的目标,就是确保订单生产、交易顺利完成。但由于他们任职的主体不同,其利益关系不同,因此他们之间既有协作又有对立,特别是在质量问题上出现争议时,需要相互的理解与合作才有利于问题的解决。从服务性、独立性的角度看,贸易跟单更有代表性,生产跟单通常是从属于贸易跟单,为贸易跟单服务。

在国际贸易中,许多大型的采购集团经营范围很广,不可能在各个专业领域配备专门的跟单人才,通常委托专业的跟单服务机构提供独立性强的第三方跟单服务,他们提供的跟单报告具有权威性,是交货、付款的重要依据。

3. 根据跟单环节不同划分

可划分为业务跟单、样板跟单、订单资料跟单、面料跟单、辅料跟单、生产跟单和船务跟单。

营销部的跟单只要是为客户和生产部门提供服务,完成交易,销售产品,称之为业务跟单;在接单前后以及整个订单生产过程中涉及的所有样板的制作跟踪和审核、寄送、修改等均为样板跟单工作的内容;订单资料的收集、编织、分发、更改与存档等均属订单资料跟单;面辅料的开发、采购、供应商的开发与评估等工作则归属面料跟单和辅料跟单的范畴;而生产部的跟单是监控生产过程是否符合订单或客户要求;成品的运输与安排、发货跟踪等物流管理工作以及贷款结算工作均称为船务跟单。

对于一些中小型的服装生产加工厂或贸易公司,一个跟单员的工作涵盖了客户业务开发、面辅料采购、订单资料汇编、样板试制、生产与货运的全过程跟进工作。对于一些大型的服装企业,其订单量大、客户较多,为了提高跟单专业化水平,将跟单过程分解,每个跟单员只负责某一个环节的跟进工作。

四、服装理单跟单工作流程

服装跟单的核心内容大致可包括订单开发、样品跟单、面料跟单、生产与质量跟单等相对独立的跟单流程。

1. 订单开发

也称业务跟单,工作内容包括不断开发新客户、定期寻访老客户、产品设计开发与展示、接洽订单与交易磋商、订单报价与合同签订。

2. 样品跟单

利用生产企业资源或专业打板公司,设计、制作服装样板,监控各种成衣样板的制作质量和进度,跟进各种成衣样板的评审,并按照客户的修改意见跟进各种样板的修改,为相关部门及生产企业提供成衣生产的成本估算。

3. 面辅料跟单

面辅料跟单的主要工作包括:开发面辅料品种及面辅料供应商;按照客户要求或提供的面辅料样品,评审面辅料供应商的面料样品,向客户提供面辅料样品,跟进客户的评审、确认;为相关部门及生产企业提供面辅料报价服务;对面料生产进度、质量、交货期进行监控,组织面辅料查货验收。

4. 生产与质量跟单

生产与质量跟单的主要工作包括:评选服装加工厂;向客户提供生产前样板、生产周期计划等咨询;跟进生产进度,对生产过程进行现场监控,并开展中期质检;开展后期质量查验,做好出货安排;跟进加工厂寄出船头样板和客户对船头样板的确认;订单生产完成后的文件资料整理与归档工作等。

5. 船务跟单

根据订单交货期,制定交货日程安排计划,租船订舱,分配货柜;跟进交货的详细资料及有关文件,协助做好货款结算工作等。

一个订单从接单到出运,其操作流程如下图所示。

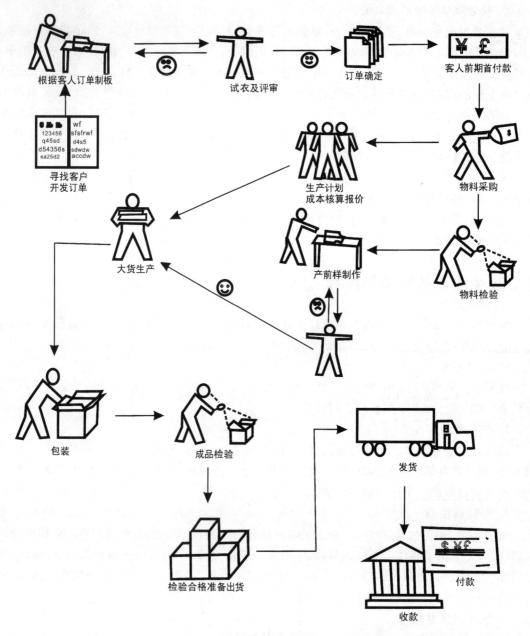

根据客人订单制板 → 试衣及评审 → 订单确定 → 客人前期首付款

寻找客户开发订单

生产计划成本核算报价 ← 物料采购

大货生产 ← 产前样制作 ← 物料检验

包装 → 成品检验 → 发货

检验合格准备出货 → 收款 → 付款

理单跟单工作流程图

五、服装理单跟单员的能力要求

1. 分析报价能力

　　能够分析客户的特点,清晰了解客户的需求。随时掌握市场原材料价格的变化,并根据订单产品价格的构成,迅速提供生产企业与客户均能接受的准确、合理的报价,并尽快获取订单。

2. 生产预测能力

根据客户订单的要求、企业的生产能力、物料的供应情况等，预测生产加工过程中可能出现的问题，并与客户协商，制定相应预防、变通措施，反馈给客户确认，以利于订单签订、生产计划以及交货期的安排。

3. 沟通交际能力

不仅要善于口头沟通，还要善于书面沟通，能够熟练使用现代通信工具，准确地表达本企业的生产能力、产品的报价、规格限制、交货期限、付款方式等各种信息。既要与企业外部的客户、协作企业、原材料供应商等打交道，也要与企业内部的主管、同事打交道，故应建立良好的人际关系，做好各方面的协调工作，取得各方面的支持，确保任务顺利完成。

4. 服装专业能力

对客户所下的任何一张订单，都要从价格、面料、辅料、工艺、款式、质量等多方面加以分析，所以理单跟单员需要具有相应的服装专业知识。例如，掌握产品原材料的特点、性能、来源地、成分、所生产服装的种类特点、款式细节、品质要求，以便向客户提供专业的参考意见，帮助客户改进产品，提高产品市场竞争力。

5. 商务谈判能力

理单跟单员在日常工作中经常遇到与客户谈判的情况，无论是涉及价格、服务、投诉，还是面对客户提出过高的要求，都需要通过与客户谈判，争取客户的认同或降低标准，力求用有限的资源换取最理想的回报。跟单员要通过谈判，努力使企业与客户双方达成共识，实现双赢。

6. 紧急应变能力

在服装生产过程中，如果出现紧急情况或突发事件，理单跟单员必须根据实际情况做出快速反应，或及时向主管汇报、或采取恰当办法、或请求援助，务必使问题得到及时有效的解决，确保订单生产按预订计划进行。

7. 角色转变能力

服装理单跟单员有时代表服装生产企业与客户进行谈判，有时又代表客户与服装生产企业协商，有时代表服装生产企业与原材料供应商洽谈，有时又代表供应商向客户反映原材料的问题。总之，理单跟单员在整个跟单过程必须懂得随时转换角色。

8. 其他综合能力

由于理单跟单工作具有较强的综合性，涉及相关的外贸业务，这决定了理单跟单员还需要具备一定的外语会话能力、计算机操作能力、灵活运用各种统计工具控制进度的能力，需具备装卸、运输、仓储、配送以及财务会计、银行单证等方面的知识，了解国际贸易的相关规则以及商检、报关等进出口手续，熟悉关于合同、票据等的法律知识。

六、服装理单跟单的应用

服装理单跟单作为服装生产过程控制的手段，在服装产业链升级过程中逐渐延伸到商业贸易、第三方公证服务等领域，成为服装贸易过程控制的关键程序之一。

1. 在服装加工产业（加工厂）的应用

服装加工企业是指按客户订单要求进行服装产品加工的企业。客户订单可以来自国内服装品牌经营者,也可来自国际大型的采购集团、品牌公司或百货公司。中小型的服装加工企业往往只具有单纯的服装生产加工能力,大型的服装加工企业还可提供产品设计、面料开发、出口业务等方面的服务。

在服装生产加工企业中,服装跟单作为生产控制、质量控制的重要环节,就是在全面理解客户订单所规定的客户要求、质量要求的基础上,对生产过程的每一个环节进行质量、数量、进度方面的跟进,并与客户沟通,确认生产的每一个环节均能符合客户的要求,确保正确履行订单合约,保证质量(含品种)、数量、成本、交货期达到客户要求,实现交易合同100%的达成率。

2. 在服装贸易公司(或服装洋行)中的应用

一般服装销售是由中间商完成的。以本国资本为主的中间商通常称为服装贸易公司,其业务既包括国内贸易、国际贸易。以外资为主的中间商,沿用我国香港、台湾 的叫法,通常称为服装洋行,其业务只是面对国际客户,提供服装采购服务,其采购地点可以遍及世界各地。

规模较大、职能较全的服装贸易公司通常有自己的服装品牌,可为客户提供市场信息咨询、服装产品设计、服装样板制作、仓储运输及质量保证等服务,也可为服装生产商提供原材料采购、生产技术指导等服务。而规模较小的服装贸易公司,往往只能提供有限的批发服务或按照客户提供的服装样板代理服装商品采购。

在服装贸易公司中,跟单作为贸易过程控制的关键环节,其工作的目的是保证受托加工的生产企业能够完全按照公司所下订单的要求完成订单生产任务。一方面,跟单人员根据订单规定,监控生产企业的生产过程,使订单的整个生产过程处于受控状态;另一方面,跟单人员也可与生产企业的有关部门及生产跟单员进行沟通,使生产企业更容易理解贸易公司对产品的要求,及时解决生产过程中出现的问题,从而正确安排与组织生产。

3. 在服装集团公司中的应用

服装集团公司是指拥有自主品牌,集研发、生产、贸易于一体的大型服装企业,其产品设计、样板制作、材料采购、生产加工、仓储运输、销售贸易等过程中的全部业务由企业内部机构完成,企业内的各个部门相对独立,业务各有分工。

在服装集团公司中,服装跟单主要包括生产跟单与贸易跟单两大类,分别服务于生产部门和营销部门。在服装集团公司内部,生产部门相当于生产加工企业,营销部门相当于客户,由营销部门向生产部门签发的生产通知相当于订单,生产跟单与贸易跟单虽然各自职责不同、利益相对独立,但目标完全一致,在公司管理层统一领导指挥下两者能够紧密配合、协调运转。

4. 在国际公正机构或商会机构中的应用

国际公正机构或商会机构是专门提供国际贸易过程监控服务的机构,其受客户委托,以第三方的身份对客户委托单额标的(产品或服务)进行全程监测,独立发表相关的专业意见,出具权威报告。该报告将直接影响客户是否接受标的,如沃尔玛(Wal Mart)在国际市场采购中,通常需要公证机构或商会机构提供的厂评、查货、技术检测等服务。

知识拓展

以下是两则招聘信息,请仔细阅读并进一步深入理解服装理单跟单员的工作内容与能力要求等。

招聘信息 1

外贸理单跟单 Merchandiser　　*http：//search.51job.com/job/43326671,c.html*

职位描述：

要求：三年以上外资企业外贸跟单经验,熟悉服装(针织梭织),如牛仔裤、衬衫、女装上衣等。能合理有效控制生产产品品质,与不同单位、不同部门有效沟通,具有优秀的英语听说读写和翻译的能力,能熟练运用 Internet 及 Excel、Word 等。性格开朗、有活力,工作认真负责,能承受工作压力,有团体协作精神。

职责：

① 负责通过邮件与客户沟通,确认订单以及细节。

② 负责接待客户,陪同翻译并面对面商洽,提供相关信息。

③ 负责产品开发阶段与工厂的沟通以及样品的跟进,从头板到确认样。

④ 负责跟进样品开发制作过程,合理安排工序,并改进生产流程。

⑤ 负责订单的维护与跟进,及时跟相关单位沟通,安排订单生产进度。

⑥ 负责评估及开发供应商。

⑦ 负责生产过程的监督与跟进,及时发现生产中的问题并着手解决,确保品质稳定。

⑧ 发现生产流程中的潜在问题并持续改进。

⑨ 与各部门沟通,确保订单按时按质完成。

⑩ 确保货物及时出货。

⑪ 处理与客户的往来邮件,帮助各成员有效及时沟通。

招聘信息 2

Merchandiser-apparel/clothing　　　来自*http：//search.51job.com/job/52753631,c.html*

Position Description：

1. In charge of order contact and follow up the company's customers order.

2. Arranging the sample delivering according to the customer requirements.

3. Contact with the supplier，finding the suitable factory and making sure the quality of the products fits the customer requirements.

4. Ensure timely arranging test and shipping.

5. Other duties as specified by Manager.

Past Experience：

1. Female，above 2 years past experience of merchandising with apparel or clothing in foreign sourcing company.

2. Familiar with apparel/clothing accessories material marketing.

3. Have experience of developing accessories of clothing，hand bag，belt and shoes supplier would be beneficial.

4. Efficient，quick thinking，autonomous and high responsibility.

5. Can use all Microsoft computer programs：Word/Excel/Outlook/PowerPoint.

Education & Training：

1. Minimum 2 years past experience of merchandising in trading company.

2. University Degree is required.

3. English speaking with minimum CET 6 achievement.

第二章　服装销售合同的签订

一、服装订单开发与成本核算

订单开发以服务老客户为主,同时也承担新客户的开发任务,为有意向的新客户提供服务。订单开发的过程主要包括订单开发的前期工作、洽谈磋商、成本估算与报价、签订合同等。订单开发的每一个环节,都是客户亲身体验交易过程的"关键时刻",其中任何一个环节出现疏漏,将导致整个过程出现问题,损害客户对企业的满意度。要真正让客户满意,首先必须做好订单开发这项基础工作。

(一)客户开发

通常,可以通过关系介绍结识客户,通过广告媒介向外发电发函或发送介绍自己公司的资料,通过参加展销会等向客户介绍自己,以引起国外客户的兴趣,进而建立业务关系。介绍自己公司的资料要简明扼要,突出自己的特点,表明自己的诚意。如果通过电子邮件交往,在开始阶段的邮件上建议在标题栏写明自己公司的名称和邮件意图。同时邮件当中不要随意粘贴照片或其他压缩文件,以免被他人误以为藏有"病毒"而直接删掉,或被他人公司的服务器管理员误认为是垃圾邮件而拦截。

有条件的公司可以建立自己的网站,条件不成熟的公司可以在网络服务商的服务器上申请建立自己公司的主页。可以通过申请知名搜索引擎的链接,介绍自己的公司,发布自己的商品信息,让客户能够及时了解你的能力和需求。也可以通过网络浏览有关国外客户的网页,搜寻客户信息,了解客户的需求。有条件的公司也可以考虑选择一个较好的拥有信息发布和交易平台的大型网站,注册成为它的会员。以上这些都可以为业务关系的建立和发展提供良好及便利的途径。

(二)客户资料认知

买卖双方进行服装贸易磋商时,买方一般会提供一些物件或打样资料说明自己对所要购买的服装的一些要求。具体提供什么,通常视具体情况而定,不过对加工商来说,其跟单员应该很清楚自己必须从买方那里获取什么信息。

在来样制作的贸易中,买方一般需要提供服装、面辅料实样以及对应的工艺单等资料。看懂工艺单是非常重要的,尤其当买方不提供或不及时提供样品时。需要注意的是,不同服装公司的工艺单格式、内容不尽相同。一般来说含款式图、规格尺寸、面辅料要求、工艺要求(如具体部位的缝合方法、缝迹形式、线密度)等,有的工艺单会标明标签、吊牌的具体要求,如图形、文字的大小、制作要求及在服装商上的缝制部位和缝制要求,有些工艺单甚至还说明包装方式及刷唛要求。

为了确保磋商能够顺利进行,对卖方来说,一般对具体订单要求明确以下信息以利于报价和是否能够满足客户要求而接单。

1. 面料的要求

面料的规格要求多作为服装的品质的重要指标之一,且面料成本是构成服装成本的主要要素。一般要明确了解客户要求面料的信息有:面料的名称、原料名称及其配比、所用纱线的细度、织物密度、面料克重、染整要求、理化指标等。复杂的面料还要借助样布(fabric sample或 swatch)来说明。例如,合同编号为 CF-FZ-09-0110 中 SAMPLE ORDER 中,明确指出了面料的组织结构为 100%CTN, interlock,180~190 g/m^2,这就要求加工商必须使用 100% 全棉的棉毛布,克重介于 180~190 g/m^2。

面料的理化指标是对面料品质要求的进一步描述。特殊服装的面料可以限定机械强度方面的理化指标,但普通服用面料常见的指标多为缩水率(shrinkage)、色牢度(colour fastness)等。确定理化指标有两点注意:①对测试标准应有共识,通常多为国标或大家公认的第三方测试机构所用标准;②指标应合理并应有机动幅度,如"shrinkage below 3%"(缩水率低于 3%),"colour fastness to light, minimum Grade 4"(光照色牢度指示 4 级)等。有些指标如甲醛含量、pH 指标等,如有必要可以说明,以便加工商生产出来的产品能够符合客人的要求。

2. 辅料的要求

必须仔细查看所涉及的辅料的材料、质地要求,以及有没有指定品牌或供应商等。如果有特殊的材料、质地、品牌等要求,要考虑是否能操作;如果能够,报价时必须考虑相应的增加成本。比如,特殊款式的钮扣需要专门开模具,因此钮扣用量和成本将有密切关联,并且加工商需要及早获得样品以供钮扣厂出样、生产。例如合同号为 CF-FZ-STUD001 下的订单资料中钮扣的要求"30L DTM CF WB closure, shiny utility button with Fox Head engraved",即买方要求 30 号的配色带在狐狸头刻模的树脂钮扣。

审核客户资料时还应注意买方对标签和吊牌的要求,包括文字、图案、条形码、质地、缝制部位和缝制要求等,并关注它们的可操作性。比如提花织造的标签肯定要比印制的标签费钱费时,套色的吊牌也肯定比单色的吊牌费钱费时。

3. 服装纸样

买方是不是提供纸样也要视具体情况而定。通常可以看到以下三种情况。

① 如果款式比较复杂且买方又有自己的设计和打样部门,买方不但会提供服装样品,还会提供样品纸样。如果大货生产纸样需要加工商自行推档,买方往往要求加工商另外提交最大和最小尺码的样品供确认。

② 如果买方公司具备完善的 CAD 系统,为了避免加工商推档失误,买方除了提供样品纸样,还会提供用于大货生产的各档尺码的纸样。

③ 如果服装款式比较简单或买方是没有设计和打样部门的纯商业公司,买方可能仅提供服装样品或服装效果图,由加工商安排出基础尺码的纸样,制作样品。买方确认样品后,加工商将按买方提供的成品规格表计算推档变量,将基础尺码纸样推档成大货生产所需的各档尺码的纸样。

在贸易磋商中,买方提供的样品、工艺单等说明了所需的服装名称、规格(如款号、面辅料要求、颜色和尺码搭配)等的要求。加工商应仔细审核买方提供的物件和单据,确定实施的可能性。如有疑惑,应及时向买方提出,要求给予澄清;如有异议,应向买方提出并阐述自己的观点。

服装加工商需要按实样和工艺单要求预期在服装加工厂以他们的工艺水平制作对等样。对等样品经买方确认后,将作为今后服装交接的品质依据。不过,一般服装样品仅反映了服装的款式和加工水平,因为这一阶段,大货生产所需的面辅料还未定购,加工商只是选尽可能接近的库存面辅料来制作样品。对于新客户,加工商最好在对等样被确认后再签约。

(三)报价

服装报价是一项重要工作,关乎整个公司的利润前景,也是公司与外界的一个窗口。所以,报价虽然只是一个小环节,却起到很大作用。

通常服装企业和客户事先都有一个目标价格,而且双方的目标价格都会有一定的差距。对服装企业而言,通常会争取更高的成交价格,以保证自己的收益;对客户而言,通常会尽量压低成交的价格,争取更大的利润。在洽谈过程中,服装企业要充分考虑市场实际,制定成交底线,合理确定目标价格。因此,在订单开发时,根据客户提出的需要,给出正确、及时、合理的报价是提高接单成功率的关键。

1. 报价原则

报价原则就是追求最高,就是要获取利润。但是太高会失去客户,太低会亏本,要结合市场指定价格。

2. 价格构成

服装企业在确定价格时,既要了解客户订单的尺寸规格(如尺码大的服装用料多,尺码小的服装用料少)、颜色配比(如浅色面料成本较低,深色的面料成本要高)、数量多少(如有特殊要求或成交数量少的产品成本较高)等因素,又要充分考虑面辅料市场行情的变化和价格的涨跌,以便确定的价格既能基本实现企业的目标利润,又符合市场的行情,具有较强的竞争力。影响价格水平的因素主要有以下五个方面:

① 直接成本。包括面料、配料、物料、加工费用等。可以根据订单的生产技术资料及有关原材料的市场行情进行估算。

② 间接成本。包括经营过程中发生的各种折旧、管理人员的工资、福利费用及行政管理费用等。通常根据经验进行估算,如按照直接成本的定额比例进行估算。

③ 交易成本。包括付款方式、结算费用、运输费用、银行费用等。可以根据合同中规定的交易方式进行计算。

④ 目标利润。可以根据目标成本利润率进行估算。

⑤ 税金。在商品报价时,通常将税金考虑进去,成为含税的报价。

3. 报价流程

1) 分析客户的询价资料

当收到客户的询价资料之后,不要急于报价。首先须考虑客户所提供的资料是否齐全。一份完整的询价资料通常包括:①客户的基本情况、产品的种类、市场上的卖价等。②面料的名称、成分、组织、处理方式等资料。③辅料的种类、规格、处理方式等。④款式或生产图。⑤尺码表。⑥洗水方法与要求。⑦产地要求。

要详细跟客户全面沟通、了解此订单信息,如数量多少、何时交货、工艺如何、有无绣花、有无水洗、用何包装、单位件数、面料等;同时还要考虑客户的要求自己能否满足,比如某订单要水洗,而本地没有水洗厂,发到外地水洗势必会增加成本,会延长交货期。这些都要考虑进去。

报价时如对某些辅料及印、绣花价格不明确的,报价时要注明所列辅料及印、绣花的价格,如客户订单经常会指定辅料厂,以及一些订单会涉及面料检测及成衣检测。

2)向面辅料供应商询价

为了保证达到客户的要求,通常会事先寻找合格的供应商,并获得比较合理的报价水平,以此指导加工企业在采购面料及辅料时的报价。向供应商询价不仅仅是获得相关的价格资料,更重要的是可帮助客户开发新的面料及辅料。在完成供应商询价之后,将有关的价格、样板资料等告知加工企业,供加工企业报价参考。

3)向加工厂询价

将客户询价资料补充完整之后,选择加工厂,将相关询价资料传给加工厂,要求加工厂提供加工报价。向工厂提供的报价资料一般包括:①客户工艺制单;②货期与数量;③面料供货商资料;④辅料供货商资料;⑤报价方式。

为了获得合理的报价,通常需要向几个实力相当的加工厂提供询价资料,以进行加工价格比较,确定合理报价水平。需要说明的是,合理的报价水平不是最低的报价水平,而是要保证订单交易能100%达成,即实现客户订单需要,并能实现生产企业与贸易公司合理利润水平的价格。

4)与客户进行报价协商

为了交流方便顺利,向客户提供的报价项目一般要列出服装价格构成的各个方面,见后面的"宁波乘风贸易有限公司报价表"所示。跟单员在报价给客户之前,也要准备所有相关的报价内容和上级经理一起核对正确后,再发给客户确认。跟单员要做好每个报价的记录工作,这是非常重要的,因为这是以后价格谈判和进一步报价的参考。向客户提供了报价表之后,客户将根据这些资料进行讨价还价。开发一张成功的订单,一般需要经过多次的协商。

报价看似简单,但要做到熟练,还需要平时的积累和信息的收集。比如,了解面辅料、印绣花以及各种后处理(包括水洗、包装)等环节,还有熟悉价格,了解市场行情、生产周期。当然,实践是最好的途径。把每一个订单各项内容的价格都理解好,了解相同款式的价位水平,在实际操作中做到举一反三,在实践中不断地提高报价的水平。通常理单跟单员要先有自己的一件基本款(即常见款),提前做好面料、辅料、包装、加工等成本核算,以后的报价就以此为基础,工艺麻烦的就将加工费提高些,工艺简单的就将加工费降低些,数量大时价格便宜点,少时就略高些。这样就可以随时针对不同款式、不同面料的服装进行报价了。

宁波乘风贸易有限公司

CHENGFENG TRADING CO. ,LTD

报 价 表

理单:Nancy　　　日期:2013-03-22

款 号:	65671/2/3LTD				客 户:		PATAGONIA	
交货期:	2009-6-25				订单号:			
订单数量:	3600＋3240＋3960 件				工厂:			

种类	名 称	门幅/颜色	克重(g/m²)	单价(元/kg)	净用量(kg)	毛用量(kg)	金额(元)
面料(大身)	棉毛布	奶油色	190	35.2	0.056 2	0.058	2.04
面料(包边)	棉毛布	橙色	190		0.008 4	0.008 4	0.3

	名称	规格	单位	单价	净用量	毛用量	金额(元)
辅料	无爪扣	15 L	粒	0.1	3	3	0.3
	主唛	印唛	个	0.11	1	1	0.11
	603 线	603	个	4		1/10	0.4
	吊牌	印唛	个	0.12	1	1	0.1
	价格牌	印唛	个	0.1	1	1	0.1
	纸箱、胶袋等其他		套	1		1	1

其他费用(元)		
	前胸印花	1.1
	加工费	4
	运输、报检等	1.2
	利税等	2.66

合计	13.31 元/件＝2.14 美元/件

备注:

ROOM 1302.NEW CONTIENT GINZA, NO.88, SOUTH QIAN HE RD, YINZHOU DISTRICT, NINGBO
TEL:0086-574-27666589　　FAX:0086-574-27666585

4. 调整价格的基本项目

报价确定之后,还要对报价的市场竞争力进行分析。如果需要降低报价,可从以下几个方面考虑对价格进行调整:

① 选用成本较低的布料。如布料产地、布料成分的选择都会影响报价中的直接成本。

② 降低配料成本。

③ 改变款式或尺码表,以节省布料。

④ 选择人工成本较低的生产商。在出口贸易中要注意客人对产地的限制条件及出口配额的限制。

二、合同磋商与签订

所谓磋商是指交易双方当事人就订单合同的各项条件进行协商,以期达成一致意见的过程。磋商的好坏直接关系将来买卖双方之间的权利、义务和经济利益,是买卖合同签订的基础和做好交易的关键所在。为此,磋商谈判人员不仅要有认真负责的工作态度,熟悉掌握合同条款内容、签订方法,而且还要熟悉掌握交易磋商谈判的策略技巧。

(一) 签订合同的前期磋商

1. 磋商的形式

交易磋商在形式上可分为口头和书面两种。

1) 口头磋商

口头磋商主要指在谈判桌上面对面的谈判,如参加各种交易会、洽谈会,以及贸易小组出访、邀请客户来公司洽谈交易等。此外,还包括双方通过电话进行的交易磋商。口头磋商方式由于是面对面的直接交流,因此,便于了解对方的诚意和态度、采取相应的对策,并根据进展情况及时调整策略,达到预期的目的。口头磋商比较适合谈判内容复杂、涉及问题较多的业务。

2) 书面磋商

书面磋商是指通过信件、电报、电传等通讯方式来洽谈交易。随着现代通讯技术的发展,书面洽谈越来越简便易行,成本低廉。采用书面方式磋商时,书写往来函件一般需注意遵循以下三个原则:

① 简明。商务函电讲究实效,无需许多客套或拐弯抹角的内容,应以简单明了的语言直接说明要点。

② 清晰。商务函电的目的是为了达成合同(交易),内容必须清晰、正确。

③ 礼貌。我们的目的是为了与客户建立长远的业务联系,采用正式而礼貌的用语是必要的,尤其是在向对方索赔或申诉时。如何掌握好分寸,既能着眼今后的业务合作又能达到目的,是一项技巧性极强的工作。

在实际磋商中也有同时采用上述多种方式来达成最后的交易。比如,在交易会上面对面达成初步意向,再通过函电或电话"敲定";或先用函电发送磋商的基本信息,双方再面对面的对某些难点或关键点逐一谈判、落实。

2. 磋商的程序

在常见的贸易磋商中,可能会有一方"询盘"(enquiry),另一方"发盘"(offer),双方讨价还价进行"还盘"(counter-offer)。还盘相当于一个新的发盘,如果其中一方接受(to accept)对方提出的所有条件,双方即成交(to close the deal 或称 to conclude the transaction),合同成立。在这些过程中,一方的发盘和另一方的接受,是合同建立的必要步骤。

3. 磋商的内容

一个比较完整的服装出口合同,可以包含品名与品质条款、数量条款、包装条款、价格条款、支付条款、运输保险条款、检验条款、索赔条款、不可抗力条款、仲裁条款,以及一些根据实际情况补充的其他条款。仔细分析上述条款,可以发现,有的内容对于某些公司规章制度要求来说,原则上是长期相对不变的,比如要求买方用预付款、定金等,因此很多公司常常把这些条款做成格式条款(printed clauses)。除了支付条款和仲裁条款之外,一般这些条款还包括检验、索赔、不可抗力、保险、容差等条款。有时用格式条款提出某些要求似乎比当面直接提出更恰当,可以避免将某些问题不必要的敏感化,并且使对方明白这是你方公司的普遍原则,不是针对某个谈判对手的。不过,在拟定这些格式条款时应该仔细斟酌,不可出现模凌两可的表达,否则,当格式条款可以有两种以上解释而导致争议时,按一般的法律规定,法院将作出不利于提供格式条款一方的解释。在和新客户贸易磋商前,卖方可以将自己公司的合同格式文本先交买方审阅。如果买方有异议,在贸易洽谈时双方可以进一补磋商,达成共识,并以合同条款来更改原格式条款。有时对于长期客户以及相对比较固定的商品类型而言,一些内容可能在多个合同中基本不会变动,比如面辅料的生态要求、运输路线及运输方式等。因此为了提高效率,买卖双方通常可以事先商妥并制定一个关于一般条款(general terms)的总协议(General Agreement),列明以后各个合同都会涉及的共性内容。总协议应该有参照号,以便在其制约的各个销售确认书中引用。比如,在有关销售确认书上注明"Other details as per General Agreement No. xx"(其他细节按 xx 总协议)。当然,也可以按协议日期为参照,如:"Other details as per General Agreement dated ..."(其他细节按某月某日的总协议)

这样,买卖双方在以后磋商时往往只需把精力放在一些"个性"条款上,比如具体服装的款式、耗材、交货期、价格,以及其他特殊要求等。这样贸易磋商的时间可以大大缩短。

1)品名与品质条款

服装的质量是指服装的内在质量和外观形态的综合。前者包括商品的物理性能、化学成分等自然属性,后者包括服装的外形、色泽、款式等。质量条款基本内容是所交易服装的品名、等级、标准、规格等。表示质量的方法有以下两种。

①以实物表示质量。包括凭成交服装产品的实际质量和凭样衣质量。a.看现货成交。当服装企业和客户双方采用看现货成交时,则客户或其代理人通常在服装企业存放货物的场所验看货物,一旦达成交易,服装企业就应按照客户验看过的服装交货。只要服装企业交付的是验过的货物,客户就不得对质量提出异议。b.凭样办成交,它是指从一批服装中抽出来的或由生产、使用部门设计、加工出来的,足以反映和代表整批服装质量的少量实物。

②凭标准表示质量 Sale by Standard。一些物理、化学指标凭标准进行,一般交由第三方测试产品是否符合有关标准,并出具测试报告。

2)数量条款

磋商时,买方提供的订单给出了所需要的服装数量。交易数量影响着卖方的报价。一般来说,对于卖方而言,成交数量越大,预期利润可能也越大。但要注意的是,在确定成交量时卖方应该充分考虑自己的资金调配能力、备货能力。如果成交量过小,卖方的操作成本一般将上升。比如,涉及需要专门模具生产的特殊钮扣,如果服装成交量太小,该钮扣使用量也不大,每件服装分摊的模具成本就会较大,从而服装报价会加大。同样,如果某种颜色(尤其是镶色)面料用量过小,染布厂就难以仅为这么少量的布开染机染色。在这些情况下,卖方应耐心向买方说明情况,让其或接受较高的报价,或做出相应更改,否则,卖方应该理智地谢绝订单。

在检验时服装由于质量问题被拒收(reject)是难免的,因此除非卖方已订购了相当充足的面辅料(一般卖方总是比较精确地算料、订料,不会使用较大的"余量",尤其比较昂贵的进口面辅料),否则,服装交货数量将有可能少于买方订购量,导致与合同不符而违约。如果买方用信用证支付,不允许分批装运,数量又没有机动幅度,万一出口方短装,银行将会拒付。当然,如果涉及"分期装运",即合同下的服装要求分批装运,且规定了每批装运的量和时间,合同仅规定"允许分批装运"或许还不能解决某批货物由于面辅料不足而短装的问题。因为在信用证下,短装的该批可以因为信用证"允许分批"而收到款项,但由于面辅料不够,短装的数量以及该批以后各批服装的信用证将均告失效。所以,如果是"分期装运",出口方如果没有把握,最好还是要求规定允许一定的"溢短装量"。

数量条款的基本内容是规定交货的数量和使用的计量单位。服装产品数量的计量单位和计量方法通常使用按个数的计量方法,如件、套、打、双等。

3) 包装条款

包装可以分为两类:一类为销售包装(sales packing),即内包装(inner packing);另一类为运输包装(transport packing),即外包装(outer packing)。

在对外贸易中应该注意,内包装的颜色以及内包装上的装饰、图案应该符合进口地人们的文化传统和消费偏好;内包装上的文字说明要符合进口国的规定,比如需要使用进口国规定的语种进行某种说明等。在我国的服装出口中,某些高档的羊毛衫、衬衫等可能会使用销售包装,而一般的服装出口,尤其是进口国零售商,在销售前需要重新整理包装的服装,通常不使用内包装。这样,合同中只需规定运输包装条款即可。服装出口中常用的运输包装有以下两种。

① 每件套上塑料袋(Polybag)后,将若干件装入纸板箱(Carton)。

如果服装(尤其是冬装)要求空运的话,应考虑套上真空塑料袋(vacuum polybag)后再装入纸板箱。因为航空运价按实际重量和体积重量中较高者计费,所以必要的话,可以在合同中再说明纸板箱的衬垫(如 lined with dump resisting paper)、封装(如 sealed by glue tape)及加固方式(如 reinfored plastic band),以及明确规定塑料袋的材质(如 polyethylene bag)。

合同包装条款中,每纸板箱所装的衣服件数最好是约量,如"packing:each coat is to be packed in a polybag,about 25 pieces to a carton(包装:每件风衣套一塑料袋,约 25 件装一纸板箱)"。如果每箱的数量是个具体的数字,在不允许分批装运或没有"溢短装条款"的情况下,该数字必须是交货量的约数。否则,总有一箱会有尾数,如果用信用证支付,银行就可凭此拒付。

如果把服装装入纸板箱后还要再装集装箱,订购纸板箱时应留心纸板箱尺寸和集装箱内部尺寸的关系,以便充分利用集装箱的容积。

② 采用吊装集装箱(Hanging Container)装运。

服装套上塑料袋后,用衣架(hanger)吊挂在集装箱的横杆上,衣架用绳索缠紧。用这种方式装运,衣服抵达目的地后,可以直接投放市场,而用纸板箱装运的衣服,在投放市场前一般还需重新整烫。

在磋商中,买方还可能提出有关包装材料的条件,如"metal pint, clamps, and bands are not allowed to be used as packing material"(金属针、金属夹和金属带不许用作包装材料),或"only polystrol hangers and polyethylene polybags can be used"(只可使用聚苯乙烯衣架和聚乙烯塑料袋)等。只要办得到,卖方应该接受,因为这些条件往往来自进口国政府的环保法规。

过分笼统的包装条款,如"seaworthy packing"或"customary packing"等应该尽量避免在合同中使用,除非双方对此已有共识或另有协议。在实践中,已有不少买方在行市下跌时,提出卖方的包装不是他们的"习惯包装"而拒收的案例。也有的合同中只规定"packing: in normal export cartons",这样的规定对卖方似乎很有利。

和运输包装有关的问题还有运输标志,即唛头。如果买方未指定,出口方可以按国际标准化组织的建议,设立四行字的唛头,即:

收货人简称	如:ABC
参照号	如:S/C 123
目的地	如:HAMBURG
件数号码	如:C/NOS.1—50

唛头一般反映的是整批货物的信息,俗称"主唛",刷在箱子相对的两面。另两面常刷一些和箱内"个体"内容有关的信息,如体积、毛重、服装搭配等,通常又称为"侧唛"。有时买方会要求按合同或订单的不同,在箱子上贴上不同颜色、不同几何形状的不黏胶贴纸,以便非常醒目地区分货物。当然,只有包装货物才涉及唛头,若用吊装集装箱装运,不存在唛头,这时单据上相应栏目应打上"N/M"(即 no marks,没有唛头)或"N/M & N/N"(即 no marks and no numbers,没有唛头及没有件号)。

如果目的港存在重名港,最好在其后用括号注明目的港所在国或地区甚至州名。如果涉及转船,可在目的地后用"via"或"W/T"(With transhipment)注明中转港,如"VIA HONGKONG"。包装上的唛头也应在单据的相应栏目中如实反映。如果用信用证方式支付并且信用证规定除发票外所有单据不得显示合同号时(这在涉及中间商时很常见),唛头中不可用合同号为参考号,因为唛头通常还会在其他一些单据中出现。

4)运输条款

(1)运输方式。

除少数交易涉及空运(by air)外,大多数服装出口贸易采用的运输方式为海运(by sea),因为该运输方式成本比较低。发往俄罗斯、中亚一些国家或者中国香港的服装也可通过铁路来实施运输(by train)。按国际商会制定的关于贸易术语的国际惯例(INCOTERMS),如FOB、CFR 及 ClF 术语只适用于水运方式,因此,如果合同适用了这三个术语并且受"INCOTERMS"约束,合同中可以不再说明"by sea"或"by vessel";但如果使用 FCA、CPT 或CIP,一般应该说明具体的运输方式。如果合同中约定出口方需要提交的运输单据种类,这实际可能也说明了所要求的运输方式。

（2）装运期。

合同磋商时,装运期一般由买方根据在本地市场预期投放的时间或后续客户的订单要求、进口货物运输方式(如海运还是空运)、运输条件(直运还是转运)及进口清关、提货及在本地市场外发之前货物整理(如重新熨烫、重新包装等)所需要的时间等,合理地计划需要出口方装运的时间。交货期定得过迟,可能会发生错过行市、错过季节的问题;定得过早,虽然似乎安全些,但如果不能及时投入本地市场或转销,也将导致仓储费的增加和资金的占用。在进口数量、金额较大的情况下,进口方有时会向出口方提出分期交货的要求,因为这有利于他们调配资金和减少仓储费。

对于出口方来说,应充分了解交货期延误带来的后果。要根据成交量、资金能力、备货能力、运输条件及办理出口手续、运输手续等所需时间斟酌能否按买方的时间要求装运。一旦交易,如所需资金无法及时调配,或生产能力无法跟上,或材料无法按时到位,或合同规定不可转船,或在规定的交货期内开往指定目的港没有直达航班等,都会带来极大的麻烦。若出口方未按约定时间发货,买方有权对延误装运提出索赔。如果买方确实急需这批服装,或如果该批服装在当地市场行情仍然被看好,或其也不愿因无货可交而失去自己的客户,很有可能会要求出口方自费空运。如果该货行情不好,则可能以此为借口而拒收。实际上,如在信用证支付条件下,只要买方不修改信用证上的交货期,就相当取消了合同,而且由于是出口方违约在先,买方还有足够的理由向出口方提出索赔。

常见的合同装运期规定方法有两种:一是规定一个期限,即最迟装运日(如"latest on May 31st"或"not later than May 31st"),二是规定一段时间(如 during May)。合同中不应该将一个具体的日期定为装运日(如"Shipment:on May 31st"),因为这缺乏可操作性。合同中也不应该以笼统的方式表示装运期(如"Shipment:prompt shipment"),因为这可能因理解不一而导致贸易争议。另外,合同中不宜以收到买方某种单据作为安排装运期的起算日(如"within two weeks after receipt of the L/C"),这样对于出口方比较被动,除非涉及的是库存积压商品,或合同中另外限定了该单据的到达时限。

在磋商时,如果成交量很大且涉及许多订单,双方可能会先在合同中暂定一个较"粗"的装运期,比如"Shipment:May/June/July"。成交后,一般在合同规定的最早装运期前的一段时间,如一个月,根据卖方备料等情况,买卖双方再行磋商,确定具体的分期装运计划。

（3）装运港（地）和目的港（地）。

磋商时,合同中的装运港通常由出口方提出,其通常按就近原则,选择离服装加工地最近的港口。如果合同规定由买方派船接货,该港口应该是外轮允许进入的港口。如果建立合同时尚未决定在何地生产服装,出口方最好要求将"中国港口(China Ports)"定为装运港。当然,这时如果也是买方派船,买方应该争取在合同中规定出口方通知最后确定的装运港的时限,以便自己有足够的时间办理运输。

合同中的目的港（地）通常由买方提出。如果是由出口方办理运输,应该注意该港口的自然条件、技术设备条件等能否满足运输要求。没有船运公司会在某港冰冻封港期派船进入,或者将集装箱船派入无集装箱装卸设施的码头。在服装贸易中,合同中的目的港一般不用笼统的方式规定。

由于世界上有很多港口重名,所以规定国外港口时应该用括号注明其国名甚至州名。

5）价格条款

价格条款是由单价（Unit Price）和总值（Amount）组成。其中单价包括计量单位、单位价格金额、计价货币、价格术语四项内容。

6）支付条款

现今的服装市场属于买方市场，除特殊情况，买方用汇付方式预付的可能性比较小，但如果使用"到付"或"赊销"，出口方风险就很大。服装出口贸易中也存在用电汇方式支付的，不过，贸易中所谓"前 T/T"或"后 T/T"的前后分界点实际并无明确的定论。有人认为应该以装运来划分，也有人按"物权转移"来划分。因为，如果双方决定用电汇方式支付，如有必要应该明确说明。

合同中常见的汇付方式下的支付条款有"Payment：by T/T not later than...for...（不迟于某月某日电汇某金额）"，也见有使用"Payment：by T/T upon receipt of the fax copy of B/L from the Seller for the total proceeds.（收到卖方传真的提单副本后立即全额电汇）"的。一般来说，除非是预付，出口方应注意买方的信用应该能够把握，每次结算涉及的金额不应太大。

承兑交单对出口方来说风险非常大，一般不应该接受。即期付款交单对于买方风险较小，而且与银行的手续主要由出口方办理，费用主要由出口方承担，很受买方欢迎。有时卖方可考虑用以作为对信誉好的进口商的一种非价格竞争的手段，但应注意，每笔交易所涉及的金额仍不宜过大。合同的支付条款规定采用即期付款交单时，对于新客户为了避免其对 D/P 产生不同的理解，有必要进一步说明具体含义，如"Payment：by D/P at sight，that is，the buyer shall duly honour the draft as soon as the shipping documents are presented and the shipping documents are to be delivered against payment only."如有必要，还应该说明有关费用的承担方，以及如果万一买方迟付所涉及的利息问题。

在通常的情况下，出口方应该争取要求买方用信用证方式支付。此时，合同中的支付条款除了应该规定信用证类型、到证日，还可以说明受益人、开证行、金额、交单期、分批、转运等方面的规定。比如"Payment：by irrevocable L/C at sight in Seller's favour to be opened through a bank acceptable to be the Seller for 100% invoice value. reaching the Seller 45 days before shipment，remaining valid for negotiation in China for further 15 days after the prescribed shipment，and allowing partial shipments and transhipment"。

信用证的到证日一般和具体的交易要求有关。现货供应，到证日与规定服装交货期间隔可以相对短些；来样制作，则应相对长些；如果合同要求出口方从国外进料，则应相对更长。

采用不同的支付方式，将导致出口方承担不同程度的费用。比如，办理手续时需要支付银行费用，资金占用较长时需要支付较多的利息等。这些费用原则上应作为出口服装的成本，在报价时予以相应考虑。因此，在托收方式中因为出口方要支付银行托收费用，而在信用证方式中开证费用等应由买方支付，所以采用前者的报价原则上要高于采用后者的。在远期信用证方式中，卖方的资金占用时间要比即期信用证方式长，所以，原则上采用前者的报价应高于采用后者的报价。

另外，不同的支付方式还可能导致不同的其他相关费用。比如在托收方式下，如果选用的价格术语规定由买方办理保险，出口方为了使货物在运输过程中灭失后，买方又借口拒付时仍可获得保险补偿,可以自己投保"卖方利益险",而这笔保险费原则上也应在报价时加以考虑。

　　7）违约条款

　　（1）异议与索赔条款。

　　该条款的主要内容为一方违约,对方有权提出索赔,这是索赔的基本前提。此外还包括索赔依据、索赔期限等。索赔依据主要规定索赔必备的证据及出证机构。若提供的证据不充足、不齐全、不清楚,或出证机构未经对方同意,均可能遭到对方拒赔。

　　（2）罚金条款。

　　该条款主要规定当一方违约时,应向对方支付一定数额的约定罚金,以弥补对方的损失。罚金就其性质而言就是违约金。

　　8）不可抗力条款

　　该条款实际上是一项免责条款。不可抗力是指在合同签订后,不是由于当事人的过失或疏忽,而是由于发生了当事人所不能预见的、无法避免和无法预防的意外事故,以致不能履行或不能如期履行合同,遭受意外事故的一方可以免除履行合同的责任或可以延期履行合同,另一方无权要求损害赔偿。

（二）合同签订

　　服装企业和客户洽谈磋商的结果是由双方协商一致的订单合同或协议来体现的。合同作为双方经济交往的重要凭证,合同条款实质上规定了各方的权利和义务。

　　1. 合同的形式

　　1）合同

　　出口货物买卖合同是营业地在不同国家的当事人(买方和卖方)自愿按照一定条件买卖某种货物达成的协议,它是根据双方接受的国际贸易惯例或有关法律、公约的规定而成立的,对双方均有约束力,任何一方不能单方面地修改合同内容或不履行自己的义务,否则将承担违反合同的法律责任。出口合同根据草拟人的不同,有销货合同和购货合同,前者由卖方草拟,后者由买方草拟。一般由各草拟公司以固定格式印刷,在成交后,由业务员按双方谈定的交易条件逐项填写并经有权人签字,然后寄交对方审核签字。合同一般一式二份,一份供对方自留,一份以对方签字认可后寄回。

　　2）确认书

　　确认书是合同的简化形式,对于异议、索赔、仲裁、不可抗力等一般条款都不会列入,使用第一人称语气。根据草拟方的不同,分别命名为售货确认书(sales confirmation)和购货确认书(purchase confirmation)。

　　3）协议书

　　"协议书"或"协议"在法律上是"合同"的同义词。只要它的内容对买卖双方的权利和义务作了明确、具体的规定,它就与合同一样对买卖双方有约束力。如果买卖双方所洽谈的交易比较复杂,经过谈判后,商定了一部分条件,还有一部分条件有待进一步商洽,在此情况下双方可先签订一个"初步协议"(preliminary agreement)或"原则性协议"(agreement in general),把双方已商定的条件确定下来,其余条件容后再行洽谈。但在这种协议内应订明"本协议属初步性质,正式合同有待进一步洽商后签订"(This Agreement is of Preliminary Nature,a Formal Contract will be Signed After Further Negotiation)或作出其他类似意义的声明,以明确该协议不属正式有效的合同性质。

4）备忘录

备忘录也可作为书面合同的形式之一，但较少使用。如果买卖双方商定的交易条件，明确、具体地在备忘录中一一作出了规定，并已双方签章，那么，这种备忘录的性质与合同无异。但是，如双方经洽谈后，只是对某些事项达成一定程度的理解或谅解，并将这种理解或谅解用"备忘录"的形式记录下来，作为双方今后交易或合作的依据，或作为初步协议供将来进一步洽谈的参考，这种备忘录可冠以"理解备忘录"或"谅解备忘录"（memorandum of understanding）的名称，它在法律上对双方不具有约束力。

5）意向书

在交易磋商达成最后协议前，买卖双方为了达成某项交易，将共同争取实现的目标、设想和意愿，有时还包括初步商定的部分交易条件，记录于一份书面文件上，作为今后进一步谈判的参考和依据。这种书面的文件可称之为"意向书（letter of intent）"。意向书只是双方当事人为了达成某项协议所作出的一种意愿的表示（expression of intentions），它不是法律文件，对双方没有约束力。

6）订单和委托订购单

订单是指由进口商或实际客户拟制的货物订购单。委托订购单是指由代理商或佣金商拟制的代客购买货物的订购单。经磋商成交后寄来的订单或委托订购单，实际上是国外客户的购货合同或购货确认书。有时，事先并未与我方进行有关磋商，国外客户径自寄来订单或委托订购单。这类订单或订购单就得照其具体的内容区分是发盘还是发盘的邀请。我方应认真研究订单或订购单的内容后，决定是否与之进行交易，并及时给予对方答复。如果国外客户是在与我方达成交易、订立合同后寄来的订单或订购单，我方即使不予签退，也应仔细审阅其内容，若发现其中有些条款与双方磋商协议一致的条件不符或另有添加的，则应区分情况予以处理。如遇到与合同条款不符的、情节不严重、性质轻微、我方可以接受的，就应及时向对方明确提出异议，而不能置之不理；否则，就会被对方认为我方默认其订单或委托订购单中所列的条款。遇有订单或订购单中列有涉及实质性交易条件出入较大的、为我方所不能接受的添加、修改或其他不符原协议的情形，必须及时提出异议。有些国外商人签发的订单或订购单上还列有"限期提出异议，逾期不提出异议，作为同意对待"的条款。因此如有异议，则更应在限期内提出，以免造成被动。

2. 销售合同签订

经磋商后，客户往往将他们拟制的订单、委托订购单或预合同寄来一份，同时附上相关的订单详细资料。卖方企业审核无误后，都主动拟制销售合同或确认书，正本一式二份，经签署后寄送国外客户，要求其签署后返回一份，以备出口报关、存查等。

```
销售确认书缮制
```

【任务安排】

宁波乘风服饰进出口公司最近和国外客户进行了一系列商业谈判，以下是公司内部的磋商纪要。请根据磋商内容缮制一份销售确认书，编号为 CF-FZ-09-0110，日期为 2009 年 1 月 10 日。

磋商纪要

时间：	Jan 10，2009
地点：	业务部会议室
客户：	Patagonia Clothing Co.Ltd
	♯304-310 Jalan Street，Toronto，Canada，Zip：M6M 3Z2
	Tel：+14138029776　Fax：+14138029885
主题：	出口童装
结果：	达成意向如下：

我公司将于 2009 年 6 月 30 日前一次性装运

货号/品名：0955/Boy's Creepers（男婴爬爬服）

规格：　　3M/6M/9M

价格：　　1.2 美元/件　　　FOB 宁波

数量：　　3 600 件

包装：　　平装,一件入一胶袋,100 件入一外箱

我公司将于 2009 年 6 月 30 日前一次性装运

货号/品名：0956/Boy's Creepers（男婴爬爬服）

规格：　　3M/6M/9M

价格：　　1.2 美元/件　　　FOB 宁波

数量：　　3 240 件

包装：　　平装,一件入一胶袋,100 件入一外箱

我公司将于 2009 年 6 月 30 日前一次性装运

货号/品名：0957/Boy's Creepers（男婴爬爬服）

规格：　　3M/6M/9M

价格：　　1.2 美元/件　　　FOB 宁波

数量：　　3 960 件

包装：　　平装,一件入一胶袋,100 件入一外箱

【解答】

SALES CONFIRMATION

S/C No.：CF-FZ-09-0110   **Date**：Jan 10,2009

The seller：Ningbo Cheng Feng Garment Imp & Exp Co. Ltd.   **The buyer**：Patagonia Clothing Co. Ltd

Address：Room 409 Cheng Feng Building，No. 495，Fenghua Road，

　　　　Ningbo，Zhejiang Province，zip：315211

　　Address：♯304-310 Jalan Street，Toronto，

　　　　　　Canada Zip：M6M 3Z2

Tel：86-574-86329926   **Tel**：+1 413 802 9886

Fax：86-574-86329283   **Fax**：+1 413 802 9785

Art. No.	Name of Commodity & Specifications	Quantity	Unit Price	Amount
0955	Boy's Creepers　3M/6M/9M	3 600 pcs	FOB	$ 4 320.00
0956	Boy's Creepers　3M/6M/9M	3 240 pcs	NINGBO	$ 3 888.00
0957	Boy's Creepers　3M/6M/9M	3 960 pcs	$ 1.20	$ 4 752.00
Total		10 800 pcs		$ 12 960.00
Total Amount in Word：SAY US DOLLARS TWELVE THOUSAND NINE HUNDRED AND SIXTY ONLY				

TERMS OF PACKING：SHIPMENT OVER ±5% PER STYLE & PER SIZE IS NOT ALLOWED.

　　　　　　　　　FLAT PACKING，EACH PIECE INTO A POLYBAG，

　　　　　　　　　100 PCS INTO A CARTON IN SOLID STYLE ASSORTED SIZE.

TERMS OF SHIPMENT：FROM NINGBO, CHINA TO TORONTO, CANADA.

　　　　　　　　　　TO BE EFFECTED BEFORE　JUN.30, 2009

　　　　　　　　　　WITH PARTIAL SHIPMENT AND TRANSSHIPMENT NOT ALLOWED.

PAYMENT：IRREVOCABLE L/C AT SIGHT TO REACH THE SELLER 30 DAYS BEFORE THE MONTH OF SHIPMENT REMAINED VALID FOR NEGOTIATION IN CHINA UNTIL THE 15TH DAY AFTER THE DATE OF SHIPMENT.

INSURANCE：THE INSUREANCE SHOULD BE COVERED BY THE BUYER.

IMPORTANT：PLEASE ESTABLISH L/C EXACTLY ACCORDING TO THE TERMS AND CONDITIONS OF THIS S/C AND WITH THIS S/C NUMBER INDICATED.

The contract is made out in two original copies，one copy to be held by each party.

THE SELLER   **THE BUYER**

Ningbo Cheng Feng Garment Imp & Exp Co. Ltd.   **Patagonia Clothing Co. Ltd**

(signature) 张爱峰   (signature) Tom

Remarks：

1. The buyer shall have the covering letter of credit reach the Seller 30 days before shipment，failing which the Seller reserves the right to rescind without further notice，or to regard as still valid whole or any part of this contract not fulfilled by the Buyer，or to lodge a claim for losses thus sustained，if any.

2. In case of any discrepancy in Quality，claims should be filed by the Buyer within 30 days after the arrival of the goods at port of destination；while for quantity discrepancy，claims should be filed by the Buyer within 15 days after the arrival of the goods at port of destination.

3. The Seller shall not hold liable for non-delivery or delay in delivery of the entire lot or a portion of the goods hereunder by reason of natural disasters，war or other causes of Force Majeure. However，the Seller shall notify the Buyer as soon as possible and furnish the Buyer within 15 days by registered airmail with a certificate issued by the China Council for the Promotion of International Trade (CCPIT) attesting such event(s).

4. All disputes arising out of the performance of，or relating to this contract，shall be settled through negotiation. In case no settlement can be reached through negotiation，the case shall then be submitted to the China International Economic and Trade Arbitration Commission for arbitration in accordance with its arbitral rules.

5. The Buyer is requested to sign and return one copy of this contract immediately after receipt of the same. Objection，if any，should be raised by the Buyer within 3 working days，otherwise it is understood that the Buyer has accepted the terms and conditions of this contract.

【评析】

销售合同的一般内容构成为：约首、正文、约尾。

1. 约首

约首由合同名称、合同号码、合同日期、买卖双方信息组成。

SALES CONFIRMATION　　　　① 合同名称

　S/C No.：CF-FZ-09-0110　　② 合同号码

　Date：Jan 10,2009　　　　③ 合同日期

　the seller：Ningbo Cheng Feng Garment Imp & Exp Co. Ltd.

　Address：Room 409 Cheng Feng Building，No. 495，Fenghua Road，
　　　　　Ningbo，Zhejiang Province，315211

　Tel：86-574-86329926

　Fax：86-574-86329283　　　　　　　　　　　④ 买卖双方信息

　the buyer：Patagonia Clothing Co. Ltd.

　Address：♯304-310 Jalan Street，Toronto，Canada Zip：M6M 3Z2

　Tel：+14138029886

　Fax：+14138029785

2. 正文

正文包括的条款有：

（1）品质条款（Quality）。品质条款一般要写明货号、商品名称与规格。

```
0955 ⎫
0956 ⎬ ① 货号（Art. No.）
0957 ⎭

Boy's Creepers   3M/6M/9M ⎫
Boy's Creepers   3M/6M/9M ⎬ ② 商品名称、规格
Boy's Creepers   3M/6M/9M ⎭
```

（2）数量条款（Quantity）。数量条款一般应写明商品各货号的数量和使用的计算单位。

```
0955  3600                      pcs ⎫
0956  3240 ⎫ ①（Art. No.）数量   pcs ⎬ ② 计量单位（件）
0957  3960 ⎭                     pcs ⎭
```

（3）价格条款（Price）。价格条款一般应写明单价、价格术语、合同金额（小写与大写）。

```
   Unit Price                      Amount
                                   FOB NINGBO        ② 价格术语
0955   US $ 1.20 ⎫                 US $ 4 320.00
0956   US $ 1.20 ⎬ ① 单价           US $ 3 888.00
0957   US $ 1.20 ⎭                 US $ 4 752.00
                                   ─────────────
                                   US $ 12 960.00   ③ 合同金额（小写）
Total Amount in Word：                              ④ 合同金额（大写）
SAY US DOLLARS TWELVE THOUSAND NINE HUNDRED AND SIXTY ONLY
```

（4）包装条款（Packing）。

```
SHIPMENT OVER ±5% PER STYLE & PER SIZE IS NOT ALLOWED.   ① 溢短装
FLAT PACKING                                            ② 包装要求
EACH PIECE INTO A POLYBAG                                ③ 包装方式
100 PCS INTO A CARTON IN SOLID STYLE ASSORTED SIZE.      ④ 装箱方式
```

（5）装运条款（Shipment）。

```
FROM NINGBO, CHINA                          ① 启运港
TO TORONTO, CANADA                          ② 目的港
TO BE EFFECTED BEFORE JUN. 30.2009          ③ 装运期
WITH PARTIAL SHIPMENT AND TRANSSHIPMENT     ④ 分批和转运的
NOT ALLOWED                                    规定
```

（6）支付条款（Payment）。

```
AN IRREVOCABLE L/C AT SIGHT                              ① 付款方式
TO REACH THE SELLER 30 DAYS BEFORE THE MONTH OF SHIPMENT  ② 开证时间
REMAINED VALID FOR NEGOTIATION IN CHINA UNTIL THE 15TH DAY ③ 信用证有效期
AFTER THE DATE OF SHIPMENT.                                 及到期日、地点
```

（7）保险条款。

THE INSUREANCE SHOULD BE COVERED BY THE BUYER.

一般情况下，合同条款除上述关于产品名称、价格、数量、交货方式与时间等说明外，还含有以下三个条款：

（1）检验和索赔（Inspection & Claims）。检验条款通常包含有关检验权的规定、检验或复验的时间和地点、检验机构、检验证书等内容。索赔条款通常包括索赔依据、索赔期限等。比如：

In case of any discrepancy in Quality，claims should be filed by the Buyer within 30 days after the arrival of the goods at port of destination；while for quantity discrepancy，claims should be filed by the Buyer within 15 days after the arrival of the goods at port of destination.

（2）不可抗力（Force Majeure）。通常包含不可抗力事件的范围、对不可抗力事件的处理原则和方法，不可抗力事件发生后通知对方的期限和方式、出具证明文件的机构等内容。比如：

The Seller shall not hold liable for non-delivery of delay in delivery of the entire lot or a portion of the goods hereunder by reason of natural disasters，war or other causes of Force Majeure. However，the Seller shall notify the Buyer as soon as possible and furnish the Buyer within 15 days by Registered airmail with a certificate issued by the China Council for the Promotion of International Trade attesting such event(s).

（3）争议解决（Dispute Settlement）。通常包含争议解决方式、提请仲裁的仲裁地点、仲裁机构、仲裁规则、裁决效力等内容。如：

All deputes arising out of the performance of，or relating to this contract，shall be settled through negotiation. In case no settlement can be reached through negotiation，the case shall then be submitted to the China International Economic and Trade Arbitration Commission for arbitration in accordance with its arbitral rules. The arbitration shall take place in Shanghai. The arbitral award is final and binding upon both parties.

3. 约尾

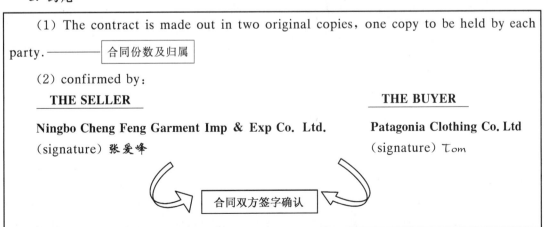

（1）The contract is made out in two original copies，one copy to be held by each party.————| 合同份数及归属 |

（2）confirmed by：

THE SELLER

Ningbo Cheng Feng Garment Imp & Exp Co. Ltd.
(signature) 张爱峰

THE BUYER

Patagonia Clothing Co. Ltd
(signature) Tom

| 合同双方签字确认 |

购货合同缮制

【任务安排】

2009 年 2 月初,宁波乘风服饰进出口有限公司(地址:浙江省宁波市风华路 495 号乘风大厦 409 室,邮政编码:315211,电话:86-574-86329926,传真:86-574-86329283)收到荷兰客户(TIVOLI PRODUCTS PLC. ADD：BERSTOFSGADE 48，ROTTERDAM，THE NETHERLANDS，TEL.：31-74123721，FAX：31-75123737)求购男式带帽拉链衫的信息。双方于 2 月 13 日达成交易,具体信息如下:

商品：	男式长袖带帽拉链衫(man's L/S hooded jacket)						
款号：	DIMAX07021						
数量：							单位(件)

货号	颜色	S	M	L	XL	合计	目的地
SU 264604	黑色	8	32	43	31	114	加拿大(多伦多)
	拼色	36	93	113	52	294	
2 269	黑色	124	187	140	36	487	美国(纽约)
	拼色	166	267	229	85	747	
PEDW-123	黑色	112	167	143	55	477	荷兰(鹿特丹)
	拼色	247	383	326	122	1 078	
总计				3 197			

包装： 折叠包装,一件一胶袋,36 件入一外箱。
单价： 每件 9.2 美元,FOB 宁波。
运输方式： 海洋运输。
交货期： 不迟于 2009 年 8 月 4 日。
起运港： 中国宁波。
目的港： 荷兰鹿特丹,加拿大多伦多,美国纽约。
转运： 禁止。
分批装运： 禁止。
付款方式： 即期信用证。信用证应不迟于 2009 年 7 月 4 日达到受益人所在地的通知银行。开证费用以外的所有银行费用由卖方承担。
信用证项下单据清单:
1. 已签署的商业发票 1 份正本、2 份副本。
2. 全套已装船海运提单 3 份正本、3 份副本,做成空白抬头空白背书,通知开证申请人。
3. 装箱单 1 式 2 份。
4. 受益人证明申明以下单据均在装运后 2 个工作日内通过快递寄交给开证申请人。
 • 出口地商会出具的原产地证明。
 • 非木质包装证明书。
 • 装箱单(总净重、总毛重)。
5. 受益人将装船通知传真至开证申请人。
 该传真应于装船后 24 小时内发出,告知转运细节,包括提单号码、提单日期、船名、航次及船舶预计到港的时间。
海运保险:由买方自行办理。
补充内容:信用证项下单据必须在提单日后 15 天内提交通知行。

试根据上述信息缮制销售合同,合同号码为 CFFZ 090214,合同日期为 2009 年 2 月 14 日。

【解答】

Purchase Contract

Contract No.：**CFFZ**090214　　　　　　　　　　　　　　　**Date**：2009-2-14

The buyer：Tivoli Products Plc. Add：Berstofsgade 48，Rotterdam，The Netherlands	**TEL.**：31-74123721 **FAX**：31-75123737
The seller：Ningbo Cheng Feng Garment Imp & Exp Co. Ltd Add：Room 409 Cheng Feng Building, No. 495, Fenghua Road，Ningbo， Zhejiang Province，315211	**TEL.**：86-574-86329926 **FAX**：86-574-86329283

This contract is made by and between the seller and the buyer whereby the seller agrees to sell and the buyer agrees to buy the under-mentioned goods according to the terms and conditions stipulated below：

Description of Commodity	Destination	Quantity	Unit Price	Amount
man's L/S hooded jacket shell fabric：320T matt nylon	Rotterdam	1 555 pcs	USD 9.2/piece FOB Ningbo	USD 29 412.40
	Toronto	408 pcs		
	New York	1 234 pcs		
Total		3 197 pcs		

Total Value：SAY US DOLLARS TWENTY NINE THOUSAND THREE HUNDRED AND TWELVE AND FORTY CENTS ONLY

Country of origin：China

Packing：　　　　fold packing one piece per poly bag，36 pcs per export carton.

Shipment：　　　To be effected from Ningbo China to ①Rotterdam，The Netherlands；②Toronto，Canada；③New York，The United States of America.

not later than 4 Aug. 2009 with partial shipment and transshipment not allowed.

Payment：　　　By an irrevocable letter of Credit payable at sight for 100% of total contract value to reach the beneficiary's advising bank not later than 4 Jul. 2009.

All banking charges except L/C insurance fee are for beneficiary's account.

Documents：　　1. Signed commercial invoice in 1 original and 2 copies.

2. Full set of shipped on board Bills of Lading in 3 original and 3 non-negotiable copies made out to order and blank endorsed notifying applicant，marked 'freight prepaid'.

3. Packing list in 2 copies.

4. Beneficiary's certificate certifying that Certificate of Origin issued by local Chamber of Commerce. Weight Records at the Loading Port issued by beneficiary showing total net weight and total gross weight，Declaration of Non-wood Packing will be sent to the applicant within two working days after shipment by courier service.

5. Beneficiary's Fax sent to the applicant advising shipment details indicating B/L date，B/L Number，Vessel's Name，Voyage Number and ETA within 24 hours after the date of shipment.

Insurance：　　To be covered by the Buyer.

Others：　　　L/C documents to be presented within 15 days after B/L date at the advising bank's counters.

This contract consists of 2 pages and will be set in force after counter signature of both parties.

The Buyer　　　　　　　　　　　　　The Seller

Tivoli Products Plc.　　　　　　　　　Ningbo Cheng Feng Garment Imp & Exp Co. Ltd

Representative：**Rose**(李泽宇)　　　　　Representative：楼宇(Avon)

（续）

Remarks：	
Inspection & Claims：	The Buyer shall have the right to apply to SGS for inspection after discharge of the goods at the port of destination at the Buyer's cost and the report issued by SGS at discharge port to be considered as final. Should the quality and weight inspected by SGS be found not in conformity with the contract or invoice, the Buyer shall be entitled to lodge claims with the Seller on the basis of the inspection certificate issued by SGS at discharge port, with the exception, however, of those claims for which the shipping company and/or the insurance company are to be held responsible.
Force Majeure：	In case of force majeure in accordance with international law, the Seller shall not be held responsible for the delay in the delivery or non-delivery of the goods caused by or resulting from any cause beyond the Seller's control or the carrier of the material, including calamities of mature (heavy rain, heavy wind storms, tsunami or water flood) strikes, war, riots, embargoes. In such event preventing the Seller from shipping or delivering, such shipments of deliveries shall be suspended in the duration of contingency, and immediate notification should be given to the Buyer certificate to this effect to be issued by Government, Authorities or Chamber of Commerce and presented to the buyer. If the shipment is delayed for more than 30 days, the Buyer shall have the right to cancel this contract.
Arbitration：	All disputes in connection with the execution of this contract may be settled through friendly negotiations. Failing the friendly negotiations does not relieve both or any of the parties of their respective contractual obligations. In the event of any disputes which the parties fail to resolve amicably, such disputes shall be referred to and finally resolved by arbitration at the China International Economic and Trade Arbitration Commission in Beijing, China. The award of arbitration shall be accepted by both parties hereto as final and binding for both parties.

【评析】

典型的购货合同一般由以下内容构成：

1. 约首

② 合同号码 ① 合同名称 ③ 合同日期

Purchase Contract

Contract No.： CFFZ090214 **Date**：2009-2-14

The buyer：Tivoli Products Plc.. **Add**：Berstofsgade 48, Rotterdam, The Netherlands	**TEL.**：31-74123721 **FAX**：31-75123737
The seller：Ningbo Cheng Feng Garment Imp & Exp Co. Ltd **Add**：Room 409 Cheng Feng Building, No. 495, Fenghua Road, Ningbo, Zhejiang Province, 315211	**TEL.**：86-574-86329926 **FAX**：86-574-86329283

合同当事人信息

2. 正文
（1）品质条款。

Description of Commodity
man's L/S hooded jacket shell fabric：320T matt nylon

——① 商品名称
——② 商品细节描述

（2）数量条款。

Destination	Quantity
Rotterdam	1 555 piece
Toronto	408 piece
New York	1 234 piece
	3 197 piece

——① 计量单位
——② 各目的地数量
——③ 总数量

（3）价格条款。
单价（货币种类、金额、计价单位）。

Unit Price	Amount
USD 9.2/piece FOB Ningbo	USD 29 412.40
Total Value：SAY US DOLLARS TWENTY NINE THOUSAND THREE HUNDRED AND TWELVE AND FORTY CENTS ONLY	

——① 合同金额（小写）
——② 贸易术语
——③ 合同金额（大写）

（4）包装条款。

Packing：fold packing one pc per polybag. 36 pcs per export carton

——包装件数及包装方法

（5）装运条款。

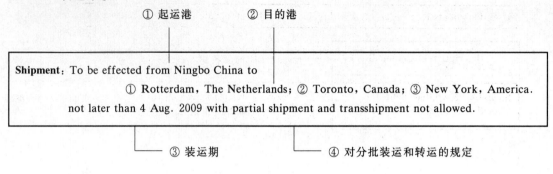

① 起运港　　② 目的港

Shipment：To be effected from Ningbo China to
① Rotterdam，The Netherlands；② Toronto，Canada；③ New York，America.
not later than 4 Aug. 2009 with partial shipment and transshipment not allowed.

③ 装运期　　④ 对分批装运和转运的规定

（6）支付条款。

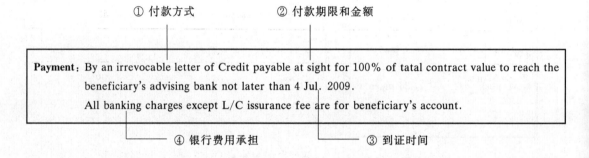

① 付款方式　　② 付款期限和金额

Payment：By an irrevocable letter of Credit payable at sight for 100% of tatal contract value to reach the beneficiary's advising bank not later than 4 Jul. 2009.
All banking charges except L/C issurance fee are for beneficiary's account.

④ 银行费用承担　　③ 到证时间

（7）保险条款。

Insurance：To be covered by the Buyer

（8）附加条款。

① 货物的原产地/国。

Country of origin：China

② 卖方必须提交的单据列表。

Documents：1. Signed commercial invoice in 1 original and 2 copies.
2. Full set of shipped on board Bills of Lading in 3 original and 3 non-negotiable copies made out to order and blank endorsed notifying applicant，marked "freight prepaid".
3. Packing list in 2 copies.
4. Beneficiary's certificate certifying that Certificate of Origin issued by local Chamber of Commerce. Weight Records at the Loading Port issued by beneficiary showing total net weight and total gross weight，Declaration of Non-wood Packing will be sent to the applicant within two working days after shipment by courier service.
5. Beneficiary's Fax sent to the applicant advising shipment details indicating B/L date，B/L Number，Vessel's Name，Voyage Number and ETA within 24 hours after the date of shipment.

③ 对卖方交单的要求。

> L/C documents to be presented within 15 days after B/L date at the advising bank's counters

(9) 一般条款。

① 检验和索赔。

> **Inspection & Claims**：The Buyer shall have the right to apply to SGS for inspection after discharge of the goods at the port of destination at the Buyer's cost and the report issued by SGS at discharge port to be considered as final.
>
> Should the quality and weight inspected by SGS be found not in conformity with the contract or invoice, the Buyer shall be entitled to lodge claims with the Seller on the basis of the inspection certificate issued by SGS at discharge port, with the exception, however, of those claims for which the shipping company and/or the insurance company are to be held responsible.

② 不可抗力。

> **Force Majeure**：In case of force majeure in accordance with international law, the Seller shall not be held responsible for the delay in the delivery or non-delivery of the goods caused by or resulting from any cause beyond the Seller's control or the carrier of the material, including calamities of mature (heavy rain, heavy wind storms, tsunami or water flood) strikes, war, riots, embargoes. In such event preventing the Seller from shipping or delivering, such shipments of deliveries shall be suspended in the duration of contingency, and immediate notification should be given to the Buyer certificate to this effect to be issued by Government, Authorities or Chamber of Commerce and presented to the buyer. If the shipment is delayed for more than 30 days, the Buyer shall have the right to cancel this contract.

③ 仲裁。

> **Arbitration**：All disputes in connection with the execution of this contract may be settled through friendly negotiations. Failing the friendly negotiations does not relieve both or any of the parties of their respective contractual obligations. In the event of any disputes which the parties fail to resolve amicably, such disputes shall be referred to and finally resolved by arbitration at the China International Economic and Trade Arbitration Commission in Beijing, China. The award of arbitration shall be accepted by both parties hereto as final and binding for both parties.

3. 约尾

The Buyer	The Seller
Tivoli Products Plc.	Ningbo Cheng Feng Garment Imp & Exp Co. Ltd
Representative：	Representative：
Rose（李泽宇）	楼宇（Avon）

————— 双方签字确认 —————

技能训练

⑴ 请根据宁波宁新服装进出口有限公司与 BR 有限公司的磋商内容,缮制销售确认书,号码为 CF-FZ-STUD001,日期 2009 年 8 月 10 日。

磋商纪要

时间:	Aug 10,2009
地点:	综合会议室
客户:	BR Clothing Co. Ltd.
	1002 Cambridge Street,London,U.K.
主题:	出口男式梭织长裤
结果:	达成意向如下:我公司将于 2009 年 12 月 30 日前一次性装运以下产品

货号/品名:men's woven ESSEX pant(男式梭织长裤)

规格:	30、31、32、33、34、36、38、40
价格:	15 美元/件　　CIF 伦敦
数量:	1 680 件　　颜色:卡其色
包装:	折叠包装,一件入一胶袋,40 件入一外箱

货号/品名:men's woven ESSEX pant(男式梭织长裤)

规格:	30、31、32、33、34、36、38、40
价格:	15 美元/件　　CIF 伦敦
数量:	1 810＋1 555 件　　颜色:黑色、金属枪色
包装:	折叠包装,一件入一胶袋,40 件入一外箱

货号/品名:men's woven ESSEX pant(男式梭织长裤)

规格:	30、31、32、33、34、36、38、40
价格:	15 美元/件　　CIF 伦敦
数量:	2 490＋1 465 件　　颜色:深棕色、黑色条纹
包装:	折叠包装,一件入一胶袋,40 件入一外箱

保险:投保一切险

付款:不可撤销见票后 30 天付款信用证,2009 年 12 月底前开到

【解答】

SALES CONFIRMATION

S/C No：CF-FZ-STUD001

Date：2009.08.10

The Seller：Ningbo NingXing Garment Imp & Exp Co. Ltd

Address：Room 808 DongFang Building，No.98，

Zhongshan Road，Ningbo，Zhejiang

Province 315 000，China

The Buyer：BR Clothing Co. Ltd.

Address：1 002 Cambridge Street，London，

U.K

Art. No.	Name of Commodity & Specifications & Color	Quantity	Unit Price	Amount
EX-001	men's woven ESSEX pant 30～40 Black	1 810		$ 27 150.00
EX-002	men's woven ESSEX pant 30～40 Black Print stripe	1 465	CIF	$ 21 975.00
EX-003	men's woven ESSEX pant 30～40 Brown Print stripe	2 490	LONDON	$ 37 350.00
EX-004	men's woven ESSEX pant 30～40 Dark Khaki	1 680	$ 15.00	$ 25 200.00
EX-005	men's woven ESSEX pant 30～40 Gunmetal	1 555		$ 23 325.00
Total Amount：				$ 135 000.00

Total Amount in Word：SAY US DOLLARS ONE HUNDRED AND THIRTY FIVE THOUSAND ONLY

PACKING：　TO BE FOLD PACKING, ONE PIECE PER ONE POLYBAG, FORTY PIECES INTO ONE EXPORT CARTON.

SHIPMENT：FROM：NINGBO, CHINA

TO：LONDON ENGLAND

ON OR BEFORE DEM. 30 2009

WITH PARTIAL SHIPMENT AND TRANSSHIPMENT NOT ALLOWED.

PAYMENT：　THE BUYER SHOULD OPEN THROUGH A BANK ACCEPTABLE TO THE SELLER AN IRREVOCABLE L/C AT 30DAYS' SIGHT FOR 100% OF CONTRACT VALUE TO REACH THE SELLER BY THE END OF DEM 2009 AND VALID FOR NEGOTIATION IN CHINA UNTIL THE 15TH DAY AFTER THE DATE OF SHIPMENT.

INSURANCE：THE SELLER SHOULD COVER INSURANCE FOR 110% OF THE TOTAL INVOICE VALUE AGAINST ICC(B) AS PER I.C,C, DATED 1/1/1982.

Confirmed by：

THE SELLER

Ningbo NingXing Garment Imp & Exp Co. Ltd

(signature)

THE BUYER

(signature)

(2) 请将下列售货合同转换成相应的中文格式。

① 售货合同一。

SALES CONTRACT

S/C NO.：WN06-101S

DATE：06/24/2009

We hereby confirm having sold to you following goods on terms and conditions as specified below：

Article No.	Description	Quantity	Unit Price	Total Amount
AD-07Y	LADIES CAPRI BLACK WHITE TTL	 1 464 PCS 1 464 PCS 2 928 PCS	FOB NINGBO USD 4.35/PC	USD 12 736.80

1. Packing：EXPORT STANDARD CARTON

2. Shipping Date：10/10/2009

3. Delivery From：NINGBO, CHINA

4. Payment：L/C

5. Insurance：COVERED BY BUYER

6. Destination：New York

SELLER：

Ningbo Yunsheng import & export Co. , Ltd

(signature) Betty 杨芳

BUYER：

Crystal Clothing Co. Ltd

(signature) Jimmy

【解答】

销售合同

合同编号：WN06-101S
合同日期：06/24/2009

兹确认售于你方下列货品，其成交条款如下：

货　号	品　　名	数　量	单　价	总金额
AD-07Y	女式七分裤		FOB 宁波	12 736.80 美元
	黑色	1 464 件		
	白色	1 464 件	4.35 美元/件	
	总计	2 928 件		

1. 包装：出口标准纸箱

2. 出运日期：2009 年 10 月 10 日

3. 出运港：中国宁波

4. 付款方式：信用证

5. 保险：买方自理

6. 目的港：美国纽约

卖方：
宁波韵升进出口有限公司

签名：Betty 杨芳

买方
Crystal Clothing Co. Ltd

签名：Jimmy

② 售货合同二。

SALES CONFIRMATION

TO：

NOMURA TRADING CO.，LTD

7-3，AZUCHIMACHI 1-CHOME CHUNO-KU，

OSAKA 541-8542 JAPAN

S/C NO.：GCK03015

DATE：JULY.19，2009

Article No.	Discription	Quantity	Unit Price	Total Amount
12TS6030	TROUSERS NO PLEAT，PLAIN FRONT		FOB NINGBO @USD 6.45/PC	
	NAVY	140 PCS	USD 903.0	
	DK CHARCOAL	120 PCS	USD 774.0	
	BLACK	140 PCS	USD 903.0	
	TOTAL	400 PCS		USD 2 580.00

1. Packing： EXPORT STANDARD CARTON

2. Shipping Date： NOT LATER THAN SEPT.10.2009

3. Delivery From： NINGBO，CHINA

4. Payment： L/C

5. Insurance： COVERED BY BUYER

6. Destination： OSAKA，JAPAN

SELLER：

NINGBO YOUNGOR IMP. & EXP. CO.，LTD

Representative：

张宏予

BUYER：

NOMURA TRADING CO.，LTD

Representative：

饭岛次仁

【解答】

销售合同

编号：GCK03015

日期：2009.7.19

货　号	品　　名	数　量	单　价	总金额
12TS 6030	前身无褶长裤 海军蓝 深炭灰 黑色 总计	 140 PCS 120 PCS 140 PCS 400 PCS	FOB 宁波 6.45 美元/件 903.0 美元 774.0 美元 903.0 美元	 2 580.0 美元

1. 包装：出口标准纸箱

2. 出运日期：不迟于 2009 年 9 月 10 日

3. 出运港：中国宁波

4. 付款方式：信用证

5. 保险：买方自理

6. 目的港：OSAKA JAPAN

卖方：　　　　　　　　　　　　　　　　　　**买方：**

宁波雅戈尔进出口有限公司　　　　　　　　日本村野株式会社

签名：张宏予　　　　　　　　　　　　　　签名：饭岛次仁

【(3)】 阅读采购合同并回答相应问题。

Purchase Order

♯AD-07Y

Customer：MAX.

Vendor：MARRIE

Issue Date：24.06.08

Agent：NINGBO NINGNING FASHION CO.,LTD

Due Date：10.10.08

NO.299，SIMING WEST ROAD

YIN ZHOU DISTRICT

Division：LADIESWEAR

NINGBO 315038

Phone：86-574-88317421

Fax：86-574-88317420

Terms：FOB NINGBO

SHIPMENT：

SHIPPING MARK SHOULD BE MXW ONLY FOR THE GOODS 100% SHIPPING TO J/ALI

IF SHIPMENT SPLIT BETWEEN J/ALI & DAM THEN MARK MXY FOR GOODS TO BE SHIPPED TO

J/ALI，MXR/A/J FOR GOODS TO BE SHIPPED TO DAM

⅓ MARKED WITH MXY：8/10/12/14/16 = 4/6/6/4/4

⅔ MARKED WITH MXR/A/J：8/10/12/14/16 = 4/4/5/6/5

PACKING：

FOLD PACKING, ONE PIECE INTO A POLYBAG,24PCS（ONE COLOR,ASSORTED SIZE）INTO A

RATIO BAG. 2 RATIO BAGS INTO A STANARD EXPORT CARTON. ENVELOPE POLYBAG, DO NOT

USE STICKER TAPE TO SEAL THE POLYBAG.

> WARNING：TO AVOID DANGER OF SUFFOCATION, KEEP
> AWAY FROM BABIES AND CHILDREN. DO NOT USE IN CRIBS,
> BEDS, CARRIAGES, OR PLAYPENS, THIS BAG IS NOT A TOY.

WITH TWO RECYCLE LOGO, AS PER SAMPLE

ACCESSORIES

MAIN LABEL	AS PER SAMPLE	IN THE CENTER BACK OF W/B
SIZE LABEL	AS PER SAMPLE	0.5 CM LEFT FROM THE MAIN LABEL（WEARING）
CARE LABEL	AS PER SAMPLE	10 CM DOWN FROM THE TOP OF W/B IN THE LEFT
HANGTAG		SIDE（WEARING）IN THE CENTER BACK OF W/B
BARCODE		STICK TO THE WRONG SIDE OF HANGTAG,
		WITHIN THE SQUARE AREA

SAMPLE：

APPROVAL SAMPLE	2PCS, SIZE 12	NOT LATER THAN JULY 5,2008
P.P SAMPLE	2PCS, SIZE 12	BEFORE PRODUCTION
SHIPMENT SAMPLE	1 PC, ALL COLORS, SIZE 12,	BEFORE THE SHIPMENT

POLYBAG STICKER：

ON THE FRONT SIDE OF THE POLYBAG

（续）

SEASON	SPRING 09
SUPPLIER NAME	NINGNING FASHION
PRODUCT DESCRIPTION	CAPRI WITH DOUBLE BUTTON WAISTBAND; SEAMED LEG PANELS WITH MOCK POCKET DETAIL; CUT-N-SEW CUFFS WITH 3 MATTE SILVER BUTTONS; BACK YOKE DETAIL.
STYLE REF.	AD-07Y
COLOR	WHITE/BLACK
SIZE	QUANTITY
8	4
10	4
12	5
14	6
16	5
TOTAL INNER PACK	24

SHIPPING MARK:（FOR UAE）   FOR SAUDI ARABIA

MAX HOLDINGS & INVESTMENTS LTD.   FASHION HOUSE INTL. TDG CO.,
DUBAI, UAE   RIYADH 11643
                                         KINGDOM OF SAUDI ARABIA

SIDE MARK:

SEASON: SPRING 08
STYLE NO: AD-07Y
COLOUR:
QUANTITY:
CARTON NO.:   OF
NET WEIGHT:
GROSS WEIGHT:
CARTON SIZE:
SUPPLIER: NINGNING FASHION
MADE IN CHINA

NOTE: EACH CARTON COULD NOT BE OVER 20KGS.
　　　CARTONS MUST BE SEALED ON THE TOP SIDE, WITH CARDBOARDS AND TISSUE PAPER.
　　　EACH CARTON COULD NOT EXCEED THE SIZE OF 60 * 40 * 46 CM.

SHIPMENT SHORTAGE & OVERAGE
　　　IF ORDER QUANTITY EQUALS TO OR IS LESS THAN 1,000 PIECES, MAX. 3% SHIPMENT SHORTAGE OR OVERAGE IS ALLOWED.
　　　IF ORDER QUANTITY IS OVER 1,000 PIECES, MAX. 5% SHIPMENT SHORTAGE OR OVERAGE IS ALLOWED.
　　　WE NEED APPROVAL FROM PRODUCT MANAGER PRIOR TO SHIPMENT RELEASE IF SHORTAGE OR OVERAGE IS OVER MAX.
PERCENTAGE ALLOWED.

【问题】

(1) 该订单的下单日期是：_____,交货期：_____,起运港：_____。

(2) 该订单一出口外箱内有几件衣服？并说明包装要求。

(3) 该订单对胶袋有什么要求(胶袋的形式、印刷内容和粘贴内容等)？

(4) 该订单中是否提到唛头、吊牌等内容？如有请详细说明。

(5) 根据该订单,至少需要提交哪些样品？分别有什么要求(时间、件数等)。

(6) 该订单中有无对外箱的包装提出要求？如有请详细说明。

(7) 该订单是否允许短溢装？合同是如何说明的？

(8) 列出运往 DAM 的箱唛。

【解答】

(1) 2008 年 6 月 24 日,2008 年 10 月 10 日,宁波。

(2) 一箱 48 件。包装要求:折叠包装,一件入一胶袋。24 件按比列入一中胶袋,2 个中胶袋入一标准出口纸箱。

(3) 要求用信封式胶袋,封口时不能用胶带。并印上两个回收标示(见样品)和警告语(内容为 Warning：To avoid danger of suffocation，keep away from babies and children. Do not use in cribs，beds，carriages，or playpens. This bag is not a toy.)。在胶袋正面还需粘一贴纸。贴纸内容如下表所示。贴纸内容中的装箱搭配应根据目的地调整。下表中装箱搭配是运往 DAM。

Season	SPRING 09
Supplier Name	Winning Fashion
Product Description	Capri with double button waistband；seamed leg panels with mock pocket detail；cut-n-sew cuffs with 3 matte silver buttons；back yoke detail.
Style ref.	AD-07Y
Color	WHITE/BLACK
Size	Quantity
8	4
10	4
12	5
14	6
16	5
Total Inner Pack	24

(4) 有。主要提到以下几个主唛和吊牌。

① 主唛:要求同样品,缝在裤腰后中；

② 尺码唛:要求同样品,缝在主唛左边 0.5 cm 处(穿起计)；

③ 洗唛:要求同样品,左侧缝离腰顶 10 cm 处(穿起计)；

④ 吊牌：裤腰后中；

⑤ 条形码：粘在吊牌反面的方形框内。

（5）该订单中要求的样品是：

① 确认样（Approval Sample）：需要在 2008 年 7 月 5 日前提交 2 件 12 码的。

② 在大货生产前需提交 2 件 12 码的产前样（P.P sample）。

③ 在大货出运前需提交 1 件黑色的 12 码和 1 件白色的 12 码。

（6）有。

① 必须采用标准出口纸箱。

② 尺寸大小不得超过 60 cm×40 cm×46 cm。

③ 纸箱必须在顶部封口，用胶带封口，箱内含天井盖（硬纸板）。

④ 每箱重量不得超过 20 kg。

（7）允许的，但有范围要求。如果订单数量少于 1 000 件，允许＋3%的短溢装。如果订单数量大于 1 000 件，允许＋5%的短溢装。如果短溢装的比例超过上述规定，必须得到生产经理的允许。

（8）正唛

FASHION HOUSE INTL. TDG CO.，
RIYADH 11 643
正唛

侧唛

SEASON：SPRING 08

STYLE NO：AD-07Y

COLOUR：

QUANTITY：

CARTON NO.： OF

NET WEIGHT：

GROSS WEIGHT：

CARTON SIZE：

SUPPLIER：WINNING FASHION

MADE IN CHINA

第三章　加工厂的评估与选择

一、加工厂的评估

1. 评估概念

加工厂的评估，即按照一定的标准对工厂进行审核或评估，也叫"验厂"。"验厂"活动在我国的企业中非常普遍。接受客户或第三方机构"验厂"，对我国生产企业尤其是纺织和服装、玩具、日用品、电子和机械等劳动密集型企业而言，几乎成为必须满足的条件。客户的验厂以确认工厂能否按照客户的要求完成订单，也是对公司、工厂的一种资信调查的过程。

2. 评估内容

一般会包括以下几个方面：

1）社会责任

官方称为社会责任审核、社会责任稽核、社会责任工厂评估等。其又分为客户方标准审核和企业社会责任标准认证。这种"验厂"主要通过两种方式推行。

① 客户方标准审核。企业在采购产品或下达生产订单之前，对供货方按照其制定的社会责任标准进行审核，主要是对劳工标准的执行情况进行直接审查。一般来说大中型公司都有自己的企业行为守则，如沃尔玛、迪斯尼、耐克、家乐福、BROWNSHOE、PAYLESSSHOESOURCE 等欧美国家的服装、制鞋、日用品、零售业等集团公司。这种方式称为第二方认证。

② 企业社会责任标准认证。它是指企业社会责任体系制定方授权一些中立的第三方机构对申请通过某种标准的企业是否能达到所规定的标准进行审查的活动。它是采购商要求供货商通过某些国际、地区或行业的"社会责任"标准认证，获得资格证书，以此作为采购或下达订单的依据。这类标准主要有 SA8000、ICTI（玩具行业）、EICC（电子行业）、美国的WRAP（服装鞋帽行业）、欧洲大陆地区的 BSCI（所有行业）、法国的 ICS（零售行业）、英国的ETI（所有行业）等。

相比较而言，第二方认证出现时间较早，覆盖范围和影响面大，而第三方认证的标准和审查更加全面。这两种认证的内容都是以国际劳工标准为依据，要求供货商在劳工标准和工人生活条件等方面承担规定义务。主要有：禁止使用童工，反对歧视和压迫工人，禁止使用监狱工，工人有结社自由，工资的发放、工作时间等必须满足国际劳工组织和中国劳动法律法规的要求。健康、安全、消防等方面的要求，如保证工人的工作环境不危害身体健康等。例如，第三方公证行 BL 社会责任审核的清单如下表所示。

NO.	SA Audit Document List 社会责任审核文件清单
1	Floor Plan 厂区平面图
2	Business License 营业执照
3	Name List of employces 员工花名册(全厂员工名册)
4	Payroll Records 最近 12 个月工时记录(员工签名工资条或银行转账凭证)
5	Attendance Records 对应以上 12 个月工时记录
6	Comprehensive Working Hour System or OT Waiver 综合计时批文或延长加班批文
7	Payment receipt of social insurance schemes 最近 12 个月社会保险之缴费收据/人员申报单
8	Records of paid annual leave 有薪年假记录
9	Factory regulations 厂规或员工手册(招聘,奖惩,考评,工资,工时,福利制度)
10	Employment registration records 员工入职登记表(附身份证复印件)
11	Labor contracts 劳动合同
12	Leave applications 员工请假表(最近 12 个月)
13	Health examination/registration of juvenile workers 未成年工体检证明/劳动部门登记表
14	Trabe Union/Worker organization 工会委员名单,章程,会议记录(或其他员工组织,未建立工会则不需提供)
15	O-chart of safety commuittee,safety procedures, emergency preparedness 安会委员架构图,工厂安全制度,紧急事故处置预案
16	First aid responder certificates 急救员证书
17	Fire drill records 消防演习记录(最近 2 个年度演习记录,照片)
18	Fire acceptance check report/filling record for production building and dormitory Inspection for Completed Building Construction Projects 厂房/宿舍等建筑物消防验收合格证/备案/建筑工程竣工验收报告/合格证明
19	Injury records/injury procedure 最近 12 个月工伤记录/工伤处理程序
20	MSDS/Inventory for hazardous substances/chemicals 化学品危险品清单及物料安全资料卡
21	Safety training records(Fire safety Job safety,PPE,Chemical)安全培训记录(消防安全/岗位安全/个人防护用品/化学品使用安全等)
22	Occupational health examination records 职业健康检查/体检报告
23	Work permits for special & dangerous operations 特种作业工操作证(电工/焊工/锅炉工/压力容器操作工/起生机作业工等)
24	Safety documents for special equipments 特种设备档案(电梯/锅炉/压力容器/叉车/起重机等使用许可证或定期安验报告)
25	Hygiene Certificate for the canteen in factory 食堂卫生许可证/餐饮许可证
26	Health Certificate of food operators 食堂工作人员健康证
27	Environmental documents 环保文件(环评登记表或报告/竣工验收报告/排污许可证/危废回收商资质证明/危废转移合同/危废交运联单)
28	Production records 生产记录(生产日报表,仓库收发记录,QC 检查记录等)

2)品质验厂

品质验厂又称质量验厂或生产能力评估,是指以某采购商的品质标准对工厂进行审核。其标准往往不是"通用标准",这一点区别于体系认证。这种验厂相对于社会责任验厂和反恐验厂而言,出现的频率并不高,且审核难度也小于社会责任验厂。下面以沃尔玛的 FCCA 为例说明。

沃尔玛（Wal-mart）新推行的 FCCA 验厂全称为 Factory Capability & Capacity Assessment，即工厂产量及能力评估，其目的是审核工厂的产量及生成能力是否符合沃尔玛的产能和质量要求。其主要内容包括以下几个方面：

① Factory Facilities and Environment（工厂设施和环境）。

② Machine Calibration and Maintenance（机器校准和维护）。

③ Quality Management System（质量管理体系）。

④ Incoming Materials Control（来料控制）。

⑤ Process and Production Control（过程和生产控制）。

⑥ In-House Lab-Testing（内部实验室测试）。

⑦ Final inspection（最终检验）。

3）反恐验厂

多为美国客户的要求。涉及工厂的人员安全、资料安全、货物生产包装与装卸安全等，以防止易燃、易爆、危险物品进入包装成品后，直接运输到港口，对社会、公众造成潜在威胁和安全隐患。反恐验厂主要目的在于，通过工厂本身的一套安全控制程序来保障出口货物运输及使用安全。

反恐验厂是从美国"911事件"之后才出现的，一般有两种，即 C-TPAT 和 GSV。

① C-TPAT。海关—商贸反恐联盟（Customs-Trade Partnership Against Terrorism，简称 C-TPAT），旨在与相关业界合作建立供应链安全管理系统，以确保供应链从起点到终点的运输安全、安全信息及货况的流通，从而阻止恐怖分子的渗入。

② GSV。全球安全验证（Global Security Verification，简称 GSV），是一项国际领先的商业服务体系，为全球供应链安全策略的开发和实施提供支持，涉及工厂的保安、仓库、包装、装货和出货等环节。GSV 体系的使命是与全球的供应商和进口商合作，促进全球安全认证体系的开发，帮助所有成员加强安全保障和风险控制，提升供应链效率，并降低成本。其主要核查资料如下表所示。

GSV 安全认证主要核查内容

Access Controls	
1	Visitors'registration book（访客登记簿）
2	Incoming/outgoing vehicle registration book or record（出入车辆登记簿或记录）
3	Incoming/outgoing mail / parcel registration book or record（出入包裹信件登记簿或记录）
4	Security guard patrol record（保安巡逻记录）
Procedural Security	
5	Security policy/plan（实体保安程序）
6	Security guard duties and responsibilities（保安岗位职责）
7	Packing procedures（货物包装程序）
8	Loading and unloading security procedures（装卸货物保安程序）
9	Container inspection and loading procedures（货柜车检查以及装货程序）
10	Security seal handling and storage procedures（封条保管存放程序）

(续　表)

11	Policy for detecting and reporting shortages/overages(discrepancies)on shipments 货物的超装/短装(差异)检定及通报政策
12	Procedure for transit of finished goods to forwarders(成品运输跟踪程序)
Shipping Documentation	
13	Bill of lading, if any (copy)(提货单复印件)
14	Commercial invoice，if any (copy)(商务发票复印件)
15	Packing List(copy)(装箱单复印件)
16	Other related shipping manifest，if any(any)(其他的相关载货凭单)
17	Any other documentation related to shipments(其他所有船务文件)
Human Resources	
18	Employee record(Sample)(员工人事记录样板)
19	Employee background check record(员工背景调查记录)
20	Employee termination check list(员工离职核对表)
21	Employee Security training manual(员工反恐保安培训手册及记录)
22	Security Incident reports(保安紧急事件通报处理程序)
Other Secuirty Records	
23	Security meeting records with attendees list(有参加者名单的安保会议记录)
24	Secutity training program(includes：Security Guakds，Mail receiving，Packing，Cargo loading，Logistic) 安保培训计划(包括:保安人员、信件收发、成品包装、装柜、后勤)
25	Inspection or maintenance record of alarm and surveillance cameras (警铃及闭路电视检查或维护保养记录)
26	Internal audit record(安保内审记录)
27	Keys，locks and seals control registration book (钥匙、锁及封条的控制登记簿)
28	Crisis management plan(紧急事务处理程序)
29	Others(其他)

3. 评估流程

根据客户的不同要求,会对验厂做出三种要求:第一种,客户要求第三方验厂评估;第二种,客户不要求第三方验厂评估,只是自己到工厂进行验厂;第三种,客户不要求任何形式的验厂。

买卖双方达成初步合作意向之后,就会派专门的验厂员或委托第三方检验人员到工厂进行详尽的验厂审核。若企业已经通过某些国际认证,如 ISO9000 国际质量标准体系认证等,则有利于企业顺利通过验厂甚至申请免除检验。验厂的主要流程分为以下步骤:

1) 首次会议

检验员需向工厂介绍审核的内容、流程以及目的。受检企业则需为验厂员作工厂基本信息的介绍,包括生产产品类型、工厂人数、法人代表等;提供工厂平面图,确保巡视工厂范围内所有的区域;提供所需审核的文件,以及产品的报检样品等。比如上海某时装有限公司于2012 年 6 月向验厂员所提供的文件清单包括:营业执照、工厂平面图、工人的考勤记录、工资表、员工档案、劳动合同及社保收据、工人意见处理记录;消防安全检查表、个人防护用品发放记录、消防设备清单及消防通道位置图、消防培训和演习记录及照片;氨纶复丝检查标准、库房管理制度、大货毛纱管理制度、样板工艺制度、产品生产、检验标准;手缝工、横机工、套口工、清洗工、整烫工的培训记录和操作规程等 35 份文件。

2)工厂巡视

验厂员根据公司生产守则中的具体侧重点,作详细的检验。不仅要查看生产线,还要查看包括仓库、车间、食堂、宿舍、医疗室、厕所等其他场所。欧美企业通常侧重于企业社会责任以及劳工权利的检查。比如迪斯尼公司对其玩具类、服装类供应商工厂的巡视内容主要包括:工厂环境的卫生安全检查,员工宿舍卫生检查;消防安全、机械安全和产品安全检查;劳工的安全检验,包括查看每个劳动者是否使用或具备个人防护用品;根据美国环境保护局(EPA)或职业安全与健康管理局(OSHA)或空气质量管理区(AQMD)的检验标准,审核工厂的环境污染和环境保护状况;工厂的化学品及危险品存放状况。日本企业则侧重于产品质量的生产监控。比如日本女装品牌 SYNONYME 公司的验厂内容,除了常规的工厂消防安全、劳工安全等检验外,还特别需要审查工厂的产品质量控制系统的运作,查看工厂总体环境,机器设备与工具配件配置,基础设施与生产设备的维护,原料采购是否有专人负责,生产计划是否合理,后道生产工序是否有严格的检验等,尤其是对产品的安全检验极其严格。如为了杜绝产品中藏有断针情况的发生,要求工厂对于该类针的流量库存、使用和管理准备详尽的日志和记录。对于剪刀、钩针等工具的摆放、使用、检控等都必须出具严格的管理措施。

3)文件审核

验厂员对受检企业根据要求提供的文件按照检验标准进行审核,这也是验厂的重要环节。

4)工人访谈

检验员在工厂巡视过程中随机挑选部分工人进行访谈:询问姓名、出生年月等个人信息,求证是否有童工使用情况;检查生产流程中是否有分包或外发;从工人层面了解工厂的实际运作,以及劳工权利、福利待遇等情况。常见的访谈问题有:有低于法定最低年龄的工人吗?工人至少收到一个标准工作周的最低工资了吗?工人得到了法律所赋予的福利了吗?怀孕的工人是否得到了法律规定的产妇权利?工厂收取工人多少住宿费、多少伙食费?工人每月工作经常超过 48 小时吗?每 7 天就有 1 天休息吗?工人们加班是否自愿?等。

5)末次会议

检验员在检验结束后需告知审核结果,归还审核文件,解释发现的问题及通知整改,指导工厂达到守则要求。

6)整改后检验

整改对于受检企业十分重要,整改后的结果直接影响到合作关系、订单数量。比如国外某公司验厂制度规定,企业在其验厂过程中允许有 3 次整改机会。验厂中发现的轻微可容忍违规问题,可在改善后视为合格;整改后达标状况差或存在不可接受的违规行为,则被要求整改后再次接受检验;若存在使用童工、强迫劳动等不可容忍的违规问题,则立即终止合作。

4. 应对评估

在验厂中,作为跟单员,应协助各部门做好各项准备工作。首先要有正确的认识;从心里理解,审核者并不想把合作加工厂验垮,而是帮助合作加工厂发现管理中存在的问题,合作加工厂如果整改,竞争力岂不加强?随着形势的发展,验厂面会越来越宽,逼着大家共同进入同一起跑线,进入良性竞争的轨道。如果把验厂理解成机遇,那么合作加工厂的心态就会好起来。要协助合作加工厂认识到验厂是长期的行为,不能抱有应付的心理,不能搞短期行为。

在验厂前协助各部门做好准备。研究客户的调查文件(即以前自己填写过的),确认审核的目的(有侧重点,如质量或环境等);确认审核的标准和审查的范围。确认审核的日期和时间,审查员人数,前者是商量确定的;确认需提供的资料及相关的文件支持(比如发放劳动合同和员工手册的记录);安排一次模拟审核,过程和方法应与实际审核相同,从中自行找到不合格点并尽快采取纠正措施;安排好陪同人员:①首次会议人员应是主要负责人及人事部、会计部、品管部负责人,管理者代表也要参加,并互作介绍,以示重视。②看厂时的陪同人员可以是行政人员和品管部负责人,同时有一位文员相随,以随时通知相关部门负责人到本部门门口迎接、陪同并解答问题。③文件检查时的陪同人员应包括会计部负责人、人事部负责人及文件档案管理人员,主要负责人也应在场,以回答有关工厂运作方面的问题。④与工人面谈时,人事文员应在谈话室附近进行组织安排。⑤审核员在整理文件时,人事文员应经常去看看,以了解审核员的需求,若有复印的资料,应及时安排。⑥末次会议的陪同人员与首次会议相同。

在验厂过程中的配合,跟单员也应协助合作加工厂做好各项工作。有问必答,清楚地向审核员介绍本企业的运作方式及政策,及时回答相关问题。及时提供所有的必要文件,不要拖拉或抵制,否则审核员会以"资料提供不全"而记入不合格项。同时,你提供了全面的资料,也避免了审核员可能作出的片面或不利的判断。对于审核员询问的问题,一定要搞清楚,有不清楚的地方一定要问明白,以免误解。出现不合格的问题时,应尽量提出相关的正面的支持性文件作证据,解释清楚,并再度征询审核员意见。如果确属不合格问题,就应立即研究纠正措施,并提出整改计划。

验厂后跟单员同样协助合作加工厂研究不符合项的内容,调查发生的原因,设法采取补救和预防措施,尽快提供纠正计划及时间,并在审核员规定的时间内反馈。

二、加工厂的选择

每次与客户订单一确认,就应根据生产服装的品种和款式要求,先在本企业或客户认可的外协单位中寻找、联系、选择合适的加工厂。如果在本企业或客户认可的外协单位中没有合适的加工厂,再扩大筛选的范围,经过本企业或客户验厂评审合格后,可作为外协加工厂。

1. 审核、发出订单资料

整理相关订单资料后,必须通过电邮或传真,及时向加工厂发出有关订单的初步资料,让加工厂初步了解订单的要求,以便加工厂根据自身的实际情况,决定是否接单生产以及开展安排生产周期等工作。根据订单合同的基本内容,发出的初步资料主要有以下几个方面。

1)订单基本资料

为了不使订单在加工厂生产中造成管理混乱,订单基本资料必须预先发给加工厂。该类资料包含款式名称、款号、总数量、交货期、交货方式、付款方式等。

2)款式资料

该资料主要是指款式图、面辅料要求、规格尺寸、包装要求等。

3)尺码与数量分配资料

在发出的初步资料里,要包括详细的尺码分配表及数量明细表。因为一般客户在采购服装产品时,多需要加工厂预先自己垫款采购面辅料进行生产,因此,服装的尺码、数量与颜色分配资料,对加工厂进行订购面料的工作安排和成本核算非常重要。

2. 分析反馈信息

加工厂收到初步的订单资料,根据订单生产的要求,综合衡量自身的生产能力、技术水平、资源调配等情况,作出是否接单生产的决定,并明确答复。如果有接单生产的意向,还需对订单生产要求做更全面、深入的了解,并索取相关详细资料。服装跟单员对加工厂反馈的信息,要做仔细的分析,并解答工厂的咨询。如果存有一些无法确认的细节,则必须进一步咨询、了解,确定具体的制作方法与要求,然后回复加工厂,并在日后的生产制造通知单中详细描述,避免日后的工艺制作产生错款或质量问题。

有关订单的加工价、付款方式、订单尺码、颜色与数量、交货期、交货方式等涉及合同条款的初步内容,加工厂也要作进一步咨询,避免日后发生纠纷。生产跟单员要以电话、邮件、书面等形式详细回复加工厂,对加工厂不同意执行而又不能更改的合同规定,跟单员必须坚持,并要求加工厂遵照执行,否则只能再寻找新的加工厂。

3. 签订生产合同

加工厂确定接单生产后,需签订生产合同。

1) 编制生产合同

跟单员必须再次审核订单的详细资料,包括:客户的订单合同或销售合同,客户要求的交货期,客户提供的设计、生产或制作图,面料、辅料要求等。如发现资料有疑问,必须及时询问,详细了解,确保所有的资料准确无误。

2) 审批生产合同

生产合同编制好后,需对合同的所有数据与条款进行全面核对,确保生产合同与订单合同对应的条款相符。主要核对内容如下:

① 合同编号:便于双方合同管理与查询。

② 数量:以客户订购的数量为准。

③ 单价与金额:根据订单的单价、预期利润,审核加工单价,并计算总金额。

④ 付款方式:不同的交易方式有不同的付款方式。

⑤ 交货期:根据订单的交货期,确定加工厂的交货期。加工厂的交货期只能比订单的交货期提前,不能推后,一般要提前一星期,确保准时交货。

⑥ 面料、辅料等要求。

⑦ 交货方式。

把生产合同核对无误后,再送交跟单主管、生产主管审核,通过后再送交总经理。

3) 签订生产合同

总经理审核生产合同,确定可下单生产后,在合同上签名、确认,加盖公章后送交加工厂。加工厂将对合同进行详细审核,审核无误后,由法人代表签名,并加盖公章,自存一份备案;另一份送回至对方。服装跟单员负责跟踪合同的签订,收到加工厂送回的合同后,正本存档,并复印数份复印件,分别派发生产部、财务部等部门。

4. 商讨制定订单生产进度

签订合同之后,为了顺利完成订单,增加跟单工作的计划性,跟单员应与生产部(或加工厂)根据业务性质、订单的数量等,商讨制定跟单周期表。一般对常规合同而言,公司各个部门所需要的时间有初步的商定,如下表所示,该表是×××针织厂对常规订单的时间核定参考表。根据客户要求的交货日期,确定样衣、面料、大货生产等的计划完成日期。

×××针织厂常规订单的时间核定参考表

说明:1. 35～44 天的合同主要针对小批量、追单、辅料组织相对容易、面料成熟的订单。法定节假日包含在内(3 天以上长假除外)

2. 所有 44 天内的合同,如含有特种纱或麻灰纱(含彩条、横机、染色印花),需事先与面料计划确认后再下合同。

3. 如果面料是全涤的,织造时间要增加 1 天。若是坯布印花,或是复合布,染整完成时间需多加 3 天。

4. 合同如有变更,需重新评审确定各项目核定时限。

一般常规合同:

职能部门	技术资料			营业部	原料(棉纱)	织布	染色	成衣辅料	印绣花/制衣
	技术部	营业部	合计	营业部	采购部	织造制	染整部	辅料科	制衣部
35～44 天的合同	2 天	3 天	5 天内	3 天内	7 天内	14 天内(7 天)	21 天内(7 天)	25 天内(22 天)	35 天内(10 天)
					麻灰纱 10 天内	20 天内(10 天)	25 天内(5 天)		
					特种纱		27 天内(7 天)		35 天内(8 天)
24～59 天的合同	3 天	3 天	6 天内	3 天内	9 天内	18 天内(9 天)	27 天内(9 天)	30 天内(27 天)	45 天内(15 天)
60 天以上的合同	3 天	3 天	6 天内	3 天内	15 天内	26 天内(11 天)	37 天内(11 天)	35 天内(32 天)	60 天内(23 天)

第四章　服装样衣确认

在服装贸易过程中,通常客人先下打样单,由工厂或贸易公司根据打样单来制作样衣,然后寄交客户进行审核,在所有的资料包括面辅料的搭配、颜色、款式、工艺、尺寸、价格等全部通过后,客人才有可能下正式的大货订单。

一、客人打样单整理

【任务安排】

宁波乘风服饰进出口有限公司收到客户合同编号为 CF-FZ-09-0110(见第二章)的打样单资料,请根据客户原单资料整理相关技术文件。

SAMPLE ORDER

DATE： 2009-1-10	SEASON： FALL 2009	PROTO #： 0955/0956/0957	STYLE #： 65671LTD/65672LTD/65673LTD		REQ#
FROM： PATAGONIA	FABRIC： INTERLOCK	GROUP： INFANTS	SIZE： 6M		TYPE OF SAMPL： Boy's Creepers

Boy's Creepers

APVD BY：

NOTE：
APP SAMPLE： SIZE 6M，QUANTITY 1PC
PP SAMPLE： ASSORTED COLOR & SIZE，TOTAL 3PCS
SHIPMENT SAMPLE： ASSORTED COLOR & SIZE，TOTAL 9PCS

ACCY DETAIL	65671LTD	65672LTD	65673LTD	
BODY FABRIC	INTERLOCK			
BODY FABRIC CONSTRUCTION	100% CTN　180-190 GMS/SM			
BODY COLOR	WHITE	LIGHT BULE	WHITE	
NECK & LEG BINDING	100% CTN，INTERLOCK，180-190GMS/SM			
NECK & LEG BINDING COLOR	LIGHT BULE	LIGHT BULE	LIGHT BULE	
EMB. /PRINT @ FRONT	EM#5011R1	EM#5008R1	EM#5022R1	
RING SNAPS	15L DTM BINDING	15L DTM BINDING	15L DTM BINDING	
TOPSTITCH THREAD	P277U	LT Apple	P277U	
THREAD	DTM	DTM	DTM	
MAIN LABEL @ C. B.	SEE ARTWORK（ML0955-0957）			
CARE LABEL @ C. B.				
HANGTAG	SEE ARTWORK（HT0955-0957）			PAGE：
PRICE TICKET	SEE ARTWORK（PRICE TICKET）			

SPECIFICATION / COMMENT SHEET

DATE: 2009-1-10	SEASON: FALL 2009	PROTO #: 0955/0956/0957	STYLE #: 65671LTD/65672LTD/65673LTD		SKETCH:
FROM: PATAGONIA		TO:			
FABRIC: INTERLOCK		WASH:	SIZE: 6M		
			ALL MEASUREMENTS ARE IN INCHES		

CODE	POINTS OF MEASUREMENT / MEASUREMENTS	3M	6M	9M	TOLERANCE (+/−)
100	TOTAL LENGTH HPS TO CROTCH		15		¼
100A	TOTAL LENGTH HPS TO SIDE LEG		12		¼
130	CHEST WIDTH 1″ BELOW AH		9.5		⅛
180	ACROSS SHOULDER		7.25		⅛
140	SLEEVE LENGTH @ AH SEAM		3		⅛
200	SLEEVE OPENING RELAXED		3.25		⅛
	SLEEVE INSEAM LENGTH		1.25		MIN
220	ARMHOLE OPENING		4.75		⅛
250	FRONT NECK DEPTH		1.5		⅛
255	BACK NECK DEPTH		0.625		⅛
275	NECK OPENING EDGE TO EDGE		4		⅛
276	MINIMUM NECK STRETCH		21		MIN
	NECK BINDING WIDTH COVERSTITCH		0.5		MIN
300	HIP WIDTH 2½″ ABOVE CROTCH		9.5		⅛
330	LEG OPENING		3.75		⅛
1	THIGH FRT TO BACK		0.75		⅛
2	CROTCH WIDTH @ SNAPS		3.5		⅛
3	CROTCH WIDTH @ FOLD		4.75		⅛
4	CROTCH HEIGHT FROM BINDING EDGE TO FOLD		1.75		MIN
5	LEG BINDING WIDTH		0.625		MIN
	# RINGSNAPS AT CROTCH		3		MIN
	SHOULDER SLOPE		0.625		MIN

NOTE:

APPROVED BY:

GUIDELINE FOR MEASUREMENTS

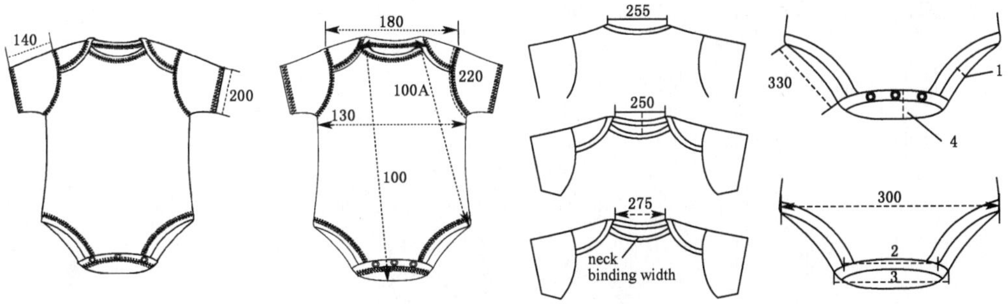

PAGE:

PRINT/EMB. ARTWORK (1)

DATE:	SEASON:	PROTO #:	STYLE #:	REQ#
2009-1-10	FALL 2009	0955	65671LTD	
FROM:	FABRIC:	GROUP:	SIZE:	TYPE OF SAMPL:
PATAGONIA	INTERLOCK	INFANTS	6M	Boy's Creepers
EM#5011R1	PRINT	FLAT INK		APVD BY:

Placement

FLAT INK:

P284U   P277U   p365u   P1565U   P1205U

PAGE:

PRINT/EMB. ARTWORK (2)

DATE： 2009-1-10	SEASON： **FALL 2009**	PROTO #： **0956**	STYLE #： **65672LTD**	REQ#
FROM： **PATAGONIA**	FABRIC： **INTERLOCK**	GROUP： **INFANTS**	SIZE： **6M**	TYPE OF SAMPL： Boy's Creepers
EM#5008R1	PRINT	FLAT INK		APVD BY：

Placement

FLAT INK:

P284U　　WHITE　　p366u　　p1205u

PAGE：

PRINT/EMB. ARTWORK (3)

DATE:	SEASON:	PROTO #:	STYLE #:	REQ#
2009-1-10	FALL 2009	0957	65673LTD	
FROM:	FABRIC:	GROUP:	SIZE:	TYPE OF SAMPL:
PATAGONIA	INTERLOCK	INFANTS	6M	Boy's Creepers
EM#5022R1	PRINT	FLAT INK		APVD BY:

Placement

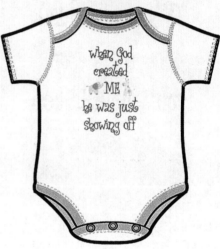

FLAT INK:

WHITE P365U p278u p1205u p162u

PAGE:

PRICE TAG ARTWORK

DATE：	SEASON：	PROTO #：	STYLE #：	FABRIC：
2009-1-10	FALL 2009	0955/0956/0957	65671LTD/65672LTD/65673LTD	INTERLOCK
FROM：	FABRIC：	GROUP：	SIZE：	TYPE OF SAMPL：
PATAGONIA	INTERLOCK	INFANTS		Boy's Creepers

APVD BY：

Materials：the common materials are ivory cardboard.

REMARK：UPC code should changed according to the garment's size and style. .

      eg：65671LTD UPC code：0-89305-65671-6

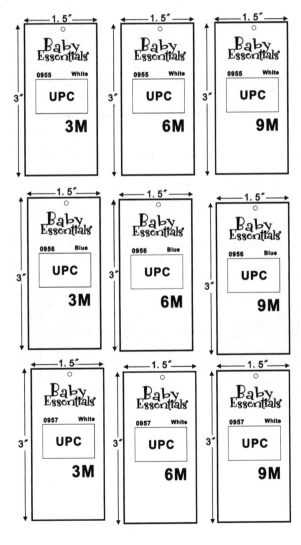

PAGE：

SHIPPING LABEL ARTWORK

DATE： 2009-1-10	SEASON： FALL 2009	PROTO #： 0955\0956\0957	STYLE #： 65671LTD-65673LTD	REQ#
FROM： PATAGONIA	FABRIC： INTERLOCK	GROUP： INFANTS	SIZE：	TYPE OF SAMPL： Boy's Creepers
				APVD BY：

Remark：Using quality 3-ply corrugated cardboard carton.

STYLE NO. : ____

Q' TY: ____

G. W. ____ KGS

N. W. ____ KGS

MEAS. : ____ Cm

MADE IN CHINA

#304-310 Jalan street, toronto, Canada zip：M6M 3Z2

CONTRACT NO. : _____

STYLE NO. : _____

Q' TY: _____

SIZE: _____

CARTON: ____OF _____

PAGE：

MAIN LABEL ARTWORK

DATE：	SEASON：	PROTO #：	STYLE #：	REQ#
2009-1-10	FALL 2009	0955\0956\0957	65671LTD/65672LTD/65673LTD	

FROM：	FABRIC：	GROUP：	SIZE：	TYPE OF SAMPL：
PATAGONIA	INTERLOCK	INFANTS		Boy's Creepers
				APVD BY：

Material：Polyester，Fabric

REMARK：1. the main label should changed the size according to the garment.

2. F/S/C：F = factory's name；S = style；C = contract code.

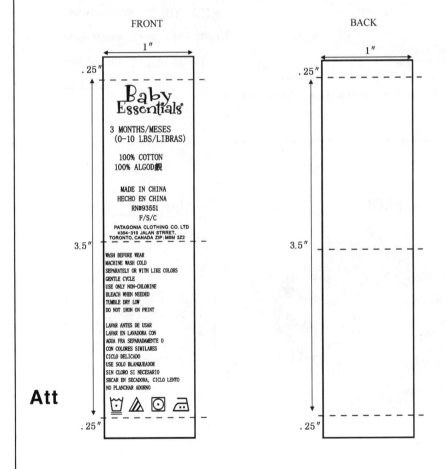

PAGE：

HANGTAG ARTWORK

DATE:	SEASON:	PROTO #:	STYLE #:	FABRIC:
2009-1-10	FALL 2009	0955/0956/0957	65671LTD/65672LTD/65673LTD	INTERLOCK

FROM:	FABRIC:	GROUP:	SIZE:	TYPE OF SAMPL:
PATAGONIA	INTERLOCK	INFANTS		Boy's Creepers

				APVD BY:

HT: 0955-0957
Date: Jan 10, 2009
Used for: basic HT for creepers

Instructions:
1. Print on white coated card stock.
2. Match Pantone colors not printout.
3. Die cut holes.
4. HT SIZE 3″ × 3″.
5. MAKE SURE ON ALL HANG TAGS THAT SWIFT TACK NEVER FALLS OFF.
REVISIONS:

PANTONE COLORS:

RED - **186C**

GREEN - **348C**

GREEN - **354C**

BLACK FOR UPC

FRONT

Baby Essentials

BACK

SIZE TALLE	WEIGHT LIBRAS
3M	0–12 LBS
6M	12–16 LBS
9M	16–18 LBS

PAGE:

【解答】

1. 打样单表头

打样单表头

(1)	SAMPLE ORDER(2)			
DATE：(3)	SEASON：(4)	PROTO＃：(5)	STYLE＃：(6)	REQ＃(7)
2009－1－10	FALL 2009	0955\0956\0957	65671LTD/65672LTD/65673LTD	
FROM：(8)	FABRIC：(9)	GROUP：(10)	SIZE：(11)	TYPE OF SAMPL：(12)
PATAGONIA	INTERLOCK	INFANTS	6M	Boy's Creepers
				APVD BY：(13)

（1）客户名称的图标；

（2）SAMPLE ORDER：样品订单；

（3）DATE：填写下打样单日期。2009－1－10；

（4）SEASON：季节。FALL 2009：2009 年秋（指该样衣是 2009 年秋季上市的款式）；

（5）PROTO ＃：货号。0955/0956/0957；

注：有时客户也把货号称之为原样号或原单号。

（6）STYLE ＃：款号。65671LTD/65672LTD/65673LTD，是客户给服装所订的一个编号，同一客户的服装款号具有唯一性，是不能重复的；

（7）REQ＃：参考样编号。无；

（8）FROM：来源。填写下单的客户PATAGONIA；

（9）FABRIC：面料。INTERLOCK 棉毛布；

（10）GROUP：组别。INFANTS 婴儿组；

（11）SIZE：尺码。6M 适全 6 个月大的婴儿；

（12）TYPE OF SAMPL：样品类型。Boy's Creepers，男婴爬爬服；

（13）APVD BY：批准人，确认人。该处由下单人签字。

2. 打样单款式图

打样款式图

注：通常情况下，要求服装的款式图有前身、后身，有时根据需要还有侧身款式图。如果是常规款式，后身无特别设计，可以只画前身。此外，客人还会将服装款式中需特别注意的地方加以文字说明以示提醒。

另外，款式图要求比例合理，分割线条清晰明确。

3. NOTE 部分的说明

NOTE:
APP SAMPLE: SIZE 6M, QUANTITY 1PC
PP SAMPLE: ASSORTED COLOR & SIZE, TOTAL 3PCS
SHIPMENT SAMPLE: ASSORTED COLOR & SIZE, TOTAL 9PCS

（1）**APP SAMPLE**: SIZE 6M QUANTITY 1PC（确认样:尺码 6M,数量 1 件）。

确认样是在大货生产前由服装工厂制作的一种样品,其面辅料可以用与订单材质要求近似的材料来替代,最好用正确的面辅料。其主要目的是让客户确认样衣的款式和工艺。

（2）**PP SAMPLE**: ASSORTED COLOR & SIZE, TOTAL 3PCS（产前样:混色混码,总共 3 件）。

产前样是用正确的大货面辅料,采用模仿大货的流水工艺所制作出来的样衣。通常产前样要求混色串码或称为混色混码,其主要目的是检验大货的面辅料是否正确,颜色搭配、位置是否符合客人要求,大货尺寸规格、工艺设计是否合理,有无遗漏等。

（3）**SHIPMENT SAMPLE**: FULL ASSORTED COLOR & SIZE, TOTAL 9PCS（船样:混色混码,共 9 件）。

船样是从大货生产中挑选出来的,能够代表本批大货平均质量水平的完整包装的产品,也称为大货样。它用以给客户了解本批大货质量情况,一般在出定前 15 天寄出,通常是混色混码。

注:对于混色混码在递交不同的样品时,有不同的数量要求。例如:订单有 5 个颜色,每个颜色 3 个尺码,对于产前样,只需提交 5 件样品,即只要保证每个颜色,每个尺码的样品都能看到即可;而对于船样,则需递交 15 件样品,即保证每个颜色的每个尺码都要有。

4. 打样单的用料搭配解析

ACCY DETAIL [(1)]	65671LTD	65672LTD	65673LTD
BODY FABRIC [(2)]	INTERLOCK		
BODY FABRIC CONSTRUCTION [(3)]	100% CTN 180-190 GMS/SM		
BODY COLOR [(4)]	WHITE	LIGHT BULE(P277U)	WHITE
NECK & LEG BINDING [(5)]	100% CTN, INTERLOCK, 180-190GMS/SM		
NECK & LEG BINDING COLOR [(6)]	LIGHT BULE	LIGHT BULE	LIGHT BULE
EMB. /PRINT @ FRONT [(7)]	EM♯5011R1	EM♯5008R1	EM♯5022R1
RING SNAPS [(8)]	15L DTM BINDING	15L DTM BINDING	15L DTM BINDING
TOPSTITCH THREAD [(9)]	P277U	LT Apple	P277U
THREAD [(10)]	DTM	DTM	DTM
MAIN LABEL @ C. B. [(11)]	SEE ARTWORK (ML0955)		
CARE LABEL @ C. B. [(12)]			
HANGTAG [(13)]	SEE ARTWORK (HT0955)		
PRICE TICKET [(14)]	SEE ARTWORK (PRICE TICKET)		

（1）面辅料的详细说明,后面所列内容是针对该打样单 65671LTD, 65672LTD, 65673LTD

进行说明的。

（2）大身面料，针织棉毛布。

（3）大身面料成份，100％棉，面料的克重为 $180\sim190$ g/m²。CTN 为 cotton；GMS/SM 为 grams/square meter。

（4）大身颜色，65671LTD，65672LTD，65673LTD 对应颜色分别为白色、浅蓝色、白色。

（5）领和脚口包边用料，100％棉，克重为 $180\sim190$ g/m²。

（6）领和脚口包边颜色，65671LTD，65672LTD，65673LTD 对应颜色均为浅蓝色。

（7）前身的绣花/印花，65671LTD，65672LTD，65673LTD 对应的图稿分别见 EM♯5011R1、EM♯5008R1、EM♯5022R1。

（8）五爪扣，颜色是配包边面料色的。DTM(dye to match)配色。

（9）面线，65671LTD，65672LTD，65673LTD 对应的面线颜色分别为 P277U（潘通色号）、浅绿色、P277U。

（10）缝纫线，指衣服的缝纫线（非明线）配大身面料色。

（11）主唛位于后领中，见图稿 ML0955-0957。C.B.(center back)后中。

（12）洗水唛位于后领中。

（13）吊牌，见图稿 HT0955。

（14）价格贴纸：见图稿（PRICE TICKET）。

注：在整理客户打样单或 PO(生产)单时，用料搭配是至关重要的，它直接影响到后面工作的对错与否。在实际生产操作过程中，要不断跟进客人的更改要求，并及时整理出最新的正确的用料搭配清单。

5. 打样单尺寸规格表

尺寸规格表

POINTS OF MEASUREMENT		3M	6M	9M
CODE	MEASUREMENTS			
100	TOTAL LENGTH HPS TO CROTCH		15	
100A	TOTAL LENGTH HPS TO SIDE LEG		12	
130	CHEST WIDTH 1″ BELOW AH		9.5	
180	ACROSS SHOULDER		7.25	
140	SLEEVE LENGTH @ AH SEAM		3	
200	SLEEVE OPENING RELAXED		3.25	
	SLEEVE INSEAM LENGTH		1.25	
220	ARMHOLE OPENING		4.75	
250	FRONT NECK DEEPTH		1.5	
255	BACK NECK DEEPTH		0.625	
275	NECK OPENING EDGE TO EDGE		4	
276	MINIMUM NECK STRETCH		21	
	NECK BINDING WIDTH COVERSTITCH		0.5	
300	HIP WIDTH 2½″ ABOVE CROTCH		9.5	
330	LEG OPENING		3.75	

（续）

1	THIGH FRT TO BACK		0.75	
2	CROTCH WIDTH @ SNAPS		3.5	
3	CROTCH WIDTH @ FOLD		4.75	
4	CROTCH HEIGHT FROM BINDING EDGE TO FOLD		1.75	
5	LEG BINDING WIDTH		0.625	
	♯ RINGSNAPS AT CROTCH		3	
	SHOULDER SLOPE		0.625	

规格单翻译如下：

POINTS OF MEASUREMENT	测 量 位 置	**6M** 6个月
CODE 代码	**MEASUREMENTS** 测量	
100	TOTAL LENGTH HPS TO CROTCH 躯干长（肩颈点到裆底）	15
100A	TOTAL LENGTH HPS TO SIDE LEG 总长（肩颈点到胯）	12
130	CHEST WIDTH 1″ BELOW AH 胸围（腋下1″）	9.5
180	ACROSS SHOULDER 肩宽	7.25
140	SLEEVE LENGTH @ AH SEAM 袖长（从肩端点量）	3
200	SLEEVE OPENING RELAXED 袖口大（松量）	3.25
	SLEEVE INSEAM LENGTH 袖底缝长	1.25
220	ARMHOLE OPENING 袖窿大	4.75
250	FRONT NECK DEEPTH 前领深	1.5
255	BACK NECK DEEPTH 后领深	0.625
275	NECK OPENING **EDGE TO EDGE** 横开领大（边至边）	4
276	MINIMUM NECK STRETCH 最小领围（拉量）	21
	NECK BINDING WIDTH COVER STITCH 领包边宽	0.5
300	HIP WIDTH 2½″ ABOVE CROTCH 臀围（胯上2½英寸量）	9.5
330	LEG OPENING 腿围	3.75
1	THIGH FRT TO BACK 腿口前后差	0.75
2	CROTCH WIDTH @ **SNAPS** 裆宽（按钮处）	3.5
3	CROTCH WIDTH @ **FOLD** 裆底宽（回折处）	4.75
4	CROTCH HEIGHT **FROM BINDING EDGE TO FOLD** 裆深（包边边沿到回折处）	1.75
5	LEG BINDING **WIDTH** 腿口包边宽	0.625
	♯ RINGSNAPS AT CROTCH 裆部按钮数	3
	SHOULDER SLOPE 肩斜	0.625

注：在实际操作中，客户往往在尺寸规格表后面附上尺寸测量图示，其原因有：

① 有时文字难以表达清楚，不易理解或易引起歧义。

② 不同的人测量手法略有不同，将会导致尺寸差异，从而对确认或检验造成判断不准，影响产品的尺寸质量。

在本订单中所给出的尺寸测量图示,对于代码1、2、3、4部位的测量,具有非常明确的指示,避免了歧义产生的可能性。测量如下图所示:

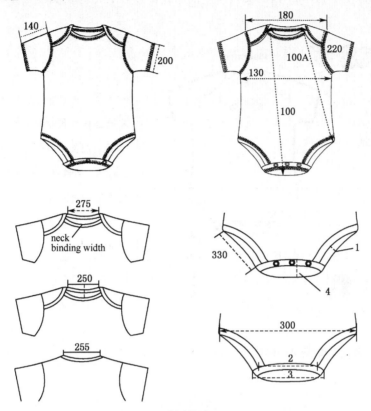

尺寸测量图示

6. 打样单印绣花

PRINT/EMB ARTWORK:印绣花图稿。

(1) 款号:65673LTD(货号:0957),对应的印花稿编号 EM♯5022R1。

Placement

字母颜色用潘通色号 P278U 色;
小象身体颜色用潘通色号 P365U 色;耳朵、眼睛、脚用潘通色号 P278U 色;尾巴用潘通色号 P162U 色;
长颈鹿身体用潘通色号 P1205U 色;耳朵、鹿角、嘴巴、身体上斑点用 P162U 色;头顶、颈背、尾巴、脚、身体上斑点用 P365U 色;
眼睛、脚用潘通色号 P278U 色;尾巴用潘通色号 P162U 色。
印花位置见图示。

FLAT INK:

WHITE　P365U　p278u　p1205u　p162u

印绣花图稿(货号:0957)

（2）款号：65671LTD（货号：0955），对应的印花稿编号 EM♯5011R1。

Placement

字母边框颜色用潘通色号 P284U 色；
chicks：颜色用潘通色号 P77U 色；
dig：颜色用潘通色号 P1565U 色；
ME：颜色用潘通色号 P365U 色；
小鸡图案颜色用潘通色号 P1205U 色。
印花位置见图示。

FLAT INK:

P284U　P277U　p365u　P1565U　P1205U

印花图稿（货号：0955）

（3）款号：65672LTD（货号：0956），对应的印花稿编号 EM♯5008R1。

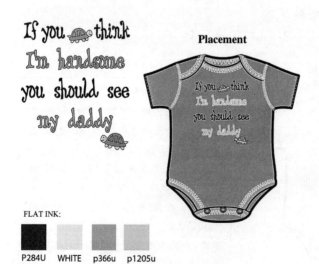

Placement

字母边框颜色用潘通色号 P284U 色；
"If you think you should see"：颜色用潘通色号 P284U 色；
"I'm handsome my daddy"：颜色用潘通色号 P366U 色；
小乌龟图案头、脚、尾颜色用潘通色号 P1205U 色，身体用 P366U 色。
印花位置见图示。

FLAT INK:

P284U　WHITE　p366u　p1205u

印花图稿（货号：0956）

7. 打样单主唛

Material：Polyester，Fabric ——————————— 主唛材质说明

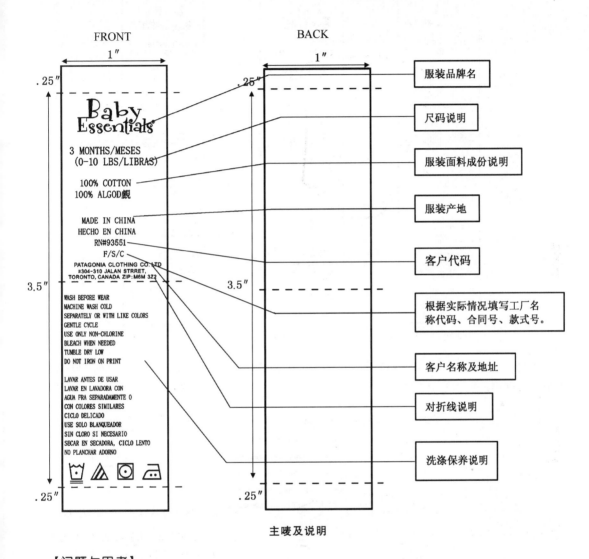

主唛及说明

【问题与思考】

根据该打样单，请问主唛材料是什么？根据主唛的说明，下单时总共要制作几种主唛？

【解答】

（1）主唛的材料根据客户的要求"Material：Polyester，Fabric"，应该是涤纶面料。

（2）在定制主唛时，因为该批服装共有 3 个款号（65671LTD、65672LTD、65673LTD），每个款式又有 3 个尺码（3 MONTHS、6 MONTHS、9 MONTHS），所以主唛共有 9 种。在订制主唛时，根据客人要求要把 F/C/S 对应的代码写上去，F：factory，乘风公司的代号是 F621；C：contract code 合同代码，该份合同的编号是 CF-FZ-09-0110；S：style，为款号，该份合同下的款号分别是 65671LTD、65672LTD、65673LTD。

例：65671LTD 款所需的三种主唛如下所示：

三种主唛

另外 6 种分别是 65672LTD 款 3 个（将 65671LTD 换成 65672LTD），65673LTD 款 3 个（65671LTD 换成 65673LTD）。

8. 打样单吊牌

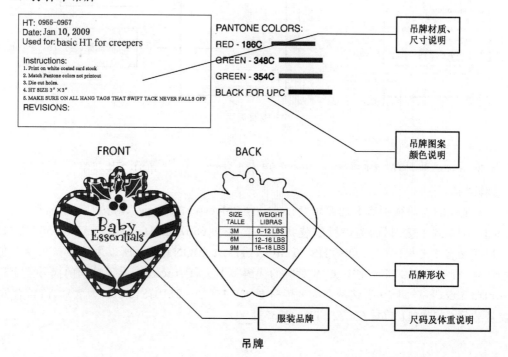

吊牌

【问题与思考】

(1) 请问该打样单对吊牌品质有何要求？

(2)"BLACK FOR UPC",是什么部分的颜色？客户表达不清楚时,你应该如何处理？

【解答】

(1) 客人对吊牌品质的要求：

① 图案印在有涂层的白色卡纸上。

② 颜色以潘通色卡上颜色为准。

③ 吊牌上要打洞。

④ 吊牌尺寸为 3 英寸×3 英寸。

⑤ 请确保所有吊牌上的枪针不要脱落。

⑥ 潘通配色分别为：红—186C,红色外型；绿色—348C,中间印字；绿色—354C,图稿的叶子。

(2) 是 UPC 条码的颜色。客户提到有 UPC 条码,但是吊牌里面没有该内容,所以此信息是有疑义的,要及时与客户沟通,详细询问,不能置之不理。后来通过 E-mail 联系,确认是客户误操作,UPC 不在吊牌里面,而是在价格牌上,这样就避免了错误的发生。

9. 打样单价格牌

Materials：the common materials are ivory cardboard.

REMARK：UPC code should change according to the garment's size and style.

eg.：65671LTD UPC code：0-89305-65671-6

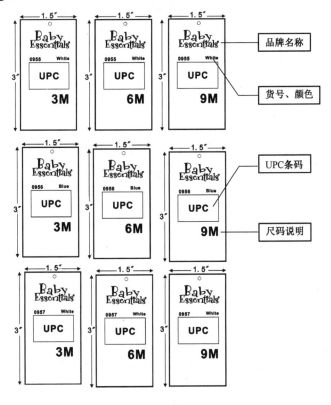

价格牌

【问题与思考】

（1）请问该打样单价格牌的材料有何要求？

（2）请问该打样单的价格牌共有几种 UPC 条码？

【解答】

（1）根据客人的要求"the common materials are ivory cardboard"而知，价格牌的材料是普通的象牙色卡纸板。

（2）根据客人的要求"UPC code should change according to the garment's size and style"而知，价格牌的 UPC 条码要随服装的尺码与款式而变，所以 UPC 条码共有 9 种，分别是：

65671LTD UPC code：0-89305-65671-3；0-89305-65671-6；0-89305-65671-9；

65672LTD UPC code：0-89305-65672-3；0-89305-65672-6；0-89305-65672-9；

65673LTD UPC code：0-89305-65673-3；0-89305-65673-6；0-89305-65673-9。

10. 打样单箱唛

Using quality 3-ply corrugated cardboard carton.

箱唛

二、打样衣通知单缮制

在客户下达打样单后就进入样衣的准备和确认过程。客户专业性不同、规模不同，来样信息也就各不相同。比较专业的客户会有较详细的规格单、工艺技术要求和参考样，面辅料的色卡和品质样也比较齐全。有些客户的订单只有款式图，有些客户只有规格单，而更多的客户是只有参考样而规格单等信息一概没有。因此，工厂在进行对等样的打样过程中，就必须针对不同情况进行相应的审查。

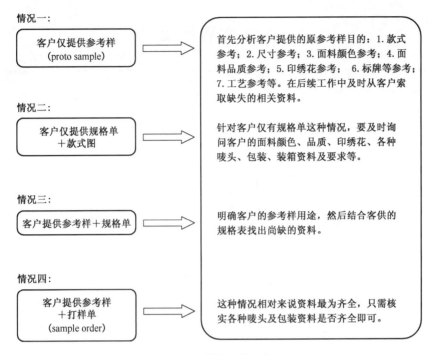

不同订单情况的审查

对客供资料进行翻译整理后,对所缺资料进行索取,并对难以达到的工艺要求和错误信息进行修改。此过程非常繁复,可以参考以下程序进行:

（1）确定尺寸:测量样衣尺寸(如果尺寸同原样 As Per Proto Sample);根据规格表或经验(如果尺寸不同原样);

（2）确定面辅料品质:根据原样(如果品质同原样)或客户提供的品质参考样(Fabric Swatch);

（3）确定面辅料颜色:根据原样(如果同原样)或色卡(Color Card);

（4）确定工艺要求:根据原样(如果同原样)或修改指示(Instruction);或打样工艺单(Technical Package);

（5）编制打样通知单:根据客人的要求进行制作;

（6）样衣面辅料准备:尽可能一致;或少量代用(为节约时间,不影响整体效果);

（7）样衣制作:根据客人工艺要求制作,要求完全符合;

（8）寄送样衣:内部评审合格后,填写寄样单(Approval Request Form)并寄送客户。

【任务安排 1】

宁波乘风服饰进出口有限公司和 Patagonia Clothing Co. Ltd 客户签订合同(CF-FZ-09-0110)后不久,客户就下达了详细的 Sample Order(见第二章),请分析审查此 Sample Order,编写打样衣通知单。

【解答】

打样衣通知单

下单日期:2009-1-12

客 户	PATAGONIA	品 名	男婴爬爬衫	款 号	65671-73LTD	货 号	0955-0957
面 料	棉毛布	工厂	F621	尺码/数量	6M/2 件	交样日期	2009-1-19

款式说明:
1. 该打样单中三个款式样板结构一样,但前中印花不一样。
2. 前后衣片在领口处无接缝,但肩膀处有重叠。
3. 档底后衣片回折,与前衣片用 3 组按钮连接。

面辅料搭配			
名 称	65671LTD	65672LTD	65673LTD
大身面料	棉毛布,100%棉,克重 180~190 g/m²		
大身颜色	白色	浅蓝	白色
领口、腿口包边	棉毛布,100%棉,克重 180~190 g/m²		
领口、腿口包边颜色	浅蓝	浅蓝	浅蓝
前胸印花	EM♯5011R1	EM♯5008R1	EM♯5022R1
按钮 15 L	配包边色	配包边色	配包边色
明缉线颜色	P277U	苹果黄	P277U
暗线	配色	配色	配色
主唛	车于后中,插入滚条下,见 ML0955		

袖口打褶皱

工艺说明:
1. 针迹密度:领口、脚口五线包缝 14 针/3 cm,袖口袖底缝及侧缝四线包缝 14 针/3 cm,袖窿五线绷缝 14 针/3 cm。无跳线断线。
2. 按钮装订牢固、平整。
3. 包边宽窄一致,不起扭。
4. 袖口包边不拉还、不起褶皱(如右图所示)。
5. 腿口包边接缝在左边(穿起计),右边无接缝。
6. 印花位置及颜色准确,无脱色褪色。

备注:
两份样衣,一份寄客户,一份留存。

（续）

代码	测量部位及方法	6M
100	躯干长（肩颈点到裆底）	15
100A	总长（肩颈点到跨）	12
130	胸围（腋下1英寸）	9.5
180	肩宽	7.25
140	袖长（从肩端点量）	3
200	袖口大（松量）	3.25
	袖底缝长	1.25
220	袖隆大	4.75
250	前领深	1.5
255	后领深	0.625
275	横开领大（边至边）	4
276	最小领围（拉量）	21
	领包边宽	0.5
300	臀围（胯上2½英寸量）	9.5
330	腿围	3.75
1	腿口前后差	0.75
2	裆宽（按钮处）	3.5
3	裆底宽（回折处）	4.75
4	裆深（包边边沿到回折处）	1.75
5	腿口包边宽	0.625
	裆部按钮数	3
	肩斜	0.625

制单人：楼　宇　　　　　　　　　　　　　　　　　　审核人：杨　于

【评析】

打样衣通知单通常包括以下内容：订单款号、客户、打样衣的尺码及样衣数量、交期,尺寸及尺寸的测量方法,工艺技术要求,用料搭配及位置等。在打样衣通知中内容要尽可能全面准确提高样衣被确认接受的可能性。

【任务安排 2】

请根据宁波乘风服饰进出口有限公司和 TIVOLI 客户所签订的合同（合同号 CFFZ090214，详见第二章）下的订单，下达该订单的打样衣通知单。

【解答】

打样衣通知单

下单日期：2009-2-16

品名	男带帽拉链衫	面料	320T 消光尼龙 600 mm 防水	款号	Dax07021	订单号	CFFZ090214
工厂	新贸	尺寸/数量	每色 L 码 2 件	交样日期	2009-02-22	出货时间	2009-08-04

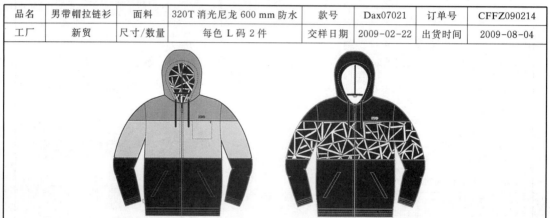

尺寸规格（单位：英寸）			面料辅料搭配				
部位	L	材料	材质	条子组	黑色组	位置 数量	
前衣长(颈肩点)	30¼	面料	320T 消光尼龙 600 防水	三色:绿.黄.黑	黑色+印花	大身+帽子	
胸围(腋下 1 英寸)	24¾	大身/袖子里料	网眼	黑色	黑色	大身和袖子里布	
下摆	19	帽里	品质同大身面料	黑底三色印花	冷灰 8♯	帽子里布	
肩宽	20	车线	403 涤纶线	黑色	黑色	所有车线	
横开领	9	前胸 LOGO 印花	厚版浆印花 1¾ 英寸 × ¾ 英寸	黑色	酸橙黄	胸左袋上居中，且在胸育克缝上¼英寸	
前领深	4¼	拉链	YKK5♯左插树酯拉链 + DADHR + 1 英寸本布拉攀	白色	黑色	前门襟	
后领深	¾	隐形拉链	3♯ + 普通拉头	酸橙黄色	黑色	胸袋	
袖长(肩端点)	28	汽眼	¾ 英寸塑料	黑色	黑色	帽沿　2 个	
臂围(腋下 1 英寸)	10⅝	1×1 罗纹	300 g/m²	黑色	黑色	口袋	
袖口	4¾	橡筋	1 英寸	黑色	黑色	袖口和下摆	
帽高	14½	棉绳	½ 英寸亚光扁棉绳	黑色	黑色	帽沿末尾回折¼英寸后套结做光	
帽宽	11½	滚条	½ 英寸宽本布印花	黑底印 639C		内领缝，帽中缝	
前袋长	6¾	吊牌		替代		穿起计左袖窿底	
前袋宽	⅞	后领主唛		黑底印 639C		后领育克居中	
胸袋大	5	旗唛		替代		穿起计右侧缝，且距下摆拼缝 1½ 英寸	
胸袋袋布长	5	贴纸		白底黑字,自行开发		穿起计右口袋上角	
前中拉链长	30¼	洗水唛		白底黑字织唛		穿起计左侧缝距下摆拼缝 3 英寸	
前领高	2½						

（续）

工艺说明：
1. 样衣参照上次的"SPECTOR"。
2. 袖子改为装袖。
3. 去掉帽子上的调节扣，增加½英寸宽的扁棉绳。
4. 袖口不做搭袢（魔术贴），用橡筋抽缩，下摆也一样如图所示。
5. 胸育克上移如图所示，口袋尺寸和位置如图所示。
6. 两斜插袋嵌条平角改为直角。
7. 在左胸育克缝上加一只5英寸×5英寸大的隐形拉链口袋。

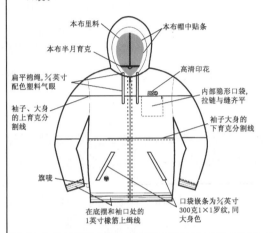

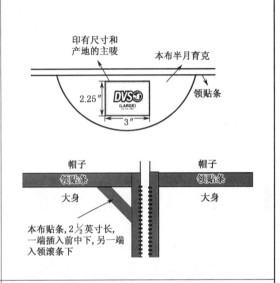

| 服装结构及配料位置指示 | 主唛及 I-POD 图示 |

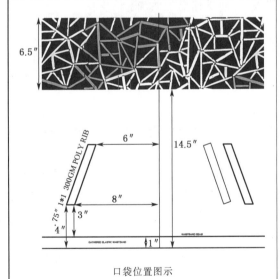

| 口袋位置图示 | 下摆橡筋做法图示 |

备注：
    1. 提交2件样衣，一件寄客人，一件留存。
    2. 必须按时提交样衣。
    3. 注意样衣尺寸必须符合要求。

制单人：楼宇　　　　　　　　　　　　　　　　　　审核人：杨于

【评析】

打样衣通知单既是服装样衣加工的任务书,又是样衣制作的指令性文件,明示了详细的样衣加工要求。在样衣制作之前,必须及时收集、整理客户的所有资料,编制打样衣通知单。

制作打样衣通知单的基本要求:根据客户的性质、样衣制作的模式,编制打样的方式有所不同,无论是哪种编制方式,都必须以指导样衣制作为前提。

注意事项:必须根据客户的要求,参照客户来样、客户相关资料等进行编写;描述的专业名词、术语、名称、简写等资料必须统一、正确、通俗易懂。语言清楚,表达明确,不得使用"大概""大约"等不确定的词语。

打样衣通知单的构成:

1)基本信息(表头)

一般含所要打的样衣的客户名称、款号、样衣名称、主要面料、样衣尺码及下单日期与交样日期等基本信息。

2)尺寸表

尺寸表又称规格表(Size Chart 或 Measurement Chart),它给出了成品服装各主要部位的测量尺寸、测量要求和尺寸允差。一般的尺寸表附有测量图示,以使操作更明确。

3)款式图

是以表现服装工艺结构,方便服装生产部门使用。一般需绘制前、后款式图。如果是常规款式,后身无特别设计,可以只画前衣身。

4)工艺要求

用文字和图示详细说明样衣制作的具体工艺做法,使操作更加明确。

5)面辅料搭配

根据客户 P/O 单的要求,对样衣所需的面辅料种类、位置及数量做详细的说明。

三、样衣内部评审

在实际操作过程中,样衣制作完成后,并不能直接寄交给客户,而是先进行内部评审,内部审核通过后方可寄交。

(1)评审人员组成:在一般情况下,由业务部、开发部、技术部各抽一名负责人员进行评审,对于客户要求特别严格,数量又大的订单,还应增加生产部厂长和品管部部长参与评审。

(2)评审依据:客供样衣和客户提供的打样技术资料。

(3)填写评审表:评审人员应针对样衣提出意见并签字,如不合格必须再修改或重做后再评,一直到内部通过之后方可寄交客户。评审表还应有审核人员签字。

【任务安排】

Patagonia Clothing Co. Ltd 客户合同(CF-FZ-09-0110)的样衣已经完成,请缮制样衣内部评审表,以备寄样。

【解答】

内部样衣评审表

客　户	PATAGONIA	品　名	男婴爬爬衫	款　号	65671-73LTD	货　号	0955-0957
面　料	棉毛布	工　厂	F621	尺　码	6M	交样日期	2009-1-19

样衣类别: 确认样	☑ 1st	☐ 2nd	☐ 3rd	☐ 4th

1. 面辅料是否符合客户技术资要求?　　　　　　　　　　　　　　　(√)
2. 款式是否正确无误?　　　　　　　　　　　　　　　　　　　　　(√)
3. 各部位规格是否准确?　　　　　　　　　　　　　　　　　　　　(√)
4. 缝制工艺是否达标?　　　　　　　　　　　　　　　　　　　　　(√)
5. 替代原材料是否有效果?　　　　　　　　　　　　　　　　　　　(√)

注:正确打(√),不正确打(×)

评审意见:
1. 面料的品质符合客户要求,颜色为代用。
2. 腿口包边宽窄欠均匀。
3. 总体效果良好,符合客户要求。同意寄样。

备注:上述问题需在寄样时给客户予以说明。

评审人签字(盖章):周强、李旭、陈辉

制表人:楼宇

【评析】

根据内部评审的目的,一般要用《内部样衣评审表》进行评审结果的记录,以备留底查询。评审表的内容一般包括:

(1)样衣的基本信息,客户、款号、类别等。

(2)样衣的总体要求。

(3)评审结果。

(4)评审人签字。

四、样衣寄送

样衣内部评审通过后,应以最快的方式把样衣送(寄)到客户手中。在寄样时为了明确样衣的基本情况,需随附一份寄样单。寄样单的作用是记录该样衣的基本情况,如款号、货号、订单号,是哪种性质的样衣,样衣各部位的尺寸规格,面辅料的使用情况等。以备客户收到样衣后进行确认。

【任务安排】

Patagonia Clothing Co. Ltd 客户合同(CF-FZ-09-0110)下的样衣完成,内部评审结果合格,可以给客户寄样。请缮制一份寄样单,随附样衣一并寄给客户。

【解答】

APPROVAL REQUEST FORM①

ATTN：②	Maria B	DATE：③	01/20/2009
FROM：④	Avon	REF＃：⑤	F621-0117-NB-counter01
MAKER：⑥	F621	SHIP DATE：⑦	06/30/2009
CONTRACT/STYLE NO. :⑧		CF-FZ-09-0110 / 65671LTD-73LTD	

Submit： ☑ 1st ☐ 2nd ☐ 3rd ☐ 4th

ARTWORK＃：

PLS FIND ENCLOSED IS BEING SUBMITTED FOR：

☑ **PASS TO SILVIA for approval** ☑ Counter sample ☑ Evaluate spec.

☐ Strike off (screen print) ☐ **ON AVAILABLE PC GDS** ☐ **ON PRODUCTION PC GDS**

☐ Strike off（emb.） ☐ **ON AVAILABLE PC GDS** ☐ **ON PRODUCTION PC GDS**

☐ Strike off－ ☐ Tags ☐ Packaging ☐ Labels ☐ Others _____

☐ Approval sample

☐ Pre-production sample（No production can be started w/o approval by Toronto）

☐ Production sample（No shipment can be sailed w/o approval by Toronto）

☐ Shipment sample

REMARKS：THE SAMPLE IS MADE WITH AVAILABLE FABRIC

APPROVED FOR PRODUCTION	
REJECTED FOR PRODUCTION	
RESUBMIT	
COMMENTS	

【评析】

1. 基本信息

① APPROVAL REQUEST FORM 表格名称

② 是 attention 的缩写，表示这样品是寄给 Maria B。

③ 日期，表示该样品是 2009 年 1 月 20 日寄出。

④ 从哪来，表示该样品是由 Avon 寄出的。

⑤ reference 的缩写。在实际工作过程中,一个人会管很多订单,且每个订单同一样衣也可能会在不同加工厂试样,所以每次寄样品时要给一个参考编号。如编号 F621-0120-NB-counter01 表示该样品由代码为 F621 的工厂制作,在 01 月 20 日由宁波(nb)办事处寄出。当然,不同的公司可根据各自不同的情况进行编号。

⑥ 表示样品的加工厂编号为 F621。

⑦ 表示该订单大货的出运日期为 2009 年 06 月 30 日。写上出运日期提醒客户该订单的紧急程度,特别是在订单交期很近,而客户迟迟未对样品确认的情况下。

⑧ 表示该样品对应的合同号和款号。

注:本寄样单中收件人是 MariaB,而样品却是交给 SILVIA 确认的。通常情况下,寄样单中的收信人与确认人是同一人,但也有理单员收样衣(例如本寄样单中的 MariaB),另外有一人专门负责该理单员或几个理单员的订单样衣的确认(例如本寄样单中的样衣确认人 SILVIA.)。

2. 样品名称

样品名称可以临时填写,也可参考该表设计,把平时提交的样品(视各企业具体情况而定)都列出,然后勿须填写,只需进行打勾选择即可。

其中需要注意的方面有:

(1) 样衣的类型和次数。是试身样、款式样、确认样还是产前样、船样。是第一次提交,还是第二、第三、第四次提交。

(2) 寄样的目的:是为了确认尺寸,确认款式,还是为了确认印、绣花样;是为了确认面料手感,还是为了确认大货面料。

(3) 如果是印、绣花样,还需要说明提交的样品所用面料,是代用还是大货面料。

Submit:1st　　2nd　　3rd　　4th	表明第几次提交该样品	
ARTWORK #:	写明样品所对应的花稿编号	
PLS FIND ENCLOSED IS BEING SUBMITTED FOR:	所提交的样品是:	
☑ **PASS TO SILVIA for approval**	☑ 请把样品给SILVIA(人名)进行确认	
☑ Counter sample　☑ Evaluate spec.	☑ 对等样　☑ 规格尺寸	
☐ **Strike off**(screen print)　☐ **ON AVAILABLE PC GDS**　　☐ **ON PRODUCTION PC GDS**	☐ 印花样(丝网印花)　☐ 用替代面料　☐ 用大货面料	
☐ **Strike off**(emb.)☐ **ON AVAILABLE PC GDS**　　　☐ **ON PRODUCTION PC GDS**	☐ 绣花样(绣花)　☐ 替代面料　☐ 大货面料	
Strike off-☐ Tags　☐ Packaging　☐ Labels　☐ Others _____	☐ 辅料小样　☐ 吊牌　☐ 包装材料　☐ 唛头　☐ 其他	
☐ Pre-production sample　(No production can be started w/o approval by Toronto)	☐ 产前样　(产前样在经多伦多确认前不能开始大货生产)	
☐ Production swatch	☐ 大货面料样	
☐ Production sample	☐ 大货样	
☐ Shipment sample　(No shipment can be sailed w/o approval by Toronto)	☐ 船样　(船样经多伦多确认后大货方能出运)	

注释:1. strike off:起初是服装行业印花小样的意思,统称为手刮样。现在制造行业统称为初样或小样。
　　2. w/o:是 without 的缩写。

3. 备注

"REMARKS"备注部分主要说明该样品的其他情况,视每次所寄样品的具体情况而定。该寄样单中"THE SAMPLE IS MADE WITH AVAILABLE FABRIC"指所寄样衣的面料是代用的。

4. 确认结果部分

APPROVED FOR PRODUCTION	在此打勾,表示该样品通过确认,可用于大货生产
REJECTED FOR PRODUCTION	在此打勾,表示该样品未通过确认,不可用于大货生产
RESUBMIT	在此打勾,表示该样品未通过确认,需重新提交
COMMENTS	对该样品的具体修改(确认)意见

注:寄样单通常是一式两份,一份寄交客户,一份2T自己留存;在收到客户的确认意见后,把客户的确认意见填写到2T留存的底单上。

五、样衣客户确认

客户对样衣检查,会得出以下结论:OK(或 APPROVED)、NO＋意见(一般称修改意见)、OK＋意见(一般称确认意见)。如果样衣不通过,肯定会提出很多修改意见,生产厂商应根据客户的意见重新安排打样,重新评审,重新提交给客户确认。如果客户确认样衣,但存在某些轻微的缺陷或者客户提出新的局部更改意见,应将此存入客户技术资料中,直接在产前样中修改,具体要根据客户的指令进行。

【任务安排 1】

该邮件的主题

请根据客户的意见(comments),下达一份给工厂的样衣确认意见表。(注:客户的 comments 一般以 E-mail 的方式给出。)

发件人:Silvia Umana ＜sumana@ Patagonia.com＞

收件人:avon ＜ avonlou. nb @ chengf. com ＞ 抄送:Maria Bellantonio ＜ mbellantonio @ Patagonia.com＞,＜tinawu@ chengf.com＞

日期:01/25/2009　04:16 AM

主题:1ST counter S65671-73 F621 LTD

客户意见结论: 已确认,需局部修改

Hi Avon-

Please see the following comments-

S65671-73-Ref＃F621-0117-NB-fit01 LTD PROMO-approving with corrections

creepers

1) total length measured 14 s/b15-please correct on pps.

2) leg opening is way off spec sample measured 3.5 s/b 3.75-please correct on pps.

3) crotch height measured 1.5 s/b 1.75-please correct on pps.

4) leg binding width is not correct sample measured. 75 s/b. 625-there is not tolerance for this point-please confirm by return and correct on pps.

（续）

Please review and confirm.

5）minimum neck stretch measured 20 s/b 21-this is a critical point，there is no tolerance according to CPSC（Consumer Product Safety Commission）minimum neck stretch must measure 21″-please confirm and correct on pps.

Regards，

Silvia

Patagonia Clothing Co.Ltd

该样衣的具体修改意见

具体确认人员

注释：①s/b：should be 的缩写。②pps：pre-production sample 的缩写。③另：灰色注释为对该 E-mail 的分析。

【解答】

样品意见表

日期：2009-1-25

客　户	PATAGONIA	品　名	男婴爬爬衫	款　号	65671-73LTD	货　号	0955-0957
面　料	棉毛布	工　厂	F621	尺　码	6M	交样日期	2009-1-20

样衣类别：确认样	☑ 1st	☐ 2nd	☐ 3rd	☐ 4th

☐ 未通过需重新提交	☑ 通过	

意　见：

款号为 65671-473，寄样编号为 F621-0117-NB-fit01，LTD 客户的确认意见。

爬爬衫

1）躯干长样衣测量值为 14 英寸，应该为 15 英寸。请在产前样中修改。

2）腿围大小离要求较大，样衣测量值为 3.5 英寸，要求为 3.75 英寸。请在产前样中修改。

3）档深样衣测量值为 1.5 英寸，要求为 1.75 英寸。请在产前样中修改。

4）样衣上腿口包边宽不准确，测量值为 0.75 英寸，要求为 0.625 英寸。在这个值上没有允差，请回复确认并在产前样中修改。

5）最小领围（拉量）样衣测量值为 20 英寸，要求为 21 英寸。根据美国消费品安全委员会，最小领围（拉量）尺寸必须达到 21 英寸。这个尺寸没有下允差。

制表人：楼宇 　　　　　　　　　　　　　　　　　　　　　　审核人：杨于

【评析】

样品意见表主要构成内容就是样品的基本信息（即表头内容）和样品意见。样品意见主要就是对客户给出的意见进行翻译、整理和补充。

【任务安排 2】

请根据客户（Tivoli Products Plc）对 DIMAX07021 的意见，将其整理并将该样衣的确认意见转发给工厂。

发件人：Jason Searcy
日　期：2009 年 3 月 5 日
收件人：Avon Lou
主　题：DVS "Dimax" jacket comments

Hi Avon-

The Dimax jacket looks great. Here are comments.

1. Printed area on sleeves should be panels w/ seams per chest.
2. Please change to exposed zipper (no zipper welt) as the zipper is getting caught too easily.
3. Cuff opening is too tight. Please add. 5″ to total cuff opening.
4. Bottom opening is too tight. Please add. 75″ to total bottom opening.
5. Please change left chest "DVS" logo print to a high-density print (color is approved).
6. Please move left chest logo print over (toward zipper) by 5″.
7. Please add DVS flag label at wearer's right side seam. 1.5″ above btm opening.
8. Please change drawcord eyelets to black.
9. Neck opening is a little tight. Please add 1″ to total neck opening.
10. Hood opening is a little tight. Please add. 75″ to total hood opening (add this to bottom of hood opening so that it is not so close to your chin when fully zipped up).
11. Please move main zipper to opposite side.
12. Please adjust the size of the left chest pocket to same spec as Healthy Intent chest pocket (interior size as well as exterior size) so that it can store the same amount.
13. Noted that ribbing quality is available. Please match to supplied red jacket ribbing quality for sales samples.
14. Chest print approved.
15. Neck tape approved.
16. Please advise estimated photo sample delivery date for black as well as tropical colorways.

Thanks very much Avon Lou. We're excited about this jacket. Please
confirm all points above and let me know of any questions.
Have a great week.
Jason

Jason Searcy
DVS Apparel Design
Podium Distribution
159 Francisco St.
Torrance，CA. 90502
(310) 715-8460 xt:603
(310) 516-3899

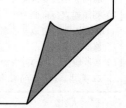

【解答】

样品意见表

日期:2009-3-5

客　户	TRI	品　名	男带帽拉链衫	款　号	DIMAX07021	尺　码	L 码

样衣类别:确认样	☑ 1st	☐ 2nd	☐ 3rd	☐ 4th

☐ 未通过需重新提交	☑ 通过	

意　见:

Dimax 样衣尚可,确认意见如下:

1. 袖子处的印花块拼缝应该与胸围处的印花块拼缝对齐。
2. 请将拉链牙齿外露(不用贴边),因为拉链的牙齿很容易把贴边夹住。
3. 袖克夫开口太紧,请整围加大 0.5 英寸,以达到规格表所要求的尺寸。
4. 下摆太紧,请整围加大 0.75 英寸,以达到规格表所要求的尺寸。
5. 请把左胸的"DVS"印花改成高清印花,颜色已确认。
6. 请将左胸 logo 印花朝拉链(口袋隐形拉链)方向移 0.5 英寸,以达到规格表所要求的尺寸。
7. 请将 DVS 旗唛链于穿起计右侧缝,距下摆 1.5 英寸。
8. 请把帽拉绳汽眼换成黑色。
9. 领开口有一点小,请将整个领围加大 1 英寸。
10. 帽开口有点紧,请将整个帽口加大 0.75 英寸。(注:是加在帽子下领口处,这样就不会在拉链完全拉上时太接近穿着者的下巴。)
11. 请将拉链头改为相反一侧(即拉链是左插)。
12. 请调整左胸袋的尺寸同 Healthy Intent 胸袋一样(里外尺寸均要调)。
13. 注意罗纹质量。请在销售样中用与所供样衣品质相同的罗纹。
14. 胸印花已确认。
15. 领贴条已确认。
16. 请告之黑色组和彩条组照片样大概的交期。

制表人:楼宇　　　　　　　　　　　　　　　　　　　　　　　审核人:杨于

【评析】

　　把客户的意见传达到工厂时不是直接翻译就可以,而应根据实际情况进行删减、整理和补充。在该例中我们根据实际情况在客户的第3、4、6条意见中后面加了一句:以达到规格表所要求的尺寸。因为只是工厂的样衣没达到客户(规格表)的要求,客户没改规格表。所以要明确。有时候工厂样衣达到规格表要求,但客户拿到样衣后进行试穿可能会发现原来的规格设定不是很合理。客户也会提出修改规格表。

　　同样对客户意见的13条,我们也做了相应的调整。客户原来的意思是:知道该样衣的罗纹是代用的,要求罗纹品质达到用上次刚提交的红色样衣的罗纹品质。但实际情况是两次提交的样衣,不一定是同一加工厂提供的。

技能训练

　　①　下面是 TIVOLI PRODUCTS PLC 客户下的合同号为 CFFZ090214(见第二章)的一份 DVS 款的订单资料,请根据该订单资料分析订单主要由哪几个部分组成,并将其中的面辅料搭配及尺寸规格表进行整理。

DVS ORDER

		SKECTCH		
	DVS			
SEASON	SPRING 10			
STYLE NO	DIMAX07021			
VENDOR	TBD			
DATE	2/14/09:	TROPICAL		BLACK
	DETAILS	**PLACEMENT**	**TROPICAL**	**BLACK**
SHELL:	MATCH SUPPLIED QUALITY	SHELL FABRIC	TURQUOISE: PMS 639C, LIME: PMS 382C, BLACK	SOLID BLACK & BLACK W/ PRINT: 1. TURQUOISE: PMS 639C, 2. LIME: PMS 382C, 3. WHITE
BODY/SLEEVE LINING:	MATCH RED FIT SAMPLE QUALITY	LINES BODY AND SLEEVES	BLACK	BLACK
HOOD LINING:	SAME FABRIC QUALITY AS SHELL	LINES HOOD	BLACK BASE W/PRINT: 1. TURQUOISE: PMS 639C, 2. LIME: PMS 382C, 3. WHITE	SOLID GREY: PMS COOL GREY 8C
THREAD:	ALL TOP STITCH AND SEW THREAD	TOP STITCH ALL	BLACK	BLACK
LEFT CHEST HI-DENSITY PRINT	HIGH-DENSITY LOGO PRINT	LEFT CHEST: CENTER ABOVE POCKET: .25″ ABOVE YOKE SEAM.	BLACK	LIME
ZIPPER:	YKK #5 PLASTIC ZIPPER PER PHOTO	FRONT CENTER ZIPPER	WHITE	BLACK
ZIPPER:	3# NYLON INVISIBLE + ORIGINAL PULL	LEFT CHEST POCKET	LIME	BLACK
DRAWSTRING:	½″ MATTE FINISH DRAWCORD WITH FLAT FOLD/ BARTACK ENDS	FRONT OF HOOD	BLACK	BLACK
NECK TAPING:	½″ SHELL FABRIC TAPING	TAPES DOWN INTERIOR COLLAR SEAM,	BLACK	BLACK
INTERIOR HOOD TAPING:	½″ SHELL FABRIC TAPING	TAPES DOWN INTERIOR VERTICAL HOOD SEAM	BLACK	BLACK
HANGTAG:	NEW HANGTAG TBD * PLEASE SUBSITUTE CURRENT "DVS" HANGTAG FOR PROTOS	WEARERS LEFT ARMPIT		

（续）

	DETAILS	PLACEMENT	TROPICAL	BLACK
SCREEN NECK LABEL：	NEW NECK PRINT TBD ＊PLEASE SUBSITUTE CURRENT "DVS" PRINT FOR PROTOS	CENTER ON 3″× 2″ SELF PATCH；CENTER PATCH ON SELF FABRIC HALF-MOON YOKE.	TURQ：PMS 639C PRINT ON BLACK SELF FABRIC PATCH	TURQ：PMS 639C PRINT ON BLACK SELF FABRIC PATCH
WOVEN LABEL：	NEW FLAG LABEL TBD ＊PLEASE SUBSITUTE CURRENT "DVS" FLAG FOR PROTOS	WEARERS RIGHT SIDE SEAM 1½″ ABOVE WAIST BAND SEAM		
STICKER：	NEW I-POD STICKER（ART TBD）＊PLEASE SUBSITUTE CURRENT I-POD STICKER FOR PROTOS	STICKER IS APPLIED AT WEARERS RIGHT FRONT POCKET	WHITE GROUND WITH BLACK PRINTED ARTWORK	
PRINTED TAPING IN THE SKATE	½″ SHELL FABRIC TAPING W/PRINTED REPEAT	INTERIOR NECK & HOOK YOKE SEAM	BLACK GROUND W/ TURQ：PMS 639C PRINTED REPEAT	BLACK GROUND W/ TURQ：PMS 639C PRINTED REPEAT
ZIPPER PULL 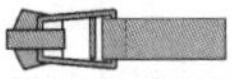	CLIP ZIPPER PULL W/1″SHELL FABRIC PULL TAB	FRONT CENTER ZIPPER	TURQUOISE(USE HOOD FABRIC)	BLACK SHELL FABRIC

Remarks：
1. HANGTAG：ORDER FROM：BRAND I. D. ITEM # PENDING.
2. SCREEN NECK LABEL：VENDOR DEVELOP.
3. WOVEN LABEL：ORDER FROM BRAND ID ITEM # PENDING.
4. STICKER：VENDOR DEVELOP.
5. PRINTING TAPEING：VENDOR DEVELOP.
6. ZIPPER PULL：VENDOR DEVELOP.
7. GARMENT WASH.
8. DELEVERY DATE：NOT LATER THAN 4 AUG.2009.

SPECIAL INSTRUCTIONS：CHANGES TO "SPECTOR" SAMPLE：
1. CHANGE TO SET-IN SLEEVE.
2. REMOVE HOOD TOGGLES，ADD½″ FLAT DRAWSTRING
3. NO CUFF STRAP/VELCRO：CHANGE TO GATHERED ELASTIC CUFFS AND WAISTBAND PER PHOTOS.
4. MOVE CHEST YOKE UP PER ATTACHED DIAGRAM.
5. CHANGE ANGLE OF POCKETS TO RECTANGLE.
6. ADD HIDDEN LEFT CHEST ON-SEAM POCKET WITH ZIPPER. L×W＝5″×5″

Dimaxion Jacket SPEC

	S#	M#	L#	XL#
Front Length(HPS)	28¼	29¼	30¼	31¼
Chest(1″ below Armhole)	22¾	23¾	24¾	25¾
½ Sweep	17	18	19	20
Across Shoulder	18½	19¼	20	20¾
Neck Opening(Seam to Seam)	8	8½	9	9½
Front Neck Drop	4	4⅛	4¼	4⅜
Back Neck Drop	¾	¾	¾	¾

（续）

	S#	M#	L#	XL#
Sleeve Length(From Shoulder)	26	27	28	29
Bicep(1″ below Armhole)	$9\frac{5}{8}$	$10\frac{1}{8}$	$10\frac{5}{8}$	$11\frac{1}{8}$
Sleeve Opening	$3\frac{3}{4}$	$4\frac{1}{4}$	$4\frac{3}{4}$	$5\frac{1}{4}$
Hood Height	14	14	$14\frac{1}{2}$	$14\frac{1}{2}$
Hood Width	11	$11\frac{1}{4}$	$11\frac{1}{2}$	$11\frac{3}{4}$
Welt Pkt Length	$6\frac{1}{4}$	$6\frac{1}{2}$	$6\frac{3}{4}$	7
Welt Pkt Width	$6\frac{1}{4}$	$6\frac{1}{2}$	$6\frac{3}{4}$	7
Left Pkt opening	$4\frac{1}{2}$	$4\frac{3}{4}$	5	$5\frac{1}{4}$
Chest Pkt bag Length	$4\frac{1}{2}$	$4\frac{1}{2}$	5	5
CF zipper Length	$26\frac{3}{4}$	$27\frac{5}{8}$	$28\frac{1}{2}$	$29\frac{3}{8}$
CF collar Height	$2\frac{1}{2}$	$2\frac{1}{2}$	$2\frac{1}{2}$	$2\frac{1}{2}$

Remarks：
HPS = high point of shoulder
Pkt = pocket

SIZE & QUANTITY

ART NO	COL	S	M	L	XL	合计	DESTINATION
SU264604	BLACK	8	32	43	31	114	Canada (Toronto)
	TROPICAL	36	93	113	52	294	
2269	BLACK	124	187	140	36	487	America (New York)
	TROPICAL	166	267	229	85	747	
PEDW–123	BLACK	112	167	143	55	477	The Netherlands (Rotterdam)
	TROPICAL	247	383	326	122	1078	

WORKMANSHIP & TRIMS PLC DETAILS：

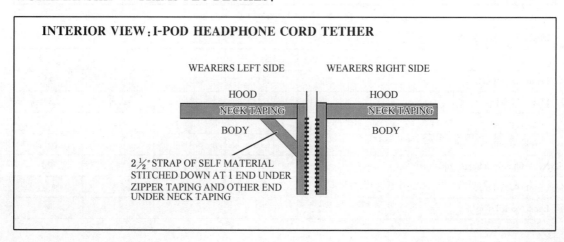

INTERIOR VIEW：I-POD HEADPHONE CORD TETHER

WEARERS LEFT SIDE　　　WEARERS RIGHT SIDE

HOOD　　　　　　　　　　HOOD
NECK TAPING　　　　　　NECK TAPING
BODY　　　　　　　　　　BODY

$2\frac{1}{2}$″ STRAP OF SELF MATERIAL
STITCHED DOWN AT 1 END UNDER
ZIPPER TAPING AND OTHER END
UNDER NECK TAPING

（续）

LABEL & TRIMS

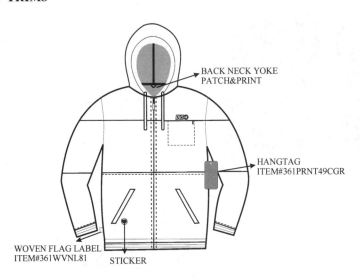

BACK NECK YOKE PATCH&PRINT

HANGTAG ITEM#361PRNT49CGR

WOVEN FLAG LABEL ITEM#361WVNL81

STICKER

CONSTRUCTION & ASSORTMENT

SEE PG1 FOR HOOD LINING

SELF TAPE/HANG LOOP: SEE PG 1 FOR COLOR

SELF-MOOM YOKE SHELL FABRIC (NO PRINT)

HI-DENSITY PRINT

FLAT FOLD/BARTACK DRAWCORE W/ .75″ SELF COLOR PLASTIC EYELET

HIDEN INTERIOR POCKET W/ON-SEAM ZIPPER

TOP YOKE: SAME POSITION ON BODY&SLEEVE

BOTTOM YOKE: SAME POSITION ON BODY&SLEEVE

FLAG LABLE

X CANCEL

1″ GATHERED ELASTIC WAISBAND/CUFFS

.75″ SELF COLOR 300GM 1×1RIB POCKET WELTS

MAIN LABEL & HALF MOON YOKE

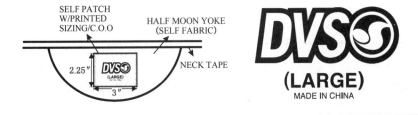

SELF PATCH W/PRINTED SIZING/C.O.O

HALF MOON YOKE (SELF FABRIC)

2.25″

NECK TAPE

3″

DVS

(LARGE)

MADE IN CHINA

（续）

LEFT DENSITY PRINT

SHOWN ABOVE AT 100% (SEE ATTACHMENT)
APPROXIMATELY 1.75″×0.75″
PLACEMENT：0.25″ABOVE YOKE SEAM,
CENTERED ABOVE POCKET

WAISTBAND CONSTRUCTION

PLASTIC ZIPPER QUALITY

GATHERED WAISTBAND CONSTRUCTION

PRINTING @ BODY & SLEEVE（SEE ATTACHMENT）

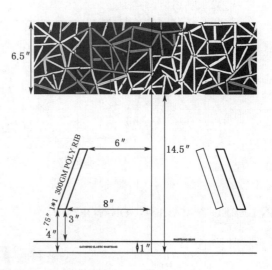

【解答】

（1）订单的组成：一般包括款式图、规格单、数量尺码搭配、面辅料搭配、工艺说明、包装要求等。

（2）规格表。规格表表头翻译如下：

Dimaxion Jacket SPEC	Dimaxion 茄克尺寸表
Front Length（HPS）	前长（从颈侧点量）
Chest（1″ below Armhole）	胸围（袖窿下1英寸量）
½ Sweep	½摆围
Across Shoulder	肩宽
Neck Opening（Seam to Seam）	领宽（缝到缝）
Front Neck Drop	前领深
Back Neck Drop	后领深
Sleeve Length（From Shoulder）	袖长（从肩端点量）
Bicep（1″ below Armhole）	袖肥/袖状（袖窿下1英寸量）
Sleeve Opening	袖口大
Hood Height	帽高
Hood Width	帽宽
Welt Pkt Length	口袋嵌线长
Welt Pkt Width	口袋嵌线宽
Left Pkt opening	左胸袋袋口大
Chest Pkt bag Length	左胸口袋袋深
CF zipper Length	前中拉链长
CF collar Height	前中领高
Remarks：（备注） HPS = high point of shoulder（颈侧点） Pkt = pocket（口袋）	

（3）面辅料搭配。

面辅料搭配说明	品质规格	条子组	黑色组	位置　数量
面料	320T 消光尼龙 600 mm 防水	绿 PMS639C 黄 PMS 382C.黑	黑色＋黑底印花 （绿 PMS639C 黄 PMS 382C. 白色）	大身＋帽子
大身/袖子里料	网眼布,品质同客供红色样衣	黑色	黑色	大身和袖子里布
帽里	同衣身面料,320T 消光尼龙 600 mm 防水	黑底三色印花	PMS 冷灰 8♯	帽子里布
车线①	403 涤纶线	黑色	黑色	所有明缉线及缝纫线
前胸 LOGO 印花	厚版浆印花 1¾×¾英寸	黑色	酸橙黄色	左胸袋上居中且距胸育克缝¼英寸,
拉链＋拉头②	YKK5♯ 树脂左插拉链 ＋DADHR ＋1英寸本布拉绊	白色	黑色	前门襟
隐形拉链	3♯＋普通拉头	酸橙黄色	黑色	左胸袋
汽眼③	¾英寸塑料	绿 PMS639C	黑色	帽沿　2个
1×1罗纹	300 g/m²	黑色	黑色	口袋

（续）

面辅料搭配说明	品质规格	条子组	黑色组	位置　数量
橡筋	1英寸	黑色	黑色	袖口和下摆
棉绳	½英寸亚光扁棉绳	黑色	黑色	帽中.末尾回折¼″后套结做光.
内领滚条④	½英寸宽本布印花	黑色（自开发印EPPMS639C）	黑色（自开发印EPPMS639C）	内领线
帽滚条＋印花⑤	½英寸宽本布印花	黑色（自开发印PMS639C）	黑色（自开发印PMS639C）	帽中线
吊牌		暂无	暂无	穿起左袖窿底（腋点）
后领主唛印花标⑥	3″×2″	黑底印PM639C	黑底印PM639C	居中缝在后领半月育克上
旗标		暂无	暂无	穿起右侧缝，距下摆拼缝1½″
贴纸		白底黑字（自行开发）	白底黑字（自行开发）	贴在穿起右口袋上角
洗水唛		白底黑字织唛	白底黑字织唛	穿起计左侧缝，距下摆3″

注：所有的面料辅料都要符合欧盟的环保要求。

【评析】

车线①	403涤纶线	黑色	黑色	所有明缉线及缝纫线

　　① 缝纫线，客户只是给出了颜色要求，并没有给出规格，但我们在整理过程中，要根据面料的特点把其规格填加上。

拉链＋拉头②	YKK5# 树脂左插拉链＋ DADHR ＋1英寸本布拉攀	白色	黑色	前门襟

　　② 拉链：在客户的订单中只提到了根据原样，而原样衣的拉链是左插的，在面辅料的整理过程中要把它写明是5# YKK左插拉链，此外还要把客人后面提到的拉头整理到拉链这里，同时还是注明拉链的颜色及拉链的拉攀。另外此处因彩条组本布有三种颜色，所以该组服装拉链的拉攀颜色需与客户沟通。

汽眼③	¾英寸塑料	绿 PMS639C	黑色	帽沿　2个

　　③ 汽眼：在客人的原材料清单中没有提到，但在款式细节中提到，也要把其整理到面辅料清单中。

内领贴条④	½英寸宽本布印花	黑色（PMS639C）	黑色（PMS639C）	内领线
帽贴条＋印花⑤	½英寸宽本布印花	黑色（PMS639C）	黑色（PMS639C）	帽中线

　　④～⑤贴条：客人这里只给出了贴条的材料及颜色，图案要工厂自行设计打样后再交给客人确认。

后领主唛印花标⑥	3 英寸×2 英寸	黑底印 PM639C	黑底印 PM639C	居中缝在后领半月育克上

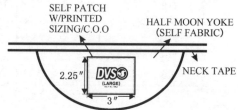

⑥ 后领主唛大小,客人在前面提出大小为 3 英寸×2 英寸,而在后面具体图示中却说尺寸大小为 3 英寸×2.25 英寸,前后不一,在这种情况下,可以发 E-mail 询问客户,也可先打样再交客人确认时指出你打样的依据是哪一个,请客人再次确认即可。

注:在面辅料整理过程中,通常要求:

a. 所含内容包括材料名称、各种材料的配色要求、规格型号、位置等。

b. 将客户的同一材料的相关资料整理在一起,便于查阅。例如将本订单分别出现了的前中拉链、拉头、及备注中拉头要求整理在一起;领贴条的品质要求与印花要求整理在一起。

c. 对于客人订单前后相矛盾的地方,最好是先发 E-mail 询问以哪个为准,或者根据自己的判断哪个是客人的笔误,也可在请客人确认样品时提醒客人特别注意一下。

d. 注意客人对面辅料相关的环保要求。特别是当客人没有提出环保要求时,也要考虑到服装进口国家默认的环保要求及环保标准,在整理过程中加进去。以防在后期出货时因环保要求不达标而不能出货。

(2) 整理客户尺寸规格单。

① 女式吊带衫的尺寸规格单整理。

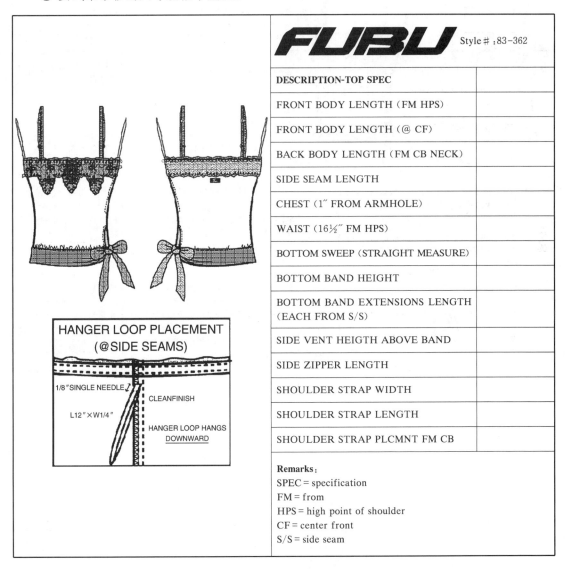

DESCRIPTION-TOP SPEC	
FRONT BODY LENGTH（FM HPS）	
FRONT BODY LENGTH（@ CF）	
BACK BODY LENGTH（FM CB NECK）	
SIDE SEAM LENGTH	
CHEST（1″ FROM ARMHOLE）	
WAIST（16½″ FM HPS）	
BOTTOM SWEEP（STRAIGHT MEASURE）	
BOTTOM BAND HEIGHT	
BOTTOM BAND EXTENSIONS LENGTH（EACH FROM S/S）	
SIDE VENT HEIGTH ABOVE BAND	
SIDE ZIPPER LENGTH	
SHOULDER STRAP WIDTH	
SHOULDER STRAP LENGTH	
SHOULDER STRAP PLCMNT FM CB	

FUBU　Style # :83-362

HANGER LOOP PLACEMENT (@SIDE SEAMS)

1/8″SINGLE NEEDLE
CLEANFINISH
L12″×W1/4″
HANGER LOOP HANGS DOWNWARD

Remarks:
SPEC = specification
FM = from
HPS = high point of shoulder
CF = center front
S/S = side seam

【解答】

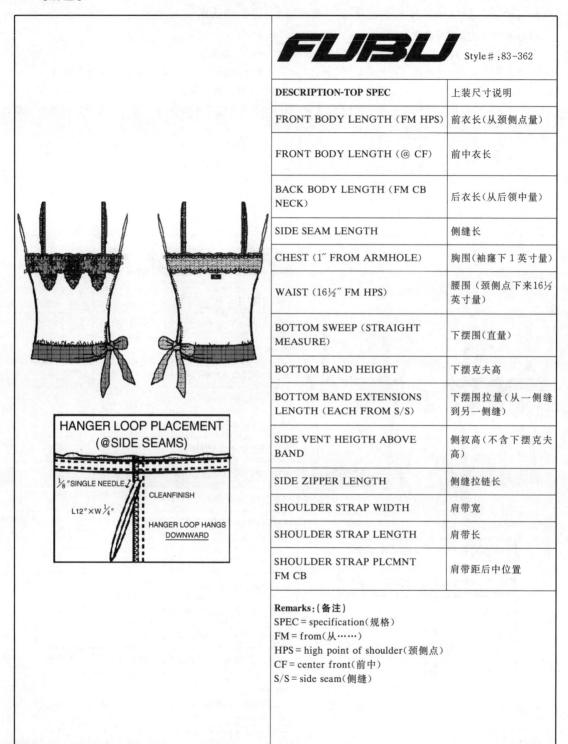

DESCRIPTION-TOP SPEC	上装尺寸说明
FRONT BODY LENGTH（FM HPS）	前衣长（从颈侧点量）
FRONT BODY LENGTH（@ CF）	前中衣长
BACK BODY LENGTH（FM CB NECK）	后衣长（从后领中量）
SIDE SEAM LENGTH	侧缝长
CHEST（1″ FROM ARMHOLE）	胸围（袖隆下1英寸量）
WAIST（16½″ FM HPS）	腰围（颈侧点下来16½英寸量）
BOTTOM SWEEP（STRAIGHT MEASURE）	下摆围（直量）
BOTTOM BAND HEIGHT	下摆克夫高
BOTTOM BAND EXTENSIONS LENGTH（EACH FROM S/S）	下摆围拉量（从一侧缝到另一侧缝）
SIDE VENT HEIGHT ABOVE BAND	侧衩高（不含下摆克夫高）
SIDE ZIPPER LENGTH	侧缝拉链长
SHOULDER STRAP WIDTH	肩带宽
SHOULDER STRAP LENGTH	肩带长
SHOULDER STRAP PLCMNT FM CB	肩带距后中位置

FUBU Style♯:83-362

HANGER LOOP PLACEMENT
(@SIDE SEAMS)

⅛″SINGLE NEEDLE

CLEANFINISH

L12″×W¼″

HANGER LOOP HANGS
DOWNWARD

Remarks：（备注）
SPEC = specification（规格）
FM = from（从……）
HPS = high point of shoulder（颈侧点）
CF = center front（前中）
S/S = side seam（侧缝）

② 女式连衣裙规格单整理。

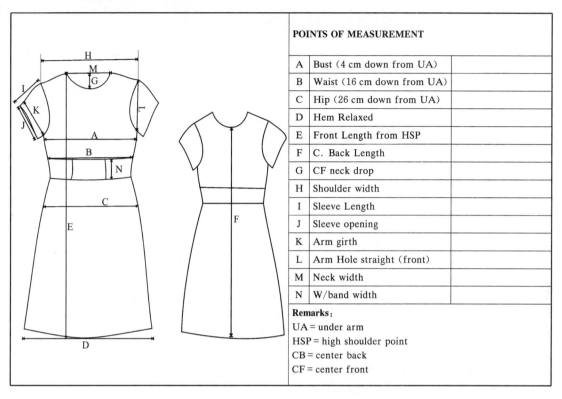

POINTS OF MEASUREMENT		
A	Bust（4 cm down from UA）	
B	Waist（16 cm down from UA）	
C	Hip（26 cm down from UA）	
D	Hem Relaxed	
E	Front Length from HSP	
F	C. Back Length	
G	CF neck drop	
H	Shoulder width	
I	Sleeve Length	
J	Sleeve opening	
K	Arm girth	
L	Arm Hole straight（front）	
M	Neck width	
N	W/band width	
Remarks：		
UA = under arm		
HSP = high shoulder point		
CB = center back		
CF = center front		

【解答】

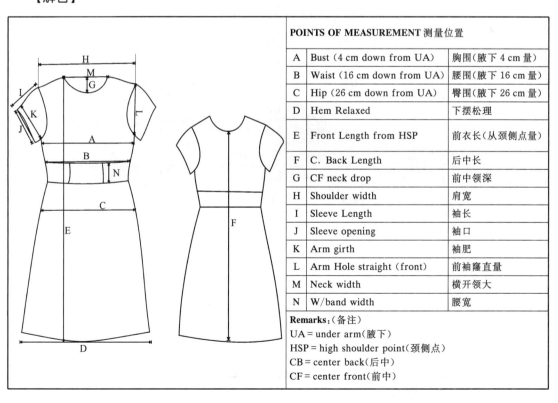

POINTS OF MEASUREMENT 测量位置		
A	Bust（4 cm down from UA）	胸围（腋下 4 cm 量）
B	Waist（16 cm down from UA）	腰围（腋下 16 cm 量）
C	Hip（26 cm down from UA）	臀围（腋下 26 cm 量）
D	Hem Relaxed	下摆松理
E	Front Length from HSP	前衣长（从颈侧点量）
F	C. Back Length	后中长
G	CF neck drop	前中领深
H	Shoulder width	肩宽
I	Sleeve Length	袖长
J	Sleeve opening	袖口
K	Arm girth	袖肥
L	Arm Hole straight（front）	前袖窿直量
M	Neck width	横开领大
N	W/band width	腰宽
Remarks：（备注）		
UA = under arm（腋下）		
HSP = high shoulder point（颈侧点）		
CB = center back（后中）		
CF = center front（前中）		

③ 男短裤规格单整理。

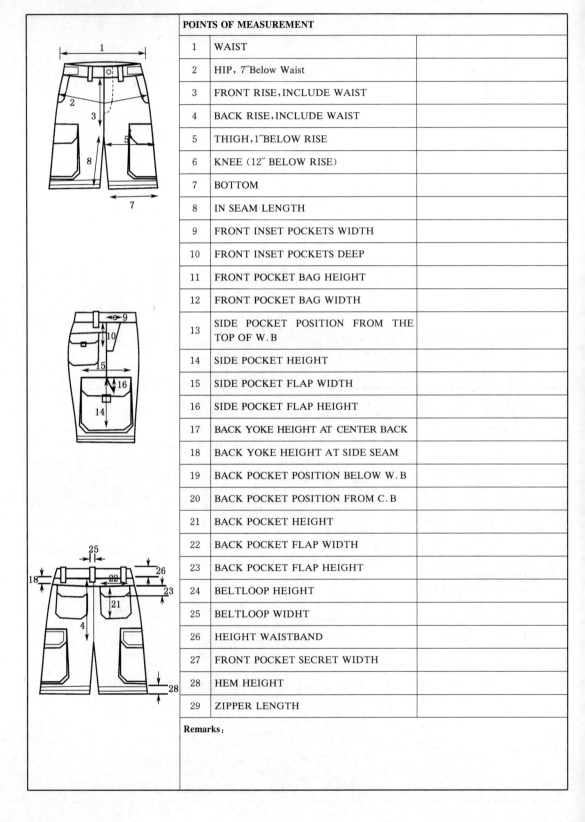

POINTS OF MEASUREMENT			
	1	WAIST	
	2	HIP，7″Below Waist	
	3	FRONT RISE,INCLUDE WAIST	
	4	BACK RISE,INCLUDE WAIST	
	5	THIGH,1″BELOW RISE	
	6	KNEE（12″ BELOW RISE）	
	7	BOTTOM	
	8	IN SEAM LENGTH	
	9	FRONT INSET POCKETS WIDTH	
	10	FRONT INSET POCKETS DEEP	
	11	FRONT POCKET BAG HEIGHT	
	12	FRONT POCKET BAG WIDTH	
	13	SIDE POCKET POSITION FROM THE TOP OF W.B	
	14	SIDE POCKET HEIGHT	
	15	SIDE POCKET FLAP WIDTH	
	16	SIDE POCKET FLAP HEIGHT	
	17	BACK YOKE HEIGHT AT CENTER BACK	
	18	BACK YOKE HEIGHT AT SIDE SEAM	
	19	BACK POCKET POSITION BELOW W.B	
	20	BACK POCKET POSITION FROM C.B	
	21	BACK POCKET HEIGHT	
	22	BACK POCKET FLAP WIDTH	
	23	BACK POCKET FLAP HEIGHT	
	24	BELTLOOP HEIGHT	
	25	BELTLOOP WIDHT	
	26	HEIGHT WAISTBAND	
	27	FRONT POCKET SECRET WIDTH	
	28	HEM HEIGHT	
	29	ZIPPER LENGTH	
Remarks：			

【解答】

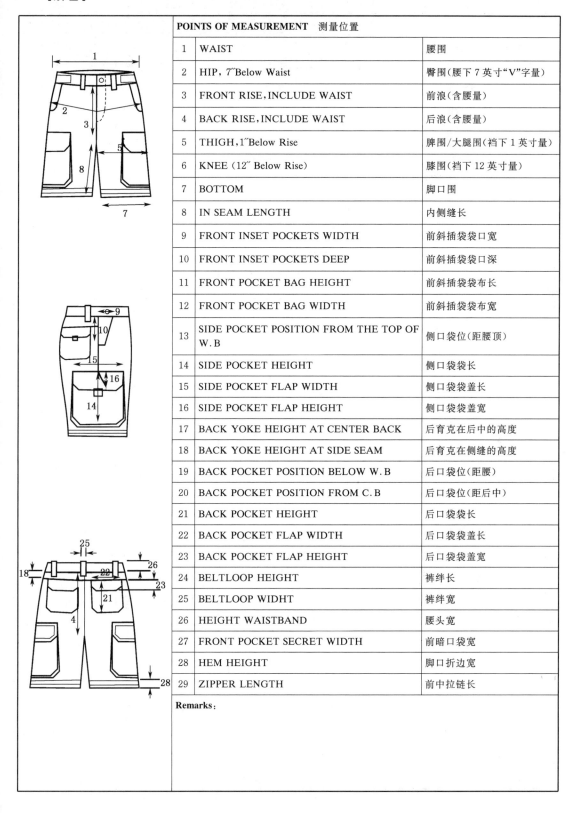

POINTS OF MEASUREMENT	测量位置	
1	WAIST	腰围
2	HIP，7˝Below Waist	臀围(腰下 7 英寸"V"字量)
3	FRONT RISE，INCLUDE WAIST	前浪(含腰量)
4	BACK RISE，INCLUDE WAIST	后浪(含腰量)
5	THIGH，1˝Below Rise	脾围/大腿围(档下 1 英寸量)
6	KNEE（12˝ Below Rise）	膝围(档下 12 英寸量)
7	BOTTOM	脚口围
8	IN SEAM LENGTH	内侧缝长
9	FRONT INSET POCKETS WIDTH	前斜插袋袋口宽
10	FRONT INSET POCKETS DEEP	前斜插袋袋口深
11	FRONT POCKET BAG HEIGHT	前斜插袋袋布长
12	FRONT POCKET BAG WIDTH	前斜插袋袋布宽
13	SIDE POCKET POSITION FROM THE TOP OF W.B	侧口袋位(距腰顶)
14	SIDE POCKET HEIGHT	侧口袋袋长
15	SIDE POCKET FLAP WIDTH	侧口袋袋盖长
16	SIDE POCKET FLAP HEIGHT	侧口袋袋盖宽
17	BACK YOKE HEIGHT AT CENTER BACK	后育克在后中的高度
18	BACK YOKE HEIGHT AT SIDE SEAM	后育克在侧缝的高度
19	BACK POCKET POSITION BELOW W.B	后口袋位(距腰)
20	BACK POCKET POSITION FROM C.B	后口袋位(距后中)
21	BACK POCKET HEIGHT	后口袋袋长
22	BACK POCKET FLAP WIDTH	后口袋袋盖长
23	BACK POCKET FLAP HEIGHT	后口袋袋盖宽
24	BELTLOOP HEIGHT	裤袢长
25	BELTLOOP WIDHT	裤袢宽
26	HEIGHT WAISTBAND	腰头宽
27	FRONT POCKET SECRET WIDTH	前暗口袋宽
28	HEM HEIGHT	脚口折边宽
29	ZIPPER LENGTH	前中拉链长

Remarks：

【3】请根据前面 BR 客人（合同号为 CF-FZ-STUD001）的订单资料，整理该订单打样通知单。

Product Development							Essex Pant					Folder Summary-Apparel	

Style: Essex Pant
Season: Spring 2010
Sportswear: SW Mens
Garment Type: Woven
Body Type: Casual Pant

Essex Pant
Size Range: 30,31,32,33,34,36,38,40
Date Page Created: 1/15/2009 10:25:00 AM
Date Page Modified: 5/21/2009 10:26:00 PM

POM	Description	TOL(−)	TOL(+)	30	31	32	33	34	36	38	40
B07	Waist-fixed waist(along top of WB)	−½	¾	32	33	34	35	36	38	40	42
C01	Hip (4″ up from Crotch Joining Seam)	−½	¾	39¾	40¾	41¾	42¾	43¾	45¾	47¾	49¾
0	Front Rise (from top of waist)	−¼	¼	11½	11⅝	11¾	11⅞	12	12¼	12½	12¾
001	Back Rise (from top of waist)	−¼	¼	16¾	16⅞	17	17⅛	17¼	17½	17¾	18
X	Inseam Length (pant)	−½	½	31	31	31½	31½	32	32½	32½	32½
X03	Outseam Length	−½	½					43½			
R	Thigh (1″ below crotch)	−⅜	⅜	24½	25	25½	26	26½	27½	28½	29½
S01	Knee (14″ down from crotch seam)	−¼	¼	17¼	17⅝	18	18⅜	18¾	19½	20¼	21
U03	Bottom Opening Pant	−¼	¼	17	17¼	17½	17¾	18	18½	18¾	19
U05	Hem Height	−⅛	⅛	1	1	1	1	1	1	1	1
Z10	Fly Length, Bottom of WB to Bartack	−¼	¼	6	6½	6½	6½	6½	6½	6½	6½
Z10a	Fly Length, Bottom of WB to J-stitch	−¼	¼	6½	7	7	7	7	7	7	7
Z11a	Fly Width, along WB Seam	−⅛	⅛	1½	1½	1½	1½	1½	1½	1½	1½
ZF	Waist Band Height	−⅛	⅛	1⅝	1⅝	1⅝	1⅝	1⅝	1⅝	1⅝	1⅝
ZP04a	Front Pocket Opening along waist	−⅛	⅛	1⅜	1⅝	1⅝	1⅝	1⅝	1⅞	1⅞	1⅞

（续）

代码	描述	−	+								
ZP04b	Front Pocket Opening along side seam	− ⅛	⅛	7	7	7	7	7	7	7	7
ZP04d	Pocket Bag Length-Bottom WB to bottom bag	− ¼	¼	13	13	13	13	13	13	13	13
ZP43	Cell Pocket Bag Height (at center)	− ⅛	⅛	5½	5½	5½	5½	5½	5⅝	5⅝	5⅝
ZP19	Cell Pocket Welt Width	− ⅛	⅛	½	½	½	½	½	½	½	½
ZP20	Cell Pocket Welt Length	− ¼	¼	3¾	4	4	4	4	4¼	4¼	4¼
ZP21	Cell Pocket Placement frm Bottom WB-Front	− ⅛	⅛	9⅝	9⅝	9⅝	9⅝	9⅝	9⅝	9⅝	9⅝
ZP22	Cell Pocket Placement frm Bottom WB-Back	− ¼	¼	10⅞	11⅛	11⅛	11⅛	11⅛	11⅜	11⅜	11⅜
ZP23	Cell Pocket Front Edge Placement frm Side	− ¼	¼	1	1	1	1	1	1	1	1
ZP44	Back Yoke Width (along bottom of WB)	− ⅛	⅛	7½	7½	7½	7½	7½	7½	7½	7½
Y02b	Back Yoke Height at side seam	− ⅛	⅛	3	3	3	3	3	3	3	3
ZP05	Back Welt Width	− ¼	¼	¼	½	½	½	½	¾	¾	¾
ZP06	Back Welt Length	− ¼	¼	5¾	6	6	6	6	6¼	6¼	6¼
ZP45	Bk Pkt Bag Length (top pocket to bottom bag)										
ZP29a	Back Pocket Plcmnt-Top Waist (inner corner)	− ¼	¼	3⅞	3⅞	4	4	4⅛	4¼	4¼	4¼
ZP29b	Back Pocket Plcmnt-Top Waist (side corner)	− ¼	¼	4⅞	4⅞	5	5	5⅛	5¼	5¼	5¼
ZP30a	Back Pocket Placement from CB Seam	− ⅛	⅛					2			
ZF01	Belt Loop Width	− ⅛	⅛	⅝	⅝	⅝	⅝	⅝	⅝	⅝	⅝
ZF02	Belt Loop Length	− ⅛	⅛	2½	2½	2½	2½	2½	2½	2½	2½

Remarks 1. fm = from; 2. Bk = back; 3. Pkt = pocket; 4. Plcmnt = placement

Product Development

Essex Pant

Bill of Materials - Cost and Tracking -

Style	Essex Pant
Season	Spring 2009
Sportswear	SW Mens
Garment Type	Woven
Body Type	Casual Pant

Essex Pant

Size Range	30,31,32,33,34,36,38,40
Date Page Created	1/15/2008 6:23:00 PM
Date Page Modified	7/28/2008 11:51:00 AM

Colorway:
Combination:

Item	Use / Placement	Vendor	Dist: Black	Black (Pinstripe)	Brown Pinstripe	Dark Khaki	Gunmetal
			1	1	1	1	1
65/35 Polyester Cotton Twill	Self fabric. Colors: Black Solid, Black with Printed Pinstripes, Dk. Khaki Solid, Gunmetal Solid, Dk. Brown with Printed Pinstripes.		Black 19-4006 TC	Black 19-4006 TC	Dark Brown 19-0812	Dark Khaki 17-1022	Gunmetal 18-0306 TC
100% Cotton Sheeting	Black ground sheeting with Lt. Grey diagonal print used on wearer's left side WB and left front and back pocket bags. See Comp.		Printed	Printed	Printed	Printed	Printed
100% Cotton Sheeting	Solid Green 17-6030 TC bottom piece of inside WB facing		Green 17-6030	Green 17-6030	Green 17-6030	Green 17-6030	Green 17-6030
FI001 Fusible Interfacing-Medium Weight	WB, belt loops, pocket flaps and fly facing.	Vendor Sourced Vendor Sourced	Black 19-4006 TC	Black	Black 19-4006 TC	White	Black 19-4006 TC
DTM Stitching	Stitching throughout garment. (polyester core thread, 402)	Vendor Sourced Vendor Sourced	DTM	DTM	DTM	DTM	DTM
DTM Bartacks	Refer to comp for placement of all bartacks (polyester core thread)		DTM	DTM	DTM	DTM	DTM

(续)

| Product Development | | | | Essex Pant | | | | Bill of Materials - Cost and Tracking - | |

Style	Essex Pant
Season	Spring 2009
Sportswear	SW Mens
Garment Type	Woven
Body Type	Casual Pant

Essex Pant	
Size Range	30,31,32,33,34,36,38,40
Date Page Created	1/15/2008 6:23:00 PM
Date Page Modified	7/28/2008 11:51:00 AM

Colorway:
Combination:

Item	Use / Placement	Vendor	Dist:	Black	Black (Pinstripe)	Brown Pinstripe	Dark Khaki	Gunmetal	Image
				1	1	1	1	1	
DTM Button Hole	CF WB button hole (polyester core thread)			DTM	DTM	DTM	DTM	DTM	
Woven Damask Main Label	Main Label - Fox Head shape "Products fo the Revolution" includes size	Vendor Sourced Vendor Sourced		See Artwork	See Artwork	See Artwork	See Artwork	See Artwork	
Print satin content/care label	MUST include Co. of Origin. Place Care/content/COO label to the inside waist at the left front pocket, under the WB.	Vendor Sourced Vendor Sourced	2"L x 1"W max	White w/black text	White w/black text	White w/black text	White w/black text	White w/black text	
Style # Label	Style # label placed under Care/Content label. See Artwork	Vendor Sourced Vendor Sourced		White 11-0601	White 11-0601	White 11-0601	White 11-0601	White 11-0601	
Logo Woven Label	Products of the Revolution rectangular fly label placed on inside fly -See artwork			See Artwork	See Artwork	See Artwork	See Artwork	See Artwork	
Vendor Sourced									

(续)

Product Development

Bill of Materials - Cost and Tracking -

Essex Pant

Style	Essex Pant
Season	Spring 2009
Sportswear	SW Mens
Garment Type	Woven
Body Type	Casual Pant

Size Range	30,31,32,33,34,36,38,40
Date Page Created	1/15/2008 6:23:00 PM
Date Page Modified	7/28/2008 11:51:00 AM

Colorway: Essex Pant
Combination:

Item	Use / Placement	Vendor	Dist:	Black	Black (Pinstripe)	Brown Pinstripe	Dark Khaki	Gunmetal	Image
				1	1	1	1	1	
Fox Head Embroidery	Fox head placed above cell pkt on wearers left side. Refer to artwork for colors and placement	Vendor Sourced	Vendor Sourced	See Artwork	See Artwork	See Artwork	See Artwork	See Artwork	
Vendor Sourced									
#5 Metal Zipper	CF zipper fly with rectangular shaped slider + DTM zipper tape			Matte Brass	Matte Brass	Matte Brass	Matte Brass	Matte Brass	
				1	1	1	1	1	
Vendor Sourced									
4 hole shiny utility button	30L DTM CF WB closure, shiny utility button with Fox Head engraved			DTM|30 L	DTM|30 L	DTM|30 L	DTM|30 L	DTM|30 L	
				1	1	1	1	1	
Vendor Sourced									
4 hole shiny utility button	24L DTM shiny utility button with Fox Head engraved on back right pocket			DTM|24 L	DTM|24 L	DTM|24 L	DTM|24 L	DTM|24 L	
Vendor Sourced									

【解答】

打样衣通知单

品名	男式梭织休闲长裤	面料	65/35 涤棉斜纹布	款号	Essex Pant	订单号	CF-FZ-STUD001
工厂	天意达	打样尺寸	34 码(颜色不限)	交样日期	2009-8-16	出货时间	2009-12-15

款式图：

款式细节说明：前有 2 斜插袋，后有育克分割及 2 单嵌线口袋，穿起计左侧有一小嵌线口袋，右后嵌线口袋及前中各有一带 Logo 的钮扣。

部 位	尺寸 34#	部 位	尺寸 34#
腰围（沿上腰口量）	36	小口袋袋身长（在中心处量）	5½
臀围（十字裆缝上去 4 英寸量）	43¾	小口嵌线宽	½
前浪（含腰）	12	小口袋嵌线长	4
后浪（含腰）	17¼	小嵌线口袋位（距前腰底）	9⅝
内长	32	小嵌线口袋位（距后腰底）	11⅛
外长	43½	小嵌线口袋前端到侧缝距离	1
大腿围（裆下 1 英寸量）	26½	后育克宽度（沿腰下量）	7½
膝围（裆下 14 英寸量）	18¾	后育克在侧缝处的宽度	3
脚口	18	后口袋嵌线宽度	½
脚口折边宽	1	后口袋嵌线长度	6
门襟长（腰下口到套结处）	6½	后口袋袋布长	
门襟长（腰下口到裆底十字缝）	7	后口袋位（内侧，距腰顶）	4⅛
门襟宽（沿腰口量）	1½	后口袋位（外侧，距腰顶）	5⅛
腰宽	1⅝	后口袋跟后中缝的距离（水平量）	2
前斜插袋袋口沿腰量	1⅝	裤绊宽	⅝
前斜插袋袋口沿侧缝量	7	裤绊长	2½
口袋袋布长（腰到袋底）	13		

(续)

材料	黑色	黑色细条纹	棕色细条纹	深卡其色	金属枪色	位置
65/35T/C斜纹	黑色19-4006TC	黑色19-4006TC	深棕色19-0812	深卡其17-1022	金属枪色18-0306TC	裤身
平纹纯棉布	黑底印浅色斜条					左腰及前后口袋
	绿色					腰里
涤纶线402	黑色19-4006TC	黑色19-4006TC	深棕色19-0812	深卡其17-1022	金属枪色18-0306TC	所有用线
黏合衬	黑色19-4006TC	黑色19-4006TC	黑色19-4006TC	白色	黑色19-4006TC	腰,裤绊,门襟
梭织绵缎主唛		见附件图稿				暂定后中
尺寸唛		见附件图稿				后中主唛的右边
成分/洗水唛	白底黑字	白底黑字	白底黑字	白底黑字	白底黑字	内裤腰下左前口袋
款号唛	PMS11-0601白色	PMS11-0601白色	PMS11-0601白色	PMS11-0601白色	PMS11-0601白色	洗水唛的下面
前里襟方形唛	见附件图稿,配色					前里襟
狐狸头绣花标	见附件图稿,配色					穿起计左小口袋嵌线上面
5#金属拉链+方形拉头	黑色19-4006TC	黑色19-4006TC	深棕色19-0812	深卡其17-1022	金属枪色18-0306TC	前中门襟
4孔30L钮扣	配色(黑色)	配色(黑色)	配色(棕色)	配色(深卡其色)	配色(金属枪色)	前中腰头
4孔24L钮扣	配色(黑色)	配色(黑色)	配色(棕色)	配色(深卡其色)	配色(金属枪色)	右后口袋

工艺要求:
1. 请根据34#尺寸规格,尺寸做准。
2. 丝缕顺直。
3. 嵌线口袋袋角要方正,不能毛出,四周辑线。
4. 腰头缉漏露缝。
5. 造型合理美观。
6. 门襟缉线要圆顺,不能有断线,接线。
7. 脚口折光。

备注:
1. 必须按时提交样衣。
2. 样衣数量3件,一份寄交客人,一份公司留存,一份工厂自存。
3. 注意样衣尺寸必须符合要求。

（4）请将客户（Tivoli Products Plc）对 DIMAX07021 照片样的确认意见整理后转发给样衣的加工厂。

发件人：Jason Searcy
日　期：2009 年 3 月 12 日
收件人：Avon Lou
主　题：DVS"Dimax" jacket photo sample comments

Received the photo sample for the Dimax（tropical colorway）today and it looks great. Please see comments below. Please also note：* any fit comments should be followed into sales samples *

Dimax（Tropical）：

1. Waistband is still too tight. Please add 1.75″ to total bottom opening.
2. Cuffs are still too tight. Please add 1″ to total cuff opening.
3. Please align bottom edge of lime back panel with bottom edge of lime chest panel per attached diagram. Please note：back vent position does not change.
4. Hood is a little too pointy. Please round hood out per attached diagram.
5. Please add 1″ to front hood opening drop per attached diagram.
6. Noted that eyelets will be black.
7. Zipper quality is approved. Noted that it is sub but we'd like to proceed with this zipper quality if you can source it. Please advise.

Please advise on all points above. Please adjust fit comments into sales samples. And please confirm receipt of 3 attached files and let me know of any questions or concerns. Thanks very much Jimmy. Have a good weekend.

Jason Searcy
DVS Apparel Design
Podium Distribution
159 Francisco St.
Torrance，CA. 90502
（310）715-8360 xt：603
（310）516-3999

attached files

图 1　　　　　　　　　　　图 2　　　　　　　　　　　图 3

【解答】

样品意见表

日期:2009-3-12

客 户	TRI	品 名	男带帽拉链衫	款 号	DIMAX07021	尺 码	L 码

样衣类别:照片样	☑ 1st	☐ 2nd	☐ 3rd	☐ 4th

☐ 未通过需重新提交	☐ 通过	☑ 通过(局部需修改)

以下是客户关于 Dimax 照片样(彩条组)的意见:

1. 下摆还有点太紧,请整围加大 1.75 英寸。

2. 袖口克夫还有点紧,请整个克夫加大 1 英寸。

3. 请看图 1,将酸橙色育克分割的底边前后对齐,背叉横向定位不变。

4. 帽子有点尖了,请参考图 2 把帽子修圆一点。

5. 请根据附图 3 所示将帽子前面开低 1 英寸。

6. 注意汽眼应为黑色。

7. 大货拉链品质同该样衣上的拉链。

特别说明:请确保销售样中杜绝上述问题。

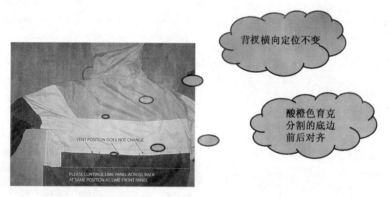

图 1

图 2   图 3

制表人:楼宇   审核人:杨于

(5) 请将客户（Tivoli Products Plc）对 DIMAX07021 销售样的确认意见整理后转发给样衣的加工厂。

发件人：Jason Searcy
日　期：2009 年 3 月 17 日
收件人：Avon Lou
主　题：DVS"Dimax" jacket sale sample comments

Hi Avon
Here are the comments for the Dimaxion sales samples：

1. Sleeves are too short. Please add. 75″ to sleeve length.
2. Cuff opening is too tight. Please add. 75″ to cuff opening (on the half).
3. Body is a little too short. Please add. 5″ to body length.
4. Bottom opening is too tight. Please add 1″ to bottom opening width (on half).
5. Zipper is still getting caught on welt，making it very hard to zip and unzip.
6. "original intent" flag label is incorrect. Please use black "dvs" flag label.
7. Please send graded spec based on comments above.

Please confirm all points above and let me know of any questions.
thanks very much. Have a good day.

Jason

Jason Searcy
DVS Apparel Design
Podium Distribution
159 Francisco St.
Torrance，CA. 90502
(310) 715-8360 xt：603
(310) 516-3999

【解答】

样品意见表

日期:2009-3-17

客　户	TRI	品　名	男带帽拉链衫	款号	DIMAX07021	尺码	L 码

样衣类别:销售样	☑ 1st	☐ 2nd	☐ 3rd	☐ 4th
☐ 未通过需重新提交	☐ 通过		☑ 通过(局部需修改)	

下面是客户对 Dimaxion 销售样确认意见

1. 袖子太短,请将袖长加长 0.75 英寸以达到客户要求尺寸。

2. 袖口太紧,请半围加 0.75 英寸以达到客户要求尺寸。

3. 衣长有点短,请加 0.5 英寸以达到客户要求尺寸。

4. 下摆太紧,请将下摆半围加大 1 英寸以达到客户要求尺寸。

5. 贴边很容易被拉链夹住,使得拉链难以闭合、拉开,请想办法解决。

6. "original intent" 旗唛不对,请使用黑色的"dvs"旗唛。

7. 请递交建立在此确认意见基础上的推码尺寸表。

如有任何问题请及时告知本人。

制表人: <u>× × ×</u>

〔6〕乘风公司针对客户在销售样中提出的前中拉链易夹住门襟的问题，做出一项工艺改进，即绱拉链时在前中门襟处放入一根细棉绳，并重新制作了样衣，寄交客人确认。下面是客户（Tivoli Products Plc）对 DIMAX07021 销售样二次样衣的确认意见，请整理后转发给样衣的加工厂。

收件人：Jason Searcy

日　　期：2009 年 3 月 25 日

收件人：Avon Lou

主　　题：DVS"Dimax"jacket sale sample comments

Hi Avon

Here are the Dimaxion jkt comments：

1. New c/f welt is approved.

2. please avoid puckering at c/f welt per attached photo.

3. wrong RN# is used at interior side seam label. Correct RN is 99094.

4. Incorrect flag label is used at side seam.

5. L/C art is stretched vertically. Please refer to tech pack and attached jpg for comparison.

6. I'm handing off to QC for wash/wear test and will report results to you as soon as possible.

Please confirm all points above as well as receipt of 2 attached files. thanks very much.

Jason

Attached files：

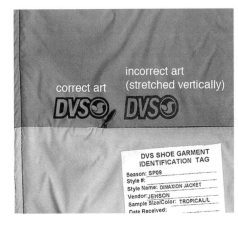

图 1　　　　　　　　　　　　　　　图 2

【解答】

样品意见表

日期：2009-3-25

客　户	TRI	品　名	男带帽拉链衫	款　号	DIMAX07021	尺　码	L 码

样衣类别：确认样	□ 1st	☑ 2nd	□ 3rd	□ 4th

□ 未通过需重新提交	□ 通过	☑ 通过（局部需修改）

下面是客户对 Dimaxion 销售样二次样衣的确认意见

1. 新的前中贴边做法已确认。

2. 请看下图 1，避免前中贴边处起皱。

3. 衣服里面侧缝处唛头 RN♯代码错误，下确的 RN♯代码是 99094。

4. 侧缝处所用的旗唛不对。

5. 左胸印花图稿不对，有点拉长，请看图 2 及附件中的 JPG 文件来进行对比。

6. 客人已将样衣拿去做水洗测试，结果随后告知。

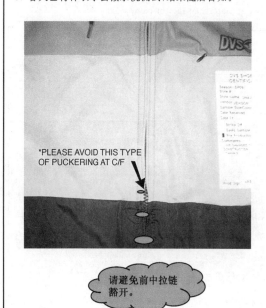

请避免前中拉链豁开。

图 1

印花图稿被拉长了，请看正确图样。

图 2

制表人：×××

（7）以下是乘风公司收到的客户关于二次销售样水洗的确认意见，请整理并转发给样衣的加工厂。

收件人：Jason Searcy
日　期：2009 年 3 月 28 日
收件人：Avon Lou
主　题：DVS"Dimax"jacket sale sample comments

Hi Avon-

There are a few problems with the Dimaxion left chest print.

1. this print is not the hi-density quality I'd approved.

2. the print fell off completely in one standard wash（tropical colorway）.

Please see attached jpg.

This is an important issue. Please urgently advise comments suggestions.

thanks very much.

Jason

Attached Jpg

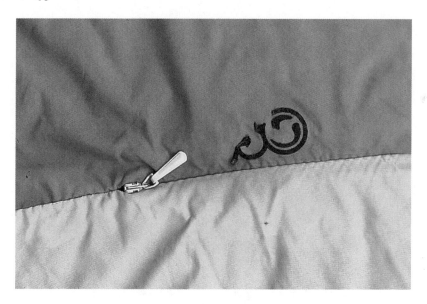

【解答】

样品意见表

日期：2009-3-25

客　户	TRI	品　名	男带帽拉链衫	款　号	DIMAX07021	尺　码	L码

样衣类别：二次销售样水洗意见	☐ 1st	☑ 2nd	☐ 3rd	☐ 4th

☑ 未通过需重新提交	☐ 通过	☐ 通过（局部需修改）

下面是客户对 Dimaxion 销售样二次样衣水洗的确认意见。

Dimaxion 样衣左胸印花有点问题：

　　1. 这个印花不是客户确认过的高清印花。

　　2. 这个印花（彩条组）在一次标准洗涤中很容易脱落，请看下图及附件 JPG 图示。这个问题非常严重，请提高印花质量或给出脱落的原因及解决办法，并重递交印花样。

　　急！急！急！

印花严重脱落

制表人：×××

知识拓展

1. 常见样衣类型介绍

不同的服装外贸过程运营模式,需要不同类型,不同数量的样品,繁简不一。不可省略的样品是对等样(客户确认之后称确认样)————→产前样————→船样。

(1)对等样(Counter Sample):又称回样。是由工厂根据客户提供的原样(Proto Sample)制作并寄给客户进行确认的样品,主要是确认订单的款式、板型、工艺、尺寸等。根据确认的内容不同,又可分不同的对等样或确认样。常见的有款式样(Style Sample)(主要用来确认款式造型);试身样(Fitting Sample)(主要用来确认尺寸和工艺等);齐码样(Size Set)。经客户确认后的样品亦可称为确认样。对等样(也称确认样)是今后大货质量评定的依据。

(2)照片样(Photo Sample):也称照相样、影相样,是提供给客人作模特试身照相用的样品,有些是要作入印刷本用的,用于客户制作大货彩图参考,推销产品。其颜色和款式要正确、面辅料材质可近似。

(3)销售样(Sales Sample,Salesman Sample,Showroom Sample):也叫大样,行街样,重在款式和卖相,是客人用于展销会的展样,或开货前做给客人试卖的样。目的为了将之前所做出的新款式,通过展销样获得订单,一般销售样要求齐色齐码。此外客户还可以根据展销情况对其进行修改后再下大货订单。

(4)测试样(Test Sample):主要测试洗水、颜色、环保等方面是否符合客人要求。也可能要做多次。

(5)产前样(Pre-production Sample):又称产前确认样,是指在开始大货生产之前供货商提供给客户且使用经客户确认过的正确的大货面辅料所作的样品。其款式、工艺、结构、面辅料搭配及其位置、规格等都要符合客户要求。产前确认样要求齐色齐码或跳码。只有产前样经客户确认通过,方可开始大货生产。

(6)首件封样(Top Sample):是由生产部门、生产线或生产班组按照工艺文件规定的技术条件所生产的第一件产品。首件封样面辅料准确,非完整包装。通常要求生产该产品的每条流水线都要提交此样品。其作用是生产部品质管理的需要。

(7)船样(Shipment Sample):英文名有时又叫 Shipping Sample,从大货生产中挑选出来的能够代表大货平均质量水平的完整包装的样品。其提交时间一般在大货出货前 15 天左右,其目的是让客户了解大货的品质。通常只有船样得到客户的确认,客户才允许大货出运。

注:(样品的重要性)
　① 样品代表企业的形象。
　② 样品是产品品质的代表。
　③ 样品是价格的代表。
　④ 样品是生产的代表。定单根据确认的样品来生产,确认样的难度、工艺要求、结构直接关系到生产的难度、时间、进程。
　⑤ 样品是验货和索赔的依据。

不同类型样衣比较

类型	面料	辅料	商标、吊牌	颜色	数量	作用	部门
对等样	可代用	可代用	可代用	可代用	单色单码	确认款式、尺寸、工艺、板型	样衣室
照片样	相近	相近	一致	严格一致	齐色	客户推广	样衣室
销售样	严格一致	严格一致	严格一致	一致	齐色齐码	客户推广用	生产部或样衣室
测试样	严格一致	严格一致	严格一致	严格一致	单色单码	进行大货的性能测试	生产部或样衣室
产前样	严格一致	严格一致	严格一致	严格一致	齐色齐码（跳码）	让客人确认大货开货用。确认大货面、辅料、款式和工艺	样衣室
首件封样	严格一致	严格一致	严格一致	严格一致	单色单码	确认生产过程中操作无误	生产部
船样	严格一致	严格一致	严格一致	严格一致	齐色齐码	确认大货质量	生产部

2．齐码与跳码的区别

（1）齐码：是指订单里提到的尺码都要提交相应的样衣。例如：某订单有 S、M、L、XL、XXL 五个尺码，齐码就要提交五个规格的样衣。

（2）跳码（也称串码）：指选择有代表性的尺码样衣。例如：某订单有 S、M、L、XL、XXL 五个尺码，跳码一般提交 S、L、XXL，因这三个码尺寸可以的话，其他两个码一般也不会有问题。而如果颜色也比较多的话，可以结合颜色规格，用较少的件数，做到齐色齐码。举例如下：

跳码安排表

SIZE COLOR	S	M	L	XL	XXL
PINK	√				
LT BLUE		√			
CREAM			√		
RED				√	
LT GREEN					√
YELLOW	√				

【问题与思考】

（1）某订单总数为 30 000 条长裤，6 个颜色，交货期 3 月 29 日。确认样（包含面辅料）已确认，2 月 20 日客户要求外贸公司（合同签订方）递交产前样，但由于工厂（外贸公司下单工厂）一直未递交产前样给外贸公司，而外贸公司的跟单员也没有及时跟催。3 月 5 日外贸公司收到该客户的邮件，告知其中 5 000 条红棕色的裤子改为短裤，而加工厂因担心交货期来不及，红棕色的大货已经有 4 000 条裤子开裁完毕。

请问：① 客户是否有理由修改款式？② 公司方有什么责任？③ 加工厂应承担什么责任？

【解答】

① 在实际操作中，会经常遇到客户修改合同的情形。修改款式只是修改合同的一部分。由于市场行情的变化，有时候甚至是气候变化，也会促使客户修改合同订单中的各种细节，甚至是款式本身。但客户的修改不能任意，必须和合同签订方进行协商。如果不影响交货期（除非客户同意修改交货期），或技术上可行，可以同意修改合同。但由此产生的各类费用，必须由提出修改意见方，即客户来承担。

② 在此案例中,公司方的责任在于跟单员没能及时跟进。如果 2 月 20 号能及时提交产前样,那么客户在确认产前样后修改款式样,就必须由客户来承担相应的后果和责任。本案例的损失,是提前裁掉的面料损失。而这个损失现在就很难说服客户去承担。所幸款式是由长裤改为短裤,不至于导致不能交货的困境。如果能说服客户按照长裤的价格来接受短裤的生产,损失尚可弥补。

③ 加工厂在此案例中的责任在于:在没有确认产前样的状况下,就贸然进行了大货生产。这是非常危险的冒险行为,虽然动机是良好的。此案例充分说明了产前样的重要性。理单跟单员在实际工作中,一定要注意未收到产前样确认意见前决不能开始大货生产,以防客人进行更改。

(2) 一批牛仔裤生产已进入包装阶段,此时客户要求寄船样,跟单员便从大货中随便挑了一条牛仔裤,顺手对折后就将裤子装入塑料袋寄往客户所在地。结果:第二天,客户发来传真指出裤子的折法有错误,要求特派他们的 QC 过来拆箱复查,并重寄船样,否则不能交货。事实上所有的包装都是按客户包装要求严格进行的。

【解答】

① 寄样工作看似简单,其实不然。寄样不仅是提交一件样衣给客户,而是要尽量通过所提交的样衣,表现加工方已经对客户订单有了充分理解,不仅服装本身的面辅料要求,工艺要求,还应该包括折叠包装方式、装箱方式等等。本案例中的跟单员不仅没有让客户放心,反而让自己处于很被动尴尬的处境。

② 选择船样也不能随便。船样要求能够代表整批大货的平均质量水平,不需要太好也不能太差,它的作用是让客户了解这批货物的平均质量,符合客户的包装要求。

③ 所有客户索要的资料必须严格按照客户的订单要求执行,避免不必要的麻烦和损失。随附上寄样单是必要且非常有意义的做法。

3. 服装中常见唛头

main label(主唛),size label(尺寸唛),content label(成份唛),patch label(贴唛),C. O.O(产地唛,country of original),flag label(旗唛),style label(款号唛)。

第五章　服装面辅料颜色确认

在接到客户打样单或订单后,安排打样衣的同时还需进行面辅料颜色、品质等的打样与确认。

一、色样确认

(一)打色样通知单缮制

【任务安排】

在宁波乘风服饰品进出口公司安排 Patagonia Clothing Co. Ltd 客户合同 CF-FZ-09-0110(见第二章)下样衣生产的同时,根据要求进行面辅料颜色打样及确认工作。请根据客户的颜色要求,下达打色样通知单。

【解答】

打色样通知单

打样编号:　65671-73LTD-01

客户名称	PATAGONIA		款　　号		65671-73LTD	
面料名称	棉毛布		组成成分		100%棉	
面密度要求	180~190 g/m²		打样工厂		宁波七色彩虹针织有限公司	
打样板数量	A、B、C3 色		打样板规格		10 cm×10 cm	
下单日期	2009-01-12		交样日期		2009-01-15	
品质要求	水洗牢度		日晒牢度	干擦色牢度		湿擦色牢度
	3~4 级		4	3~4 级		3~4 级
原样色板	新打色样贴样处					
白色	A		B		C	
浅蓝色 P277U	A		B		C	
	A		B		C	
对色光源	D65、TL84、北向自然光					
备注:	唾液色牢度需达到 4 级 请提交一式两份(一份我部留底,一份提交 Toronto 客户)					

申请部门:　采购部　　　　　　　　　　　　　　　　　　申请人:　Lucy

【评析】

（1）基本信息：

打样编号：① 65671-73LTD-01

客户名称②	PATAGONIA	款　　号③	65671-73LTD
面料名称④	棉毛布	组成成分⑤	100％棉
面密度要求⑥	180～190 g/m²	打样工厂⑦	宁波七色彩虹针织有限公司
打样板数量⑧	A、B、C 三色	打样板规格⑨	10 cm×10 cm
下单日期⑩	2009-01-12	交样日期⑪	2009-01-15

① 打样部门每天有很多订单颜色样需要进行打样安排，为了便于管理，对每份打样单要进行编号。编号的规律视实际情况而定，打样编号具有唯一性。

② 客户的名称或编号（有些外贸公司把客户逐一编号，在流通文件或表格上用编号表示，便于管理和保密）。

③ 订单款号。客户提供，对每个款式进行编号，便于管理，具有唯一性。

④ 打色样的坯布要求。要求与订单的大货品质一致。如果时间紧急，也可以找相近的代替。

⑤ 要求纤维成分必须严格与大货面料一致，因不同的纤维上色率是不一样的。

⑥ 面料组织、纱支和织物密度在无法达到与大货面料一致的情况下，尽量找相近面料代替。

⑦ 打色样工厂的名称或编号。

⑧ 是指客户要打白色和 P277u 浅蓝色，我们就要打三个接近客户色的白色，三个接近客户色的浅蓝色，分别标为 A、B、C。这样一次提交给客户，客户每个颜色有三个选择，颜色被客户确认的概率高，就可以节省时间和费用。

⑨ 色样的尺寸大小。

⑩ 打色样通知单下达的日期。

⑪ 色样必须提交的日期。写交样日期时要注意考虑染色所需时间（一般来说，染色烧杯样 3 天，印花样 7～10 天，色织样 7～10 天，特殊情况酌情处理）。

（2）品质要求：是指对染色性能的要求，如表中所示。但实际操作因面料的最终用途会有所不同。

（3）贴样处：左边贴客户的参考色样（客户提供的色样形式多样。可能是色布样，可能是标准颜色编号，如 PANTONE 色卡编号，还可以是纸卡色样），右边 ABC 处用来贴工厂打出来的颜色小样。

（4）对色光源：对色时所用的光源。同一颜色在不同的光源下会呈现不同的颜色，所以必须加注。

（5）备注：该部分强调打样单其他的特殊要求。如该婴儿装订单对唾液色牢度有特殊要求，就可以在这里注明。

（二）色样寄送单缮制

跟单人员对染色厂提交的色样，必须在客户要求的光源下，进行对色，达到客户要求方可寄出。在寄样时为了明确色样的基本情况，需做一份寄样单。

【任务安排】

结合 Patagonia Clothing Co.Ltd 客户合同 CF-FZ-09-0110(见第二章)下的打样结果,缮制一份色样寄样单。

【解答】

LAB DIPS APPROVAL REQUEST FORM

ATTN:Maria B	DATE:2009-01-16
FROM:Avon	REF#:F621-0116-NB-P277u
FACTORY:F621	SHIP DATE:2009-06-30

CONTRACT/STYLE:CF-FZ-09-0110/65671LTD-73LTD

COLOR #:P277U、WHITE

PURPOSE/REMARKS

Submit: ☑ 1st ☐ 2nd ☐ 3rd ☐ 4th

COLOR	A	B	C
WHITE			
BLUE P277u			
APPROVED FOR PRODUCTION			
REJECTED FOR PRODUCTION			
RESUBMIT			
COMMENTS:			

【评析】

色样寄样单与样衣(样品)寄样单相似,这里不做详细评析。

(三) 色样客户确认

色样送出后,跟单员应及时通知客户,提醒客户收到色样后及时回复。客户在批复色样过程中要及时跟进,如果客户批复时间过长,可能会影响到后续大货生产的交货期,因此跟单员要及时与客户沟通,询问结果,促使客户及时回复,争取更多的生产时间。

【任务安排】

以下是客户对色样的意见,以 E-mail 的方式给出。将下列客户意见进行整理,下达给加工厂。

发件人：Maria B〈Maria B@ Patagonia.com〉
收件人：avon avonlou.nb@chengf.com
抄送：〈tinawu@ chengf.com〉
日期：01/25/2009 04:16 AM
　　 Hi Avon
主题：**Comments of the lab dips**
　　 RE：65671-73LTD
　　 REF♯F621-0116-NB-white L/D-"A" APPROVED
　　 REF♯F621-0116-NB-P277u L/D-TOO DARK…S/B LIGHTER

THANKS
Maria B
Patagonia Clothing Co.Ltd

【解答】

色样意见表

打样编号：65671-73LTD-01

客户名称	PATAGONIA	款 号	65671-73LTD
面料名称	棉毛布	组成成分	100%棉
面密度要求	180～190 g/m²	打样工厂	宁波七色彩虹针织有限公司

客户意见：

1. 白色棉毛布大货跟 A 色做；

2. P277U 浅蓝色棉毛布的颜色均偏深,应该做浅一点。请马上安排重新打色,并在 1 月 28 日前再次提交。

对色光源	D65、TL84、北向自然光
备注：	

联系人：楼宇 13034567890　　　　　　　　　　　　　　　　　日期:2009.1.26

注：打样和确认过程是一个反复的过程,最终目的是使客户能够认可所有样品,从而为下一步的订单生产做好准备。

二、印绣花样确认

在订单色样进行打样和确认的同时,印绣花样也在同期进行。印绣花打样单是根据客户的 Sample Order 或 P/O 单中的印绣花要求,下达一份详细的印绣花打样通知单,其中包含该印绣花的图案、配色、染料种类及环保要求、打样品数量、对色方法等的说明。印绣花打样样品完成后,也要先进行内部评审,合格后,再填写寄样单提交客户。

【任务安排 1】

缮制 CF-FZ-09-0110 合同(见第二章)下的样衣印花打样通知单。

【解答】

印花打样通知单

下单日期:2009-1-12

客户	PATAGONIA	打样工厂	宁新服饰	款号	65671-73LTD	货号	0955-0957
面料	棉毛布	品名	男婴爬爬衫	尺码	6M	交样日期	2009-1-19
印花方式	水浆印花	色样数量	3个	每色小样数量	2个	小样尺寸	一个完整图案

65671LTD	色样及潘通色号
	P284U　P277U　p365u　P1565U　P1205U
	印花图样
	字母及图案边框颜色用潘通色号 P284U 色。 chicks:颜色用潘通色号 P277U 色。 dig:颜色用潘通色号 P1565U 色。 ME:颜色用潘通色号 P365U 色。 小鸡图案颜色用潘通色号 P1205U 色,但嘴巴用 P1565U。
65672LTD	色样及潘通色号
	P284U　WHITE　p366u　p1205u

（续）

	印花图样	
65672LTD		"If you think you should see"颜色用潘通色号 P284U 色。 I'm handsome my daddy"：颜色用潘通色号 P366U 色。字边框用 P284U。 小乌龟图案头、脚、尾颜色用潘通色号 P1205U 色,身体用 P366U 色。轮廓线用 P284U。

色样及潘通色号

WHITE　　P365U　　p230u　　p1205u　　p162u

	印花图样	
65673LTD		字母颜色用潘通色号 P230U 色。 小象身体颜色用潘通色号 P365U 色,耳朵、眼睛、脚用潘通色号 P365U 色,尾巴用潘通色号 P162U 色。 长颈鹿身体用潘通色号 P1205U 色,耳朵、鹿角、嘴巴、身体上斑点用 P162U 色,头顶、颈背、尾巴、脚、身体上斑点用 P365U 色。 尾巴、脚用潘通色号 P365U 色。

备　注	1. 打印图稿仅供图案参考,颜色以 PANTONE 色号为主。 2. 打样面料 100% 纯棉棉毛布,由工厂自行解决,克重 180～190 g/m²。 3. 本印花所用染料要符合欧美国家产品进口标准要求。 4. 对色光源为 D65 和 TL84。 5. 印花 1：1 图稿 EMAIL 发出。

制单人：　楼宇　　　　　　　　　　　　　　审核人：　杨于

【任务安排 2】

根据 TIVOLI 客户的 CFFZ090214 合同（见第二章），下发 Dimax07021 款服装的印花打样通知单。

【解答】

印绣花打样通知单

下单日期：2009-3-26

客户	DVS	品名	男带帽拉链衫	面料	320T 消光尼龙	打样工厂	F621
款号	Dimax07021	订单号	CFFZ090214	印花方式	厚版浆高清印花	交样日期	2009-4-5

潘通色号及印花样

服装款式图

BLACK　　　　　　　　　TROPICAL

颜色1
颜色2
颜色3
颜色4

#1　大身布黑底三色印花

颜色1
颜色2
颜色3
颜色1

#2　左胸印花

（续）

颜色1

颜色2

♯3　主唛

颜色1
颜色2

♯4　后领及帽中滚条印花

颜色 1	颜色 2	颜色 3	颜色 4
黑色	PMS 639C　　　亮蓝色	PMS 382C　　　酸橙黄	白色

备注：
1．以上四组印花 1∶1 图稿（一个完整循环），以电子邮件附件（共 4 个）形式送出，请查收。
2．图稿仅供图案参考，颜色以 Pantone 色号为准。
3．本印花所用染料要符合欧美国家产品进口标准。
4．对色光源为 D65。
5．♯1 大身三色印花和♯4 滚条需提交至少 2 循环。
6．♯3 主唛提交其中任意一码两份（共两个），♯2 胸前印花需提交每个颜色两份（共四个）。
7．请务必准时交样。如有任何疑问，请及时联系。

制单人：　王帅　　　　　　　　　　　　　　　　　　　　　　　　审核人：　刘辉

【评析】

印绣花打样通知单的构成：

① 基本信息（表头）：一般应含所要打的样衣的客户名称、打样工厂（承接工厂）、款号、所用面料、打样数量、打样尺寸、下单日期与交样日期等信息。

② 色号、图样、配色、位置等详细说明。

③ 打样材料要求、环保要求或客户的一些特殊要求等。

印绣花打样完成后，内部评审及寄样单参见样衣打样单的内部评审及寄样的相关操作。此外，印、绣花样跟单首先是要求尽可能用正确颜色的布、线打样，特别是绣花，绣花线一定要用正确颜色，如确有难度，可以与客户沟通，变通安排。印、绣花资料必须保证准确，如颜色搭配、花型等，要及时同客户沟通不明确的地方，争取缩短确认周期和印、绣花打确认样时间。客户确认后的确认意见要及时转生产厂，并做好交接记录。跟单员要对以前及以后外加工的印、绣花价格等资料进行汇总，便于以后出现同类加工业务时方便查询。

技能训练

⑴ 下面是 TIVOLI 客人对 DIMAX07021 款面料的确认意见，请整理后下发给工厂。

发件人：Jason Searcy
日期：2009 年 2 月 23
收件人：Avon Lou
主题：DVS"Dimax"windbreaker lab dip comments
Hi Avon-

To be honest，these lab dips are almost identical. There is little or no change from one swatch to the next. Please be advised that dips should have more variance going forward so that we do not have to wait for the revisions.

Dimax lab dips：

Black：Option A approved.
Turquoise：Option C approved.
Lime：too light. Not approved. Please send revised darker dips matching more closely to PMS 382C.

Please confirm and let me know of any questions.
thanks.
Jason

Jason Searcy
DVS Apparel Design

发件人：Jason Searcy

日期：2009 年 2 月 28

收件人：Avon Lou

主题：DVS"Dimax"windbreaker lab dip comments

Hi Avon-

Option C is approved.

Please confirm.

thanks.

Jason

Jason Searcy

DVS Apparel Design

【解答】

色样意见表

打样编号：Dimax07021-01

客户名称	TIVOLI	款　　号	Dimax07021
面料名称	320T 消光尼龙 600 mm 防水	组成成分	100%尼龙
面料密度要求	56～60 g/m^2	打样工厂	宁波新四方面料公司
原样色板	新打色样贴样处		

客户意见：
1. 所提交的色样基本一样，每个颜色的 A、B、C 色样几乎没有差别，请下次再提交色样时，A、B、C 色样之间能有些不同，这样客人也好选择，以免浪费时间。
2. Dimax 色样的确认情况：

黑色：确认 A

亮蓝色：确认 C

酸橙黄：太亮，不确认，颜色要加深，请按 PMS382C 重新打样。

对色光源	D65、TL84、北向自然光
备注	如有任何问题，请及时与我司联系

联系人：　楼宇　13034567890　　　　　　　　　　　　　　　　日期：2009.2.23

色样意见表

打样编号：Dimax07021-02

客户名称	TIVOLI	款　号	Dimax07021
面料名称	320T 消光尼龙 600 mm 防水	组成成分	100% 尼龙
面料密度要求	56～60 g/m²	打样工厂	宁波新四方面料公司
原样色板	新打色样贴样处		

客户意见：
酸橙黄：确认 C

对色光源	D65、TL84、北向自然光
备注	如有任何问题，请及时与我司联系

联系人：楼宇　13034567890   日期：2009.2.28

　　(2) 一德国 DES 客户在 2009 年 5 月 3 日给中国上海明珠服饰有限公司下了一批订单，款号为 DES-2009-1008，其中该服装的印花图稿与配色如下图所示，请根据上述信息缮制一份烫珠印花的打样单。

COLOR COMBO：A　　　　　　COLOR COMBO：B

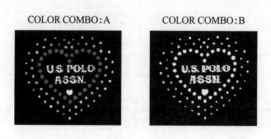

POSITION	COLOR COMBO A	COLOR COMBO B
PRINT A	■ 18-2338 TC	■ 15-4226 TC
PRINT B	■ 15-2718 TC	■ 12-609 TC
PRINT C	■ 13-2804 TC	□ 11-0511 TC
❊	RHNFSTONES-SIZE ♯SS6/CRYSTAL	RHINESTONES-SIZE ♯SS6/CRYSTAL

【解答】

印绣花打样通知单

下单日期:2009-5-4

客户	DES	品名	女式T恤	面料	汗布	打样工厂	F788
款号	DES-2009-1008	订单号	23445778	印花方式	泡浆印花	交样日期	2009-5-10

印花图稿

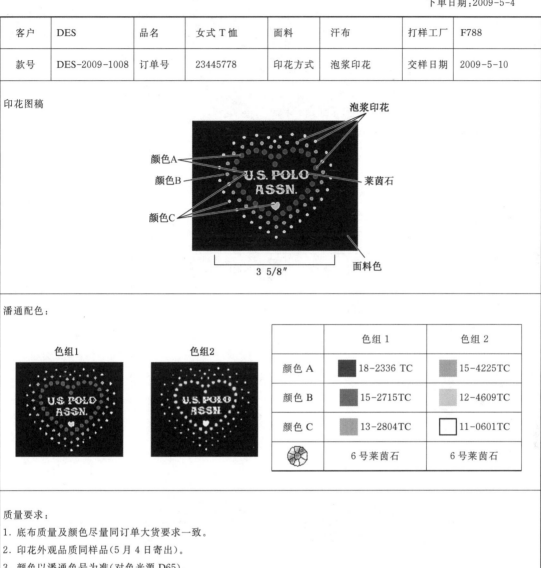

3 5/8″

潘通配色:

		色组 1	色组 2
颜色 A		18-2336 TC	15-4225TC
颜色 B		15-2715TC	12-4609TC
颜色 C		13-2804TC	11-0601TC
		6号莱茵石	6号莱茵石

质量要求:

1. 底布质量及颜色尽量同订单大货要求一致。
2. 印花外观品质同样品(5月4日寄出)。
3. 颜色以潘通色号为准(对色光源 D65)。
4. 上交样品数量:2份样品(共4块),一份寄德国客户,一份留我司。
5. 环保标准符合德国进口商品要求。
6. 请务必按时交样。

备注:如有任何问题,请及时与我司联系。

制单人:张强　　　　　　　　　　　　　　审核人:张峰宇

注:1. 表头中的订单号、品名、面料、打样工厂在题中没有具体给出,可根据实际情况填写;
　　2. 印花方式、莱茵石(水钻)的选择根据客户提供的实样。

(3) 美国 Diamonds 客户与中国青岛日帆服饰进出口有限公司签订一合同,其中一款号为 QD-2009-0513 的女式 T 恤的绣花见下图,公司里的小王根据以上信息缮制了一份印绣花打样通知单,内容如下,请指出其中存在的问题并指出如何进行更正。

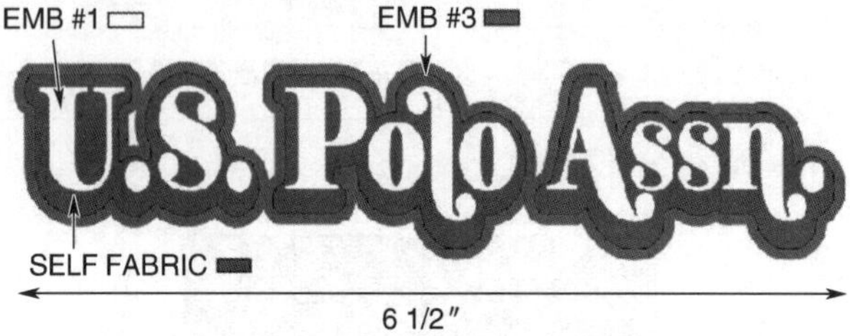

POSITION	COLOR COMBO:A	COLOR COMBO:B	COLOR COMBO:C	COLOR COMBO:D	COLOR COMBO:E
EMB #1	11–0601 TC	19–1664 TC	11–0601 TC	11–0601 TC	11–0601 TC
SELF FABRIC APPLIQUE	19–1664 TC	11–0601 TC	17–4540 TC	18–2436 TC	13–0859 TC
EMB #3	17–4540 TC	19–1664 TC	18–2436 TC	16–6444 TC	17–1464 TC

POSITION	COLOR COMBO:F
EMB #1	11–0601 TC
SELF FABRIC APPLIQUE	16–6444 TC
EMB #3	18–2436 TC

小王缮制的绣花打样单如下：

印绣花打样通知单

下单日期：2009-5-15

客户	Diamonds	打样工厂	青岛日新	款号	QD-2009-0513	货号	090513
面料	纯棉汗布	品名	女式T恤	尺码	M	交样日期	2009-5-16
印花方式	水浆印花	色样数量	3个	每色小样数量	2个	小样尺寸	5 cm×15 cm

色样及潘通色号

	17-4540 TC		18-2436 TC		16-6444 TC		13-0859 TC
	17-1464 TC		11-0601 TC		19-1664 TC		

款号 QD-2009-0513

印花图样

EMB #1　　　　　EMB #3

U.S. Polo Assn.

SELF FABRIC

6½"

备注

1. 打印图稿仅供图案参考，颜色以 PANTONE 色号为主。
2. 打样面料 100％纯棉棉毛布。
3. 本印花所用染料要符合欧美国家产品进口标准要求。
4. 对色光源为 D65 和 TL84。

制单人：小王　　　　　　　　　　　　　　　　　　　审核人：_____

【评析】

该打样通知单存在如下问题：

（1）错误之一：表头中存在的问题，表中标识处是错误的。

客户	Diamonds	打样工厂	青岛日新	款号	QD-2009-0513	货号	090513
面料	纯棉汗布	品名	女式T恤	尺码	M	交样日期	2009-5-16
印花方式	水浆印花	色样数量	3个	每色小样数量	2个	小样尺寸	5 cm×15 cm

是绣花　　　是6个　　　最小要一个完整图样　　　至少是下单日期后5～7天

① 合同下的订单明确说明是 EMB(即绣花),不是水浆印花。

② 该订单写明是 6 个配色组,并给出绣花图样,所以该处应改为 6 个。

③ 交单日期不对,工厂打样需要周期,做不到下单就马上出样。通常面料染色小样(面料烧杯样)要 3~5 天周期,印花样(手刮样)要 5~10 天,色织样要 5~7 天才能完成。所以该处应改为下单后的 7 天左右为宜。

④ 图样大小,5 cm×15 cm 的大小不能保证整个绣花图样。所以无论是印花还是绣花在打样时都要求打出至少一个完整图样,即一个循环。

(2)错误之二:于没有分别给出每组绣花的 Pantone 配色。不能将所有颜色罗列在一起,而必须客户要求分组。

(3)错误之三:备注中的面料不对,应该写出面料名称、成分、密度,即应是 100% 纯棉汗布,150~155 g/m²。

参考打样单如下:

印绣花打样通知单

下单日期:2009-5-15

客户	Diamonds	打样工厂	青岛日新	款号	QD-2009-0513	货号	090513
面料	100%棉汗布	品名	女式 T 恤	尺码	M	交样日期	2009-5-20
印花方式	绣花	色样数量	6 个	每色小样数量	2 个	小样尺寸	一个完整图样

潘通色号及绣花样

COLOR COMBO:A			
□ 11-0601 TC			颜色组 A
■ 19-1664 TC	COMBO:A	U.S. Polo Assn.	字的颜色 11-0601TC
■ 17-4540 TC			面料色 19-1664TC
			字外圈绣花色 17-4540TC

COLOR COMBO:B			
■ 19-1664 TC			颜色组 B
□ 11-0601 TC	COMBO:B	U.S. Polo Assn.	字的颜色 19-1664TC
■ 19-1664 TC			面料色 11-0601TC
			字外圈绣花色 19-1664TC

COLOR COMBO:C			
□ 11-0601 TC			颜色组 C
■ 17-4540 TC	COMBO:C	U.S. Polo Assn.	字的颜色 11-0601TC
■ 18-2436 TC			面料色 17-4540TC
			字外圈绣花色 18-2436TC

（续）

COLOR COMBO:D		
□	11-0601 TC	
■	18-2436 TC	
■	16-6444 TC	

COMBO:D

颜色组 D
字的颜色 11-0601TC
面料色 18-2436TC
字外圈绣花色 16-6444TC

COLOR COMBO:E		
□	11-0601 TC	
■	13-0859 TC	
■	17-1464 TC	

COMBO:E

颜色组 E
字的颜色 11-0601TC
服装面料色 13-0859TC
字外圈绣花色 17-1464TC

COLOR COMBO:F		
□	11-0601 TC	
■	16-6444 TC	
■	18-2436 TC	

COMBO:F

颜色组 F
字的颜色 11-0601TC
服装面料色 16-6444TC
字外圈绣花色 18-2436TC

印绣花尺寸大小及图样

EMB #1　EMB #3

SELF FABRIC

6½″

备　注	1. 打印图稿仅供图案参考，颜色以 Pantone 色号为准。 2. 打样面料100%棉汗布，工厂自行解决，面料克重150~155 g/m²。 3. 本印花所用染料要符合欧美国家产品进口标准要求。 4. 对色光源为 D65 和 TL84。 5. 印花 1:1 图稿以电子邮件附件形式送出。 6. 如有任何疑问，请及时联系。

制单人：　王帅　　　　　　　　　　　　　　　　　　　审核人：　吴天民

（4）下面是客户的绣花图稿，请仔细阅读客户的绣花图稿，并找出其中颜色指示错误。

Front

Who's Grandma Thankful for?

Placement

Blanket Stitch

Special Stitch

Zig-zag Stitch

客户下单的绣花图稿

APPLIQUE/EMBROIDERY/SCREENPRINT DEVELOPMENT

DATE: 11-16-07

DESIGNER: Natasha

EM# 9212

GROUP NAME: Thanksgiving fall 08

PC GDS:

TREATMENT:

EMBROIDERY:

APPLIQUE:

EM.& APP   X

SCREEN

SPECIAL INSTRUCTIONS:

USE TATAMI FILL STITCH UNLESS OTHERWISE INDICATED

REVISIONS:(REV. DATE & NAME)

EMB.COLORS & PANTONE # ' S

sakura 2761 p.464u	white sakura 2168	p.186u sakura 2283	p.121u sakura 2411	p.467u sakura 2752	p.583u sakura 3175	p.158u sakura 2483

LAYDOWN FABRICS AND COLORS:

corduroy p.186u outline sakura 2283	felt p.121u outline sakura 2411	corduroy p.158u outline sakura 3175	felt p.158u outline sakura 2483	faux suede p.464u outline sakura 2761	VELOUR P467u outlin sakura 2752	

*FOLLOW REAL T/C & PANTONES FOR COLOR, DO NOT FOLLOW PRINT OUT FOR COLORS

客户下单的绣花图稿(续)

注:sakura 是一绣花线工厂。在我国南边很多服装印绣花厂用该线。Corduroy:灯芯绒。Felt:毡布。Faux suede:人造皮革。Velour:拉绒织物。

【解答】

① 前片绣花稿中火鸡大身的颜色指示错误。应把图稿中的 Velour P158U outline sakura 2483 改为 velour P467U outline sakura 2752。

② LAYDOWN FABRIC AND COLORS(贴布面料和颜色指示)中第三块面料指示——corduroy P158U outline sakura 3175 应改为—corduroy P583U outline sakura 3175。相应的在前后片图稿中也应改之。

（5）以下是工厂根据该绣花指示打出的绣花稿小样和客户对此小样给出的修改意见。请根据小样和修改意见给工厂一份中文的修改意见。

绣花样小稿

ALL ARE EXTREMELY SLOPPY & NEED A LOT OF IMPROVEMENT

⇒ P186U INTERLOCK-FRONT A/W IS APPROVED, BUT BACK A/W IS A DIFFERENT COLOR...NEEDS TO MATCH FROM A/W

⇒ P158U INTERLOCK-TOO BRIGHT

⇒ P583U INTERLOCK-TOO DIRTY

⇒ EMB WORDS-SLOPPY

⇒ CAREFUL W/ THE 4 LINES, CAN'T USE LONG THREADS...BABY CAN FINGER CAUGHT

⇒ CUT CONNECTING THREADS

⇒ LAY DOWN FABRICS ARE SLOPPY ON EDGES

⇒ FILL IN BACK BETTER (TURKEY MOUTH)

⇒ ALL OTHER APPLIQUES APPROVED

【解答】

关于"Thanksgiving Fall 08"组 EM9212 的绣花样片修改意见:整体质量很差,需提高。特别注意修改以下问题:

(1) P186U 棉毛布:前片绣花样的颜色确认,当后片绣花样中 P186U 的颜色却是另外一个,请仔细核对。

(2) P158U 棉毛布:太亮,需暗些。

(3) P583U 棉毛布:太脏。

(4) 绣花字较粗糙。

(5) 注意前后身的四条特殊绣花线,浮线不要太长,因小孩的手指容易钩住。

(6) 剪掉多余的浮线。

(7) 贴布四周没有修剪干净。

(8) 注意绣花针迹密度,火鸡嘴巴露底。

第二次的绣花样需在下星期二(5 月 9 日)前提交。

注:① 这是一个针织童装上的绣花。图稿中绣花的贴布要求是灯芯绒、人造革等面料。由于订单的数量不大,贴布的面积小。该绣花工厂没按客户的要求去找面料,而是利用本身是针织厂的优势,在自己厂里配了棉毛布。而客户也考虑到实际难处也确认了棉毛布。所以,在实际情况中一些难以达到的要求可以与客户商量。

② A/W = artwork(花稿,花样)。

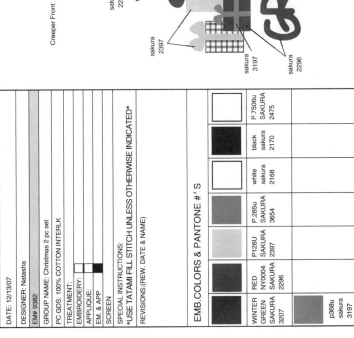

(6) 请整理下面订单的客户绣花意见并下发给绣花加工厂。

绣花小样

⇒ CUT CONNECTING & LOOSE THREADS
⇒ APPLIQUE HAS SLOPPY EDGES
⇒ CAREFUL W/ SANTA FACE
⇒ BOXES OF GIFTS S/B CHECK FABRIC
⇒ ALL WHITE ON SANTA S/B WHITE VELOUR

【解答】
关于圣诞系列 2 件套的 EM9382 绣花样的修改意见如下:
(1) 修剪多余的浮线和线头。
(2) 贴布四周修剪干净。
(3) 两贴布绣礼品盒需按图稿用红格子布和绿格子布。
(4) 圣诞老人的胡子、手套末端、腰部白色处应是绒布贴布绣,而不是电脑线绣花并注意圣诞老人的脸部细节。

注:在圣诞老人衣服和帽子上,客户认可工厂用棉毛布代替色丁布,但在礼包上不认可用条子布来替代格子布。

第二次样品需在 6 月 5 日前提交。

知识拓展

(一) 各种色卡

1. Pantone 色卡

Pantone Inc.是一家专门开发和研究色彩的全球权威机构,总部在美国新泽西州卡尔士达特市(Carlstadt,NJ)。Pantone 色卡是设计师、制造商、零售商和客户之间色彩交流的国际标准语言,便于人们进行色彩的识别、配比和交流。目前运用于纺织服装行业的 pantone 色卡主要有以下不同的种类：

1）Pantone 服装和家居色彩指南—纸版（TPX 卡）

Pantone for fashion & home color guide-paper

特点：包含 1 900 多种 Pantone 纺织色彩，采用涂面条纹格式制作，以色彩组别分类，并按色系顺序排列，每页含有七个颜色，最后附页码检索，方便查找。其色彩编号为六位数后加 TPX，例如 12-5642TPX，所以平常也称 TPX 色卡。

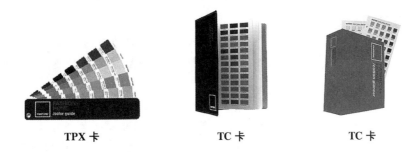

TPX 卡　　　　　TC 卡　　　　　TC 卡

2）潘通服装和家居棉布版便携手册（TC 卡）

Pantone fashion ＋ home cotton passport

收录 1 900 多种颜色，印染在 100% 棉质布料上棉布卡，按色谱顺序排列的色库，如：中性色、暖色和冷色。面积为 1 英寸×0.5 英寸的棉布卡。

3）潘通服装和家居棉布版策划手册（TC 卡）

收录 1 900 多种颜色印染在 100% 棉质布料上棉布卡，按色谱顺序排列的色库，如：中性色、暖色和冷色。这些面积为 1 英寸× 1 英寸（2.5 cm×2.5 cm）的棉布卡。

2. 国际主要通用对色光源类型

通用对色光源类型

光源	灯的类型	色温	颜色指数	内容及用途
D75	过滤钨灯（专利）	2500K	95＋	模拟北天空日光，符合美国视觉颜色评定
D65	过滤钨灯（专利）	6500K	95＋	模拟平均北天空日光，光谱值符合欧洲、太平洋周边国家视觉颜色标准
D50	过滤钨灯（专利）	5000K	95＋	模拟中午天空光，在形象艺术中颜色品质、一致性好
D75	含荧光的平均日光（专利）	7500K	94	模拟北天空日光，符合美国视觉颜色标准
D65	含荧光的平均日光（专利）	6500K	93	符合欧洲、太平洋周边地区视觉颜色标准，模拟平均北天空日光
D50	含荧光的平均日光（专利）	5000K	92	模拟北天空日光，在形象艺术中颜色品质、一致性好
Horizon	卤钨灯（白炽灯）	2300K	95＋	模拟早晨日升、下午日落时之日光，同色异谱测试
Inca A	卤钨灯（白炽灯）	2856K	95＋	同色异谱测试的典型白炽灯，家庭或商场重点使用的光源
CWF	美国商业荧光	4150K	62	典型的美国商场和办公室灯光，同色异谱测试
WWF	美国商业荧光	3000K	70	典型的美国商场和办公室灯光，同色异谱测试
U30	美国商业荧光	3000K	85	稀土商用荧光灯，用于商场照明。等同于 TL83
U41	美国商业荧光	4100K	85	稀土商用荧光灯，用于商场照明。等同于 TL84
TL83	欧洲商业荧光	3000K	85	稀土商用荧光灯，在欧洲和太平洋周边地区用于商场照明。
TL84	欧洲商业荧光	4100K	85	稀土商用荧光灯，在欧洲和太平洋周边地区用于商场照明。

（续）

光源	灯的类型	色温	颜色指数	内容及用途
UV	"黑光灯"，紫外光	BLB	N/A	近紫外线不可视，用于检视增白剂效果、荧光染料等
MV	高强度商业灯	4100K	70	水银灯，用于一些商场、工厂、街道照明
MH	高强度商业灯	3100K	65	金属卤化灯，用于商场
HPS	高强度商业灯	2100K	50	高压钠灯，用于工厂

3. 染色牢度种类

染色牢度是对染色、印花织物的质量要求。因为染色织物在穿着和保管中会因光、汗、摩擦、洗涤、熨烫等原因发生褪色或变色现象，从而影响织物或服装的外观美感。染色状态变异的性质或程度可用染色牢度来表示。

1）日晒牢度

日晒牢度是指有颜色的织物受日光作用变色的程度。其测试方法既可采用日光照晒也可采用日光机照晒，将照晒后的试样褪色程度与标准色样进行对比，分为8级（8级最好，1级最差）。

2）洗涤牢度

水洗或皂洗牢度是指染色织物经过洗涤液洗涤后色泽变化的程度。通常采用灰色分级样卡作为评定标准，即依靠原样和试样褪色后的色差来进行评判。洗涤牢度分为5个等级（5级最好，1级最差）。

3）摩擦牢度

摩擦牢度是指染色织物经过摩擦后的掉色程度，可分为干态摩擦和湿态摩擦。摩擦牢度以白布沾色程度作为评价原则，共分5级（1～5），数值越大，表示摩擦牢度越好。

4）汗渍牢度

汗渍牢度是指染色织物沾浸汗液后的掉色程度。汗渍牢度由于人工配制的汗液成份不尽相同，因而一般除单独测定外，还与其他色牢度结合起来考核。汗渍牢度分为1～5级，数值越大越好。

5）熨烫牢度

熨烫牢度是指染色织物在熨烫时出现的变色或褪色程度。这种变色、褪色程度是以熨斗同时对其他织物的沾色来评定的。熨烫牢度分为1～5级（5级最好，1级最差）。

6）升华牢度

升华牢度是指染色织物在存放中发生的升华现象的程度。升华牢度用灰色分级样卡评定织物经干热压烫处理后的变色、褪色和白布沾色程度，共分5级（1级最差，5级最好）。正常织物的染色牢度，一般要求达到3～4级才能符合穿着需要。

（二）印花与刺绣

1. 印花分类

1）按印花机械分类

（1）滚筒印花。

（2）平板筛网印花（简称平网印花）。

（3）圆筒筛网印花（简称圆网印花）。

（4）转移印花。先用印刷方法将颜料印在纸上，制成转移印花纸，再通过高温（在纸背加热加压）把颜色转移到织物上。转移印花有升华转印，油墨转印，湿敏转印，植绒转印等不同的转印方法。

（5）数码喷射印花。数码印花也称彩色喷射印刷，它是通过扫描仪或数码相机等输入手段，把所需花样图案输入计算机，经印刷分色软件（CAD）编辑处理后，再由电脑控制喷墨机构直接将染料或涂料喷射到织物上进行印刷。制板工序，大大缩短了生产周期，可最大限度满足小批量快交货的要求。

2）按印花工艺分类

（1）直接印花。用染料调制成色浆，直接印织物上，该工艺简单，成本低，应用广。

（2）拔染印花。有拔白和色拔两种。拔染印花工艺繁杂，易产生疵点，成本较高，但印制效果好，花纹逼真，轮廓清晰。

（3）防染印花。防染印花一般分为防白印花和色防印花。

（4）烂花。烂花是利用两种具有不同耐酸性能的纤维纺织品，经过酸性烂花浆印刷与化学加工处理，将不耐酸的天然纤维部分烂去，露出耐酸的化学纤维部分，形成晶莹透明的花型。

（5）静电植绒。静电植绒是先在织物面料上印上胶黏剂，再用高压静电把植绒绒毛植在胶黏剂上，因高压电场作用，胶黏剂上绒毛呈垂直状态黏在胶黏剂上，从而在织物上生成各种绚丽的植绒效果，而且因它独特的装饰效果、工艺简单、成本较低、适应性强等特点，在纺织上应用十分广泛。

2. 常见印花介绍

1）水浆（涂料）印花（高遮盖水浆印花，高渗透水浆印花）

水浆（涂料）由涂料色浆、胶黏剂及助剂组成。最大特点是不受纺织品纤维性能的影响，色浆借助胶黏剂结成坚固的膜牢牢吸附在纤维上。能用在除了皮革、涂层布，或表面做了防水处理面料的其他面料上。

水浆印花

缺点：由于遮盖性能差，只能在白色或浅色面料上印花，虽然现在有高遮盖水浆（价格较高），但也只能遮盖一部分底色，不能完全遮盖。相对染料色牢度要差。

优点：手感柔软，透气性好，价格低廉，工艺简单，操作方便，应用较广。

2）胶浆印花（半胶浆印花）

胶浆印花也称涂料罩印，通常是指在织物表面涂上一层均匀的涂料膜，把织物原来的颜色遮盖住,同时又给予织物所需的颜色。

胶浆印花

缺点:手感稍差,透气性能差,表面发黏,需干燥后才能印下一色,影响机印的连续性。

优点:工艺简单,操作方便,色牢度较好,适应面料性强,价格适中。

3)发泡印花

发泡印花是胶浆印花和油墨印花的延续,在胶浆和油墨里加入适当发泡剂,使其在高温烘干或压烫后发泡,产生立体效果。

缺点:发泡后由于组织相对疏松,弹性,色牢度会差一点,又由于不能添加任何催化剂,所以面料适应度会差一点,比如尼龙等化纤和表面较光洁的全棉梭织布不宜。

优点:发泡印花立体感强,近似于刺绣,手感柔软,耐磨,耐水洗,牢度好,富有弹性,制作简单,价格适中,应用广泛。

发泡印花

4)金银粉印花(珠光粉印花)

金银粉印花实际上分别是铜锌合金和铝的粉末和金银粉印花浆调和的浆料在面料上印刷的产物,珠光粉印花只是把金银粉换成具有多面反射性能的特种无机晶体粉末。

缺点:具有胶浆印花的所有缺点。

优点:除了胶浆印花的优点外,还具有使印花拥有特殊的金属光泽。

5)金葱粉印花

金葱粉印花是把金葱粉拌到金葱粉浆中通过丝网印到承印物上的一种印花方法。

缺点:因金葱粉颗粒比较大,不能印制较细小的花型。

优点:可以表现亮丽的金属颗粒效果。

6)箔纸印花

箔纸印花也称烫金,于植绒转印相似,都是通过热压烫进行固相转移。

缺点:箔纸颜色较固定,一般不能定做颜色和花型,水洗牢度相对比较差,价格较高(国内外箔纸价格相差巨大,品质也相差较多),多色制作难度较大。

优点:有其他产品无法体现的绚丽的金属光泽,操作方便,清晰度高。

7)胶珠印花(玻璃珠印花)

胶珠印花是指在面料上印上特种胶黏剂,并撒上胶珠或玻璃珠,形成一种由胶珠或玻璃珠组成的图案或花型。花型风格独特,一般都以一色或跟其他印花方法配合而体现存在。

缺点:易脱落。优点:立体感强图案形象生动。

金银粉印花　　　　　　　　　　　　金葱粉印花

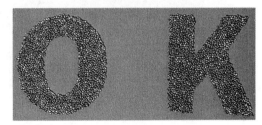

箔纸印花　　　　　　　　　　　　胶珠印花

8)厚版印花(3D 效果)

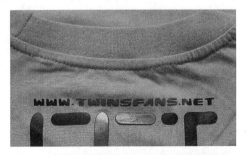

厚版印花

厚版印花是指用特种胶浆在面料上体现立体效果,因其制作工艺简单,方法灵活多变,立体效果良好而得到广泛应用。但也因厚版高度由印刷次数决定,所以也决定了不能连续印花,也决定了厚版的高度与制作成本成正比(不包含厚版滴胶模具印花)。

缺点:耗时长,成本价提高;不适合大面积印花。优点:立体效果好。

9)植绒印花

植绒印花

10)烂花印花

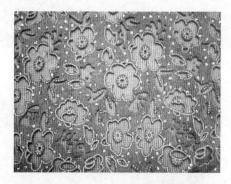

烂花印花

11)油墨印花(热固油墨,溶剂油墨)

油墨印花

12)反射印花、夜光印花及荧光印花

反射印花也称反光印花,在光线照射下集中反射光线而产生,一般表现为亮银色,主要应用于制服的反光标志,雨衣的反光图案,服装的安全警示标志和LOGO。

　　夜光印花也称光致发光印花或蓄光印花,承印物经光线照射后移到黑暗中能发光,并能保持一段时间(约 20 分钟),再经光照后又具有发光效果。主要用于童装,T 恤和特种场所工作人员服装,一般都同其他特种印花配合才有更好效果。

　　荧光印花和反光印花效果相同,但表现颜色种类较多,没有反光印花亮度高,但相对价格低廉,应用广泛。

反射印花

13)硅胶印花

　　硅胶印花是用硅胶作为印花材料而成的一种罩印印花,主要特点:无毒环保,手感柔软,有独特的胶质感,但价格较高。

14)裂纹印花(龟裂,开裂)

　　裂纹印花是印花在面料上表现自然的裂纹效果的一种特殊印花,分为开裂和龟裂两种。开裂是印花后通过水洗或人为使浆料裂开的一种效果,龟裂是印花后通过高温烘干使浆料收缩开裂形成的一

硅胶印花

种裂纹效果,相对来说龟裂对生产工艺要求更严,所以相对价格要高,但裂纹效果要美观。

龟裂　　　　　　　　　　　　　　开裂

3. 常用印花疵点术语

(1)印花拖浆(Color Drag):印花色浆干燥前由于受到摩擦而沾污。

(2)溅色(Color Splatter):印花色浆不是平稳倒在织物上,而是泼在或溅在织物上,产生色点或溅色。

（3）图案模糊（Fuzzy Pattern）：图案边缘不光洁、线条不清晰，大多数常由烧毛不当或色浆浓度不合适引起。

（4）对花不准（Off-register）：由于印花滚筒或筛网纵向排列没有对齐，导致前后花型对位不准确。这种缺陷也叫套色不准或图案移位。

（5）停车印（Stop Mark）：由于印花机在印花过程突然停下，然后再开机，结果在织物上产生色条。

（6）部分脆化（Tender Spots）：在印花织物上，印有一种或多种颜色的地方常会受损，通常是由于在印花浆中的破坏性化学品使用过量。在拔染印花织物的拔印部位也可发现这个问题。

4. 常用绣花种类介绍

（1）刺绣。俗称"绣花"，是在已经加工好的织物上，以针引线，按照设计要求进行穿刺，通过运针将绣线组织成各种图案和色彩的一种技艺。

（2）彩绣。泛指以各种彩色绣线统制花纹图案的刺绣技艺，以套针针法来表现图案色彩的细微变化。

彩绣

包梗绣

（3）包梗绣。主要特点是先用较粗的线打底或用棉花垫底，使花纹隆起，然后再用平绣针法。

（4）雕绣。又称缕空绣。

（5）贴布绣。也称补花绣。

雕绣

贴布绣

（6）钉线绣。又称盘梗绣或贴线绣，是把各种丝带、线绳按一定图案钉绣在服装或纺织品上的一种刺绣方法。

（7）珠片绣。也称珠绣，它是以空心珠子、珠管、人造宝石、闪光珠片等为材料，绣缀于服饰上。

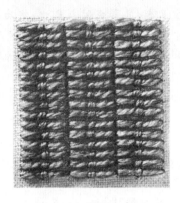

钉线绣　　　　　　　　　　　　　　珠片绣

（8）十字绣。也称十字桃花，按照布料的经纬定向，将同等大小的斜十字形线迹排列成设计要求的图案。

（9）绚带绣。也称扁带绣，是以丝带为绣线直接在织物上进行刺绣。

十字绣　　　　　　　　　　　　　　绚带绣

（10）抽纱绣。是根据设计图案的部位，先在织物上抽去一定数量的经纱和纬纱，然后利用布面上留下的布丝，用绣线进行有规律的编绕扎结，编出透孔的纱眼，组合成各种图案纹样。

（11）戳纱绣。又称纳锦，是在方格纱的底料上严格按格数眼进行刺绣的。

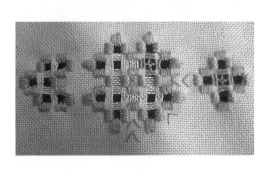

抽纱绣　　　　　　　　　　　　　　戳纱绣

5. 常见服装洗水说明

1) 缩水洗

面料缩水率超标时,在制衣前先测出经纬向缩水率,换算成制衣尺寸,然后按比例下料。做出样品后再水洗测试,使服装的缩水率符合标准。这类服装成衣后,都要经过水洗。而且缩水后的尺寸必须与测试样一致。这就要求缩水洗也要有一个统一的工艺。缩水洗要求洗后,服装的缩水率降至 3%(注:根据客户要求和标准有所不同)。

2) 柔软洗

服装大多数要求柔软。应客户要求,缩水洗时加入柔软剂对衣服的手感进行调节。将服装放在温水 40℃,加有 2 g/L 柔软剂的池内,洗涤一定时间,脱水、烘干。柔软洗要求:洗后,服装的缩水率下降,手感略显柔软。洗柔软一般安排在洗水的最后一道工序进行或者与其他的洗水步骤同时进行。

3) 保洁洗

由于当前环保要求越来越高,出口产品要求保证无甲醛或低甲醛。目前在染整加工行业较为广泛地采用树脂加工技术进行防皱防缩整理,某些有甲醛的织物,将甲醛味散发在空间,使原本无甲醛的衣服吸着少量甲醛。如不注意,易造成违约。

4) 去毛洗

棉纱经过纺纱、染整和制衣的多道生产工序加工才制成衣服,在各种加工过程中布面经受各种摩擦,布面的毛羽突出不齐,影响外观和手感。为了改善其外观或提高其抗起球能力(Pilling resistance),常见的加工方法是经过酶洗加工,达到去毛目的。

5) 免烫(防皱)

棉织物成衣,如果只经过一般的洗水处理,在穿着过程中成衣易起皱褶,影响外观。免烫整理可以在面料的定型加工或成衣洗涤过程中分别进行。一般是树脂进行整理。

6) 牛仔水洗

应用纤维素酶进行牛仔布的类石磨整理的原理是用纤维素酶水解部份纤维素,这样使停留在纤维素无定形区的溴化靛兰也随之脱落,这样使牛仔布的表面效果和石磨一样。两者区别是石磨是全靠机械磨损纤维,而酶法主要是依赖生物催化水解纤维。

7) 综合洗

结合上述几种洗水方法,进行多重水洗(根据实际效果,可以选择同时进行)。

第六章　服装面辅料品质确认

　　在服装外贸实际操作过程中，接到客人打样单或订单后，除了进行服装样衣、面辅料颜色打样外，还同时进行品质样打样。

一、面辅料品质打样通知单缮制

【任务安排】

　　在宁波乘风服饰品进出口公司安排 Patagonia Clothing Co. Ltd 客户合同 CF-FZ-09-0110（见第三章）下样衣生产、色样确认之后，根据要求进行面辅料品质样的打样及确认工作。请根据客户的面料要求，下达面辅料品质样打样通知单。

　　【解答】

面料品质打样通知单

下单日期：2009-1-13

合同号	CF-FZ-09-0110	客户	PATAGONIA	货号	0955/0956/0957	款号	65671-73LTD
品名	贴样处	打样数量	打样工厂	交样日期	品质要求		备注
棉毛布		1 m²	绍兴七色彩虹	2009-1-20	100%棉，180～190 g/m²，手感柔软，回弹性好		

申请部门：采购部　　　　　　　　　　　　　　　　　　　　　　申请人：Lucy

辅料品质打样通知单

下单日期：2009-1-13

合同号	CF-FZ-09-0110	客户	PATAGONIA	货号	0955-0957	款号	65671-73LTD
品名	贴样处		打样数量	品质要求	备　注		

品名	贴样处	打样数量	品质要求	备注
主唛	FRONT（参考样，内印图案的更改见备注。）	2套，共18个。每套9个，分别为 65671LTD 分为3、6、9计3个， 65672LTD 分为3、6、9计3个， 65673LTD 分为3、6、9计3个	主唛，涤沦，材料、品质同原样。大小按图稿说明	F/C/S 是工厂、合同号、款号的代码。F 的代码是 F621；C 的代码是 CF-FZ-09-0110；S 的代码有三个，分别是 65671LTD、65672LTD、65673LTD。例如：（其余6个唛头是把 65671LTD 换成 65672LTD 款3个，65673LTD 款3个）

贴样处参考样（FRONT）：

尺寸标注：1″（宽），3.5″（高），上下各 .25″

```
Baby
Essentials®

3 MONTHS/MESES
(0-10 LBS/LIBRAS)

100% COTTON
100% ALGODÓN

MADE IN CHINA
HECHO EN CHINA
RN#93551
F/S/C
PATAGONIA CLOTHING CO. LTD
#304-310 JALAN STRRET,
TORONTO, CANADA ZIP: M6M 3Z2

WASH BEFORE WEAR
MACHINE WASH COLD
SEPARATELY OR WITH LIKE COLORS
GENTLE CYCLE
USE ONLY NON-CHLORINE
BLEACH WHEN NEEDED
TUMBLE DRY LOW
DO NOT IRON ON PRINT

LAVAR ANTES DE USAR
LAVAR EN LAVADORA CON
AGUA FRA SEPARADAMENTE O
CON COLORES SIMILARES
CICLO DELICADO
USE SOLO BLANQUEADOR
SIN CLORO SI NECESARIO
SECAR EN SECADORA, CICLO LENTO
NO PLANCHAR ADORNO
```

参考样，内印图案的更改见备注。

备注栏图样：

```
Baby
Essentials®

3 MONTHS/MESES
(0-12 LBS/LIBRAS)

100% COTTON
100% ALGODÓN

MADE IN CHINA
HECHO EN CHINA
RN#93551
F621/CF-FZ-09-0110/65671LTD
PATAGONIA CLOTHING CO. LTD
#304-310 JALAN STRRET,
TORONTO, CANADA ZIP: M6M 3Z2
```

```
Baby
Essentials®

6 MONTHS/MESES
(12-16 LBS/LIBRAS)

100% COTTON
100% ALGODÓN

MADE IN CHINA
HECHO EN CHINA
RN#93551
F621/CF-FZ-09-0110/65671LTD
PATAGONIA CLOTHING CO. LTD
#304-310 JALAN STRRET,
TORONTO, CANADA ZIP: M6M 3Z2
```

```
Baby
Essentials®

9 MONTHS/MESES
(16-18 LBS/LIBRAS)

100% COTTON
100% ALGODÓN

MADE IN CHINA
HECHO EN CHINA
RN#93551
F621/CF-FZ-09-0110/65671LTD
PATAGONIA CLOTHING CO. LTD
#304-310 JALAN STRRET,
TORONTO, CANADA ZIP: M6M 3Z2
```

其余6个唛头是把 65671LTD 换成 65672LTD 款3个，65673LTD 款3个

（续）

吊牌	 FRONT BACK	2 套	吊牌,白卡纸+图层,材料、品质、大小按原样,具体图稿见邮件附件电子稿	颜色以 Pantone 色号为准
价格牌	 参考样,内印图案的更改见备注	2 套,共 18 个,每套 9 个,分别为 0955 货号的价格牌 3 个,0956 货号的价格牌 3 个,0957 货号的价格牌 3 个	价格牌,普通象牙色卡纸板,品质同原样。大小按图稿说明	价格牌共 3 种,每种 3 个,例 0955 货号下的 UPC 分别印成: 0-89305-65671-3,3M 0-89305-65671-6,6M 0-89305-65671-9,9M 同理,0956、0957 货号下的 UPC 只要把 65671 相应的换成 65672、65673 即可
五爪扣		2 套	品质同原样,外直径 15 L,颜色为 PANTONE P277U	不能脱色,褪色,颜色以潘通色号为准,产品质量符合欧美环保质量要求,不能有重金属镍的残留物
备注	工厂:宁波尚美服装辅料有限公司 交期:2009 年 1 月 18 日			

制单人:楼宇　　　　　　　　　　　　　　　　　　　　　审核人:杨于

【评析】

面辅料品质打样通知单是一份针对客户所给的打样单上所涉及的、所有面辅料品质要求的详细说明,表明该订单所用材料的特点。其构成一般包含该订单的客户名称、款号、合同号、打样产品名称、品质要求及下单日期与交样日期等信息,同时有客供原样的要附上客供原样。

在下达该打样通知单前,必须先对客户订单的所有资料进行详细阅读和理解,然后根据客户的要求进行编制并下发给相应的工厂。如面辅料的生产加工工厂不是同一个,应分别进行下单。待样品出来后,先进行内部评审,内部评审认可后方可寄交客户确认(其内部评审及寄样单可参考样衣打样单部分)。这样一方面可以减少邮寄费用,另一方可也可体现出你对客户的负责。

此外还要注意的事项有:描述的专业名词、术语、名称、简写等资料必须统一、正确、通俗易懂。若客户提供原样,应附上客户的原样样品及相应的更改要求等。

在实际操作中,往往由于数量较少或是价格问题,工厂不愿接单,同时各工厂的质量也不尽相同,要求平时多注意联系厂家,了解各个厂家的主打产品及其质量情况,广积资源。

二、面辅料品质客户确认

客人在收到面辅料样品后,一般1～2天就会给出相应的意见,若客人没有反馈意见,理单跟单员应及时跟催。在收到客人反馈意见后,要及时整理并下达给相应的工厂。

【任务安排】

以下是某客户对订单面辅料的 comments,请加以整理。

For model 07108

Fabric:diagonal weave;56% wool 28% polyester 10% polyamide 6% viscose;warp14 * weft 14;350 g/m².

Lining:twill weaving;100% polyester;60 D;warp 59 * weft 29;90g/m². quality is OK.

For model 07106,piping lining base fabric,quality is ok,Weight wanted is 110g/m²,46 * 32,plain weave. Your sample is 106 g/m²,45 * 32. Pls send your bulk fabric sample(at least 1,5 meters,don't forget)ASAP.

For model 07105 lining base fabric quality;it is not ok. Original weight is 75g/m² and 44 * 22,but your sample's weight is 96g/m². It is unacceptable. Pls send revised sample ASAP.

【解答】

TO:×××

你司所供面料,客人的确认意见如下:

1. Model 07108 款,品质 OK。

① 梭织斜纹面料,56%毛,28%涤纶,10%尼龙,6%粘胶,经纬纱均为 14 支,面料克重为 350 g/m²;

② 里料:斜纹里布,100%涤纶,60D,经纱 59 支,纬纱 29 支,克重 90 g/m²。

2. 对于 Model 07106 款,滚条材料的质量很好,客人的要求是:面料克重是 110 g/m²,经纬纱分别为 46 支

和 32 支,平纹。所供样品克重为 106 g/m²,经纬纱分别为 45 支和 32 支,请尽快递交大货面料样,
样品不少于 1.5 m,切记。

3. 对于 For model 07105 款,里布不确认。客人的要求是:面料的克重为 75 克/平方米,经纬纱分别为
44 和 22 支,但所提供样品的面料克重为 96 g/m²。不接受,请尽快递交修改样。

如有任何问题,请及时与我司联系。

联 系 人:×××

联系电话:××××××××××

日　　期:　年　　月　　日

技能训练

（1）以下是某客户与外贸公司之间关于面辅料问题的往来电子邮件。请综合所提到的信
息,加以整理。

Hi Jimmy,

We received the flannel quality for the lining of SILVERSTEIN Jkt. Pls note the following comments:

1　Hand feel is rejected. It needs to be much softer. Pls increase brushing on the face of fabric to match
standard.

2　Pls use a finer twill weave to match standard sent and reverse the direction.

3　Fabric may be too heavy compared to standard sent. Pls try to match that weight as well.

4　Pls send other options for quality approval.

Thanks

Stephanie

Hi Stephanie,

Another swatch of the flannel has been send to you by Fedex ♯ 993423654170 this morning, along with
the HL, pls confirm upon receipt, thank you.

B/rgds,

Jimmy

Hi Jimmy,

We received your fabric quality swatch and HL. Pls note the following comments:

SILVERSTEIN FLANNEL QUALITY

1. Quality, weight and weave approved.

2. The hand feel is better than previously submitted. Is it possible to rinse－wash the yardage before
cutting to get it closer to the hand feel that we want? Pls advise.

SILVERSTEIN PLAID HANDLOOM (FOR FLANNEL LINING)

1. Layout is approved.

2. Pls make charcoal yarns 10%～15% darker.

3. For black, pls add yellow to match standard better.

4. Pls resubmit.

Thanks

Stephanie

注:① Jkt:jacket 的缩写; ② Pls:please 的缩写; ③ HT:Hang tag 缩写。

【解答】

你好：Jimmy

　　我们已看到 SILVERSTEIN 茄克里料法兰绒的品。意见如下：

1．手感不接受。法兰绒的手感要求再柔软些，请增加面料表面的起绒量以达到我们要求的标准。

2．请用细斜纹，品质要达到来样要求，方向改为反向。

3．面料克重太大，请选择与我们要求相符的面料克重。

4．请寄其待确认的品质样。

Stephanie

....

Stephanie 你好：

　　　另外一块法兰绒样品已寄出，快递公司是 Fedex，快递号是♯993423654170，同时寄出的还有吊牌。请确认收到。

Jimmy

....

Jimmy 你好：

我们已收到你的面料品质样及 HL 格子花呢，确认意见如下：

SILVERSTEIN 法兰绒品质：

1．品质、克重以及织造确认。

2．面料手感比上次递交的好很多，请告诉我能否在裁剪前将它进行水洗，以便手感能够更接近我们所要求的手感。

SILVERSTEIN 格子（法兰绒里料）

1．格子花样已确认。

2．请将炭灰色纱线颜色再调暗 10%～15%。

3．黑色，请增加点黄色使之更接近所要求的颜色。

4．请再次提交样品。

Stephanie

　　（2）以下是某客户对订单辅料的确认意见，请整理。

Hi Jimmy,

Submits sent 19th July, we rec'd on 22nd July-pls see comments：

SLE BLAZER

MAIN LABEL-ART TRIM：

　　—**Dimensions**：Rejected. Should be 6″ Length & 4¼″ Width. Make sure art is increase proportionally when you increase the length and width.

　　—**Art Placement**：Rejected. Top & Bottom borders should be ¼″ from gold stitch-see attachment for clarification

（续）

—**Colors**：

- ○　Black-Approved
- ○　Charcoal-Rejected. Too light，add more red
- ○　Yellow-Rejected. Needs to be metallic gold thread

<u>**100% POLY LINING**</u>：

—**Quality**：Approved

—**Layout**：Approved

—**Colors**：

- ○　Black. Rejected. Black needs to be darker and more saturated
- ○　Charcoal. Rejected. Too light. Need to match standard
- ○　Green. Rejected. Need to match standard

AXEL JACKET

<u>**TLW262 LABEL-ART**</u>：

—**Quality Damask**：Approved

—**Dimensions**：Approved

—**Layout**：Approved

—**Art**：Rejected.

- ○　"Fox Supersonic" font is too stretched out vertically. Refer to art page and resubmit.
- ○　"Fox Head" is too small. Refer to artwork and resubmit
—**Colors**：

- ○　**Black**-Approved
- ○　**Metallic Silver**-Approved

<u>**100% POLY LINING**</u>：

—**Quality**：Rejected. Needs to be same quality as SLE Blazer lining

—**Layout**：Approved

—**Colors**：

- ○　**Graphite**-Rejected. Too dark & too blue.
- ○　**Grey**-Rejected. Too light & too blue
- ○　**Black**-Rejected. Too blue

Please note，resubmits are due prior to：7th August. Pls confirm.

Thank you

【解答】

Jimmy 你好：

你方 7 月 19 日递交的样品我方已经在 7 月 22 日收到,具体各款确认意见如下:

SLE 男便装

主唛:

尺寸:不确认。应该 6 英寸长 4¼英寸宽,主唛的内容随着主唛长宽的加宽而相应地变大。

图稿的位置:不确认。上下边应离金色线迹 0.25 英寸,请看附件。

颜色:黑色:确认。

炭灰色:不确认。太浅,请再加些红色,使其暗些。

黄色:不确认。应该是金属的金子的颜色。

里布:100％涤纶

品质:确认。

花型:确认。

颜色:黑色:不确认。应该再暗些,再饱满些。

炭灰色:不确认。太浅,应与要求的相匹配。

绿色:不确认。应与要求的相匹配。

AXEL 茄克

TLW262 唛头:

锦缎品质:确认。

尺寸:确认。

主唛内容位置:确认。

图稿:不确认。

"Fox Supersonic"字体被纵向拉展了,请看图稿并重新打样寄交。

"Fox Head"太小,请看图稿并重新打样寄交。

颜色:

黑色:确认。

金属银色:确认。

里布:100％涤纶

品质:不确认。应该与 SLE 便装里布的品质相同。花稿:确认。

颜色:

石墨色:不确认,太暗且太蓝。

灰色:不确认,太浅且太蓝。

黑色:不确认,太蓝。

注意:再次递交样品应在 8 月 7 日前。

请确认你方已明白上述问题。

（3）请根据 CF-FZ-STUD001 合同（见第二章）下的订单资料，绘制一份其涉及的各种唛头、钮扣的打样通知单。

EMBROIDERY
100% SCALE

BODY COLOR	EMBROIDERY COLOR
DK KHAKI	GZ 1898-GRAPHITE
BLACK	GZ 1898-GRAPHITE
GUNMETAL	GZ BO20-BLACK
BROWN STRIPE	GZ 487-CHAI
DK STONE STRIPE	GZ 1225-DK STONE

for head dye-cut
damask main ladel

rectangle dye-cut
damask main ladel

Damask Label

Ground：Black

Art：TC 19-3906 Charcoal

唛头图

【解答】

辅料打样通知单

TO：宁波卫星辅料厂

请根据以下要求进行唛头辅料打样，交样时请写明合同号：CF-FZ-STUD001，交样期：09.8.28。

1. 主唛及尺码唛图稿

颜色：

　黑色：19—4006TC

　深棕色 19—0812

　深卡其色 17—1022

　金属枪色 18—0306TC

品质及材质：同样品

数量：每色各 4 个

尺寸：同原稿

（续）

2. 款号唛

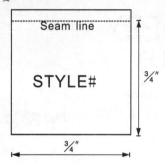

颜色:白色
品质及材质:同样品
数量:10 个
尺寸:同原样

3. 裤里襟唛头

PRODUCTS OF THE REVOLU

颜色:
黑色:19—4006TC
深棕色 19—0812
深卡其色 17—1022
金属枪色 18—0306TC
品质及材质:同样品
数量:每色各 4 个
尺寸:同原样

4. 洗水唛

```
65% POLYSTER

35% COTTON

   PN#97275
   CA#53077

SEE REVERSE SIDE
    FOR CARE

  MADE IN CHINA
------------------------
MACHINE WASHGENTLE COLD
USE GENTLE DETERGENT
NO BLEACH
TUMBLE DRY LOW
NO IRON
WASH DARK COLORS SEPARATELY
DO NOT DRY VLEAN
```

颜色:白色
品质及材质:同样品
数量:10 个
尺寸:同原样

5. 皮牌

颜色:
黑色:19—4006TC
深棕色 19—0812
深卡其色 17—1022
金属枪色 18—0306TC
品质及材质:同样品
数量:每色各 4 个
尺寸:同原样

注:如有不明之处,请与我司联系。

联系人:陈筱敏

电话:13777083614

下单日期:2009-8-20

辅料打样通知单

TO:宁波圣大钮扣厂

　　请打该钮扣样品,在交样时请标明合同号 CF-FZ-STUD001,交样期:09.8.27

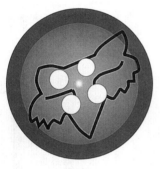

钮扣

颜色:

黑色:19—4006TC

深棕色 19—0812

深卡其色 17—1022

金属枪色 18—0306TC

材质:树脂扣

尺寸:30 L 和 24 L

数量:每色各 4 个

品质要求:激光刻图,图案清楚,光泽好,

无脱色、变色、褪色

　　注:如有不明之处,请与我司联系。

　　联系人:陈筱敏

　　电话:13777083614

　　下单日期:2009-8-20

　　注:① 辅料由不同的工厂生产,通常情况下,不能将一份订单的所有辅料都写给同一工厂进行打样。

　　② 样品的交期可以根据实际情况来定,一般情况下,商标较快,钮扣、拉链等要一个星期左右。

知识拓展

(一) 拉链的基础知识

1. 拉链的分类

1) 按材料分类

(1) 尼龙拉链:隐形拉链、双骨拉链、编织拉链、反穿拉链、防水拉链等。

(2) 树脂拉链:金(银)牙拉链、透明拉链、半透明拉链、蓄能发光拉链、蕾射拉链、钻石拉链等。

(3) 金属拉链:铝牙拉链、铜牙拉链(黄铜、白铜、古铜、红铜等)、黑叻拉链等。

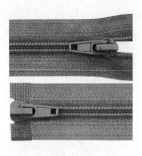
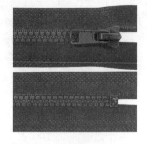
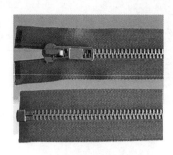

尼龙拉链   树脂拉链   金属拉链

2）按结构分类

有闭尾拉链、开尾拉链（左右插）、双开尾拉链（左右插）。闭尾拉链多用于裤子门襟，口袋等部位。开尾和双开尾拉链多用于上衣门襟、长大衣、风衣等。拉链的有效尺寸即为拉链上下点之间的长度。

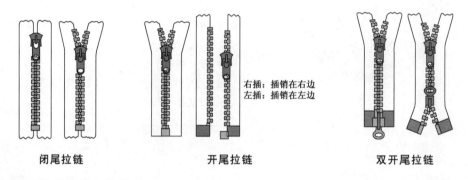

右插：插销在右边
左插：插销在左边

闭尾拉链   开尾拉链   双开尾拉链

3）按规格及操作工艺分类

$3^\#$、$4^\#$、$5^\#$、$6^\#$、$8^\#$、$9^\#$……$20^\#$，型号规格由小到大，拉链牙齿的大小与型号规格成正比。隐形拉链一般为 $3^\#$、$4^\#$，$5^\#$ 为常规用规格。

2. 拉链的构成

（1）拉头：按材质可分为金属拉头、尼龙拉头以及树脂拉头。

① 金属拉头颜色分为：镀白、镀黄、青古铜、红古铜、黑镍、黑白镍、亚光银等。金属拉头颜色一般要求与金属咪齿颜色一致。

② 尼龙以及树脂拉头一般要求跟布带、双齿颜色统一，是可以配色的。

③ 拉头形式分为：自动头、针锁头、弹簧头、无针头、象鼻头、导轨无锁拉头、导轨有锁拉头、弹片式等。常规用自动头较多，其余看客人需求。导轨拉头用于双面穿服装。

（2）链牙。

（3）拉链码带。

（4）上止和下止。

（5）插座（方块）。

（6）插片。

（7）贴胶。

（8）拉片。

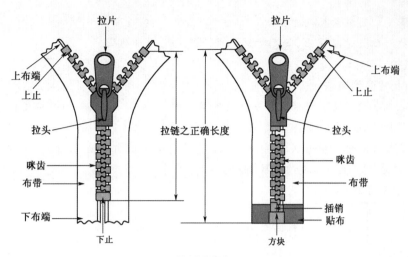

拉链结构图

3. 拉链的质量要求

1）使用功能的要求

（1）拉链在拉合和拉开时，不得有卡上止、下止或插口的现象，拉头来回滑行应平稳、灵活、没有跳动的感觉。

（2）拉片在180°范围内翻动灵活，商标清晰。

（3）插管在插座中插入或拔出灵便，无阻碍的感觉。

（4）拉头的帽罩与拉头体的组合牢固，达到项目测试规定值。

（5）自锁拉头的自锁装置灵活，自锁性能可靠。

2）外观要求

（1）拉链的平直度和平整度：使拉链处于自然下垂状态，无波浪或弯曲。

（2）注塑拉链的链牙应鲜亮、饱满、无溢料、无小牙、伤牙；尼龙拉链的链牙应手感光滑，不得有毛刺，拉头上不得有孔；金属拉链的链牙应排列整齐，不歪斜，牙脚不得断裂，牙坑边缘不得割裂，表面光滑。

（3）拉链色泽鲜艳、无色斑、色花、污垢等，手感柔和、外观挺括、无皱褶或扭曲、啮合良好。

（4）注塑拉链和金属拉链的码带不能断带筋。尼龙拉链的缝线不得偏向，要缝在中心线上，不能有跳针、反缝的现象。各类拉链的上止、下止不得装歪斜。

（5）贴胶整齐：贴胶在 −35℃ 时无发脆现象；贴胶处反复10次折转180°，无折断现象。

（6）电镀拉头，应镀层光亮，不起皮，无严重的划痕，镀层厚度至少要大于 $3\,\mu\mathrm{m}$（微米）。涂漆、喷塑拉头表面色泽鲜艳，涂层均匀牢固，无气泡、死角等缺陷。

（7）拉头底面应当有清晰的商标。

4. 下达拉链的采购订单时，一定要注意的细节

（1）写清拉链的装配模式即是开尾、闭尾、双开尾等。

（2）拉链的规格（即 $3^\#$、$4^\#$、$5^\#$ 等）。

（3）大身面料色号，以供拉链码带配色之用。

（4）拉链的牙齿、拉头、拉片的颜色、材质等。

（5）拉链的有效长度，即服装口袋长度，服装门襟长度等（隐形拉链的订购长度要比实际应用部位的尺寸大 2 cm，目的是方便工艺制作）。

(6) 写清楚订购数量及尺寸搭配。

(7) 有特别拉头时应提出,如无特别要求一般默认为自动头。

(二) 钮扣

1. 钮扣尺寸表示方法

钮扣是按钮扣大小(即直径大小)来确定尺寸的。我们现在常说的 14 L、16 L、18 L、20 L、60 L 等指的就是钮扣的直径。它的换算公式为:直径 1 L = 0.635 mm。如果我们手里有一粒钮扣,但不知它的型号大小,我们就可以用卡尺量出它的直径(mm)再除以 0.635 即可。L 常称为"尼"或"莱尼"(英文 LIGNES)。

2. 钮扣数量及单位

粒(Piece,缩写为 Pcs)。

打(Dozen,缩写为 Doz,1Doz = 12Pcs)。

罗(Gross,缩写为 G,1G = 144Pcs)。

大罗(Great Gross,缩写为 GG,1GG = 12G = 1728Pcs)。

3. 钮扣分类

1) 按照材质分

① 天然类:真贝扣、椰子扣、木头扣等。

② 化工类:有机扣、树脂扣、塑料扣、组合扣、尿素扣、喷漆扣、电镀扣等等。

③ 其他:中国结、四合扣、金属扣、牛角扣、仿皮扣、激光字母扣、振字扣等。

另外,树脂扣从坯料上可分:棒料扣(珠光扣、花纹扣、普通棒等)、板料扣(珠光波纹板、珠光板、条纹板、单色板)、曼哈顿(五彩扣、单色扣)。

2) 从孔眼分

暗眼扣:一般在钮扣的背面,经钮扣径向穿孔。

明眼扣:直接通钮扣正反面,一般有四眼扣和两眼扣。

暗眼扣　　　　　　　　　　明眼扣

3) 从光度分

有光扣、半光扣、无光扣。

4. 钮扣的验收标准

(1) 颜色、花纹、型号与样品或该产品要求相同。

(2) 针孔端正、对称,针距及针孔大小符合标准。

(3) 光度符合要求。

(4) 面背无车炸、车破、边厚薄不匀现象。

(5) 按款式、颜色、花纹、型号分类包装。

（三）花边的种类与特点

1. 纯棉编织花边

纯棉花边由于花型清晰整洁、花型变换方便、生产批量没有太多的限制,因此在服装中有广泛的应用。

纯棉编织机又叫圆盘机,目前主要规格有64锭、96锭与128锭三种机型。圆盘机的工作原理是走锭式编织,它以纯棉为主要原料,也可以编织部分其他纤维品种的花边。

纯棉花边

2. 钩编花边

采用钩编机生产的花边叫做钩编花边,这种机械常用来编织花边带、流苏带、松紧带等狭幅经编针织物。钩编花边与钩编花边机械如下图所示。流苏是一种下垂的以五彩羽毛或丝线等制成的穗子,常用于舞台服装的裙边下摆等处。

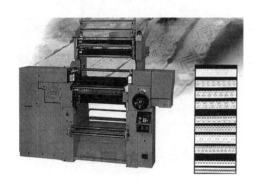

钩编机与钩编花边带

流苏与特种钩编机

3. 经编花边

经编花边由经编机编织而成,它是针织花边的一个重要门类。这种花边的特点是质地稀疏、轻薄,网状透明,色泽柔和,但多洗易变形。主要用作服装、帽子、台布等的饰边。经编花边主要原料成分为锦纶(尼龙),根据是否使用氨纶弹力纤维又有经编弹力花边与经编无弹花边之分。同时,在锦纶中加入部分人造丝以后,通过染色加工(双染)可以获得多彩色的花边效果。

4. 刺绣花边

刺绣即绣花。刺绣花边可分为机绣花边和手绣花边两类,机绣花边是在手绣花边的基础上发展起来的大生产花边品种。

经编弹力花边

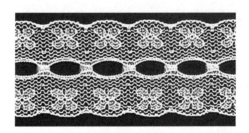

经编无弹花边

手绣花边是我国传统手工工艺,生产效率低,绣纹常易产生不均现象,绣品之间也会参差不齐。但是,对于花纹过于复杂、彩色较多,花回较长的花边乃非手工莫属,而手绣花边比机绣更富于立体感。

机绣花边采用自动绣花机绣制,即在提花机构控制下在坯布上获得条形花纹图案,生产效率高。各种原料的织物均可作为机绣坯布,但以薄型织物居多,尤以棉和人造棉织物效果最好。有小机绣与大机绣两类,并以大机刺绣最为常见。大机绣花边有效绣花长度为13.7 m(15码),在13.5 m长的面料上绣花,可制成满幅绣花或裁成花边条。根据不同要求可以采用不同的绣花底布,从而制造出不同的花边种类,如水溶花边、网布花边、纯棉花边、涤棉花边及各类薄纱条子花边等。花型可根据需要随意调整。

水溶刺绣花边　　　　　　　　　　　　　　网布刺绣花边

机绣水溶花边是刺绣花边中的一大类,它以水溶性非织造布为底布,用粘胶长丝作绣花线,通过电脑刺绣机绣在底布上,再经热水处理使水溶性非织造底布溶化,留下有立体感的花边。它可以根据使用要求做成条状与特别形状的花型,后来被广泛应用于服装领子与文胸的装饰。

棉布刺绣花边　　　　　　　　　　　水溶花边在内衣上的应用

5. 手工钩针花边

钩针花边的工具非常简单,只是一根带有钩子的细长金属丝,如右图所示。就是这样一根小小的钩针可以把各种不同的纱线变成丰富多彩的钩针制品(包括花边)。

手钩产品种类很多,常见的有用于服装装饰的小花、花边条、领子等服装附件;用于室内装饰的桌布、床上用品、垫布等;此外还有钩针服装、钩针服饰及立体动植物钩制品等。

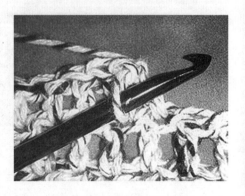

钩针及钩针花边形成示意图

6．其他花边

随着服装产品个性化的日益发展，作为服装设计重要组成的花边种类非常繁多，这里我们简单介绍一些品种。

（1）手摇花。在盘带刺绣的基础上，辅助手工编织而成。

（2）超声波花边。利用超声波热融原理进行切边、修边、裂孔、烫金印纹、熔接、分条、成型、缕孔等热处理手法，切出缕空的各种花形的孔，并作熔边处理。

手摇花　　　　　　　　　　　　　　　超声波花边条

（3）彩珠片花边。在各类花边或带子上结合手绣工艺制成的花边或花边带。

（4）纬编针织花边。作为针织花边的一个新的门类，纬编针织花边开始出现并得到一定的应用，纬编针织花边大多采用电脑横机制作。

珠片绣花边　　　　　　　　　　　　　纬编针织花边

（四）缝纫线

1．缝纫线规格

"$40^s/2$"车线："40^s"为40英支，是表示线的粗细程度（一般支数的数值越大线越细）；"2"是表示用2股合成的线。（一般的有2股和3股，支数相同时股数越大线越粗。）例如：$80^s/2$、$80^s/3$、$60^s/2$、$60^s/3$、$50^s/2$、$50^s/3$、$40^s/2$、$40^s/3$等。"$40^s/2$"为表示线的粗细程度可以叫做402。但书面资料要写成$40^s/2$形式，直接写成402别人会理解为一个线的颜色色号。

一般都是薄的面料用细线，厚的面料用粗线，最常用的是$60^s/2$和$60^s/3$，不同品牌的线牢度不同，要根据面料和客户要求决定。

2．缝纫线的种类特点及应用

名　称		特　点	用　途
天然纤维缝纫线	棉缝纫线	棉缝纫线强度较高,耐热性好,适于高速缝纫与耐久压烫。而缺点是弹性与耐磨性较差	主要用于棉织物、皮革及高温熨烫衣物的缝纫
	蚕丝线	用天然蚕丝制成的长丝线或绢丝线,有极好的光泽,其强度、弹性和耐磨性能均优于棉线	适于缝制各类丝绸服装、高档呢绒服装、毛皮与皮革服装等
合成纤维缝纫线	涤纶缝纫线 SP 线/PP 线	用涤纶长丝或短纤维制造,具有强度高、弹性好、耐磨、缩水率低、化学稳定性好。但熔点低,高速易熔融、堵塞针眼、易断线,应注意机针的选用	主要用于牛仔、运动装、皮革制品、毛料及军服等
	锦纶缝纫线	具有延伸度大、弹性好。最大的优势在于透明,因此降低了缝纫配线的困难。不过限于目前市场上透明线的刚度太大,强度太低,线迹易浮于织物表面,加之不耐高温,缝速不能过高	目前这类线主要用作贴花、扦边等不易受力的部位
	维纶缝纫线	维纶纤维制成,强度高,线迹平稳	主要用于缝制厚实的帆布、家具布、劳保用品等
	腈纶缝纫线	由腈纶纤维制成,捻度较低,染色鲜艳	主要用作装饰和绣花
混合缝纫线	涤棉缝纫线	用 65% 的涤纶,35% 的棉混纺而成,兼有涤和棉的优点,强度高、耐磨、耐热、缩水率好	主要用于全棉、涤棉等各类服装的高速缝纫
	包芯缝纫线	长丝为芯,外包天然纤维制成,强度取决于芯线,耐磨与耐热取决于外包纱	主要用于高速及牢固的服装缝纫

3．缝纫线用量的核算与成本

在大部分服装厂中都存在这样一个问题:各类缝纫线堆积如山,不管是新开发的还是库存的,这无形中浪费了成本。为了避免生产过程中线的浪费,现介绍线用量的核算方法。

1) 用比率法估算用线量

所谓"比率法",就是根据实验总结出各种条件下与缝一定长度的布料,缝纫线的消耗量长度(m)与车缝布料长度(m)的比值 $E=L/C$,这个 E 就叫做缝线消耗比,有了这个比值 E,就可以利用它估算实用线量。在 $L=C\cdot E$ 式中,L 为用线量(m);C 为车缝长度(m),E 为缝线消耗比。用比率法估算用线量,首先要通过实验求出比值 E。具体实验的方法有下面两种,即缝线定长法与缝迹定长法。

(1) 缝线定长法。准备好规定的面料及缝纫线,然后量取一定长度的缝纫线(如 1 m),在选用的面料上进行实际车缝,直至标有颜色的线段全部缝完为止。最后取下车缝的面料,量出标色线段实际车缝的长度,从而可推算出每米缝迹的用线量,即得出比值 E。E = 标色线段的长度(m)/标色线段车缝的线迹长度(m)。

(2) 缝迹定长法。实验的准备工作与上述方法相同,然后直接用规定的缝纫线和面料按实际操作求进行车缝,车缝至 0.5 m 以上。车缝后在线迹的中段量取一定的长度(20 cm 以上),并将这段线迹用剪刀剪下来。最后将这段线迹中的缝纫线拆出来(小心不要将线拆断),测量线的实际长度,从而可以推算出每米线迹的用线量,即得出比值 E。E = 拆出线的实际长度(m)/量取线迹的长度(m)。

对于平缝线迹,由于线迹上下线结构相同,如果使用同一种缝纫线,则可只实验上线用量,总用线量是上线用量的2倍。其他线迹由于上下线结构不同,要分别进行实验,得出上线与下线的用线消耗比率。例如采用平缝线迹,线迹密度为8针/2 cm,面料厚1 mm,缝纫线为9.8 tex×3(60^s/3),车缝长度全件衣服共6.5 m,估算服装的用线量。查成衣工艺学书可知,$E=2.73$,所以$L=E \cdot C=2.73 \times 6.5=17.745$ m。

2) 常用线迹用线量经验值

① 平车(用线量=车线长度×3):上线为1.5倍,下线为1.5倍(粗,细线均相同);

② 双针(用线量=车线长度×3×2):单条线长度同平车;

③ 松紧带车(用线量=车线长度×6):上线为2.5倍,下线为3.5倍(粗,细线均相同);

④ 三线拷克(用线量=车线长度×12):一条SP线为3倍,二条特多尼龙线为9倍(注:若为无内里布,则三条线均需用SP线,为14倍);

⑤ 四线拷克(用线量=车线长度×13或用线量=车线长度×16)二条SP线为4倍,二条特多龙线为9倍(注:若为无内里布,则四条线均需用SP线,为16倍);

⑥ 五线拷克(用线量=车线长度×17或用线量=车线长度×19)三条SP线为8倍,二条特多龙线为9倍(注:若为无内里布,则五条线均需用SP线,为19倍);

⑦ 人字形车(用线量=车线长度×7)以¼英寸宽为基准,上线为4倍,下线为3倍。

(五) 松紧带

松紧带是具有纵向弹性伸长性能的狭幅扁形带织物,又称宽紧带。按织造方法不同分为机织松紧带、针织松紧带、编织松紧带。值得重点指出的是,在环保要求日益严格的情况下,松紧带要考虑其环保性。为增强弹性添加的辅助高弹助剂,趋向于选用无毒无害的TPU作为原材料。

(六) 胶袋

胶袋按其原料和生产工艺不同可分为:

(1) PE胶袋:将低密度聚乙烯树脂(LDPE)和线性低密度聚乙烯树脂(LLDPE)以一定比例混合在一起为原料的胶袋。料身较软,但透明度不够其他料高,比较朦胧。拉力好不易爆口。

(2) PP胶袋:以聚丙烯(PP)为原料的胶袋。PP胶袋在吹膜的胶袋中属于比较透明。料身较硬,但透明度比较高,较清晰,拉力不是很好,易爆口。

(3) PO胶袋:以高密度聚乙烯(HDPE)为原料的胶袋。料身较脆,透明度不够高,比PE料还要朦胧,有点透白色,拉力也不是很好。

PE和PP胶袋相对来说用途比较广泛,PE胶袋最薄的吹膜厚度可以做到1丝(1丝=10微米)。此外值得注意的是,因为PVC不是环保材料,服装外包装用的胶袋不能用PVC袋。

第七章　服装面辅料采购与检验

一、面辅料采购单缮制

通过前部分的样衣准备,印绣花品质、面辅料颜色及品质的确认,即完成了前期打样过程,开始进入订单的大货生产阶段。

大货生产包含3个阶段:前期准备(主要是大货面辅料准备,包括面辅料的采购和检验,以及订单产前样的制作)、中期生产以及末期包装验货和出运。

【任务安排 1】

下表是 Patagonia 客户 CF-FZ-09-0110(见第二章)合同下的订单产品数量,请根据该订单情况,下达所需面辅料的采购申请单。

PATAGONIA 客户订单数量

Art. No.	Name of Commodity & Specifications	Quantity	Total Quantity
	Boy's Creepers		
0955	3M/6M/9M	1 200/1 200/1 200	3 600 pcs
0956	3M/6M/9M	1 080/1 080/1 080	3 240 pcs
0957	3M/6M/9M	1 320/1 320/1 320	3 960 pcs

【解答】

1. 列出每件衣服所用到的面辅料(即面辅料清单)

材料 ＼ Art No	0955	0956	0957	位置
纯棉棉毛布 (180~190 g/m²)	白色 蓝色 P277U	蓝色 P277U 蓝色 P277U	白色 蓝色 P277U	大身 领口及腿口包边
明绲线	蓝色 P277U	LT apple	蓝色 P277U	肩线、袖窿、领口、腿口
包缝线	白色	蓝色 P277U	白色	肩缝、内侧缝
15L 五爪扣	蓝色 P277U	蓝色 P277U	蓝色 P277U	裆底
主唛	3M 6M 9M	3M 6M 9M	3M 6M 9M	后领中
吊牌	通用	通用	通用	后领主唛上
价格牌	3M 6M 9M	3M 6M 9M	3M 6M 9M	后领主唛上

2. 算出每件衣服的单耗

1)面料用量计算

针织服装面料的用料一般按重量法来计算。先量出服装各部分(即衣片)的长度、宽度,算出服装各部分的面积,再将各部分的面积进行累加,再乘以面料克重并加上损耗即可。

① 先根据规格单量出或计算出该童装的长度及围度。

后片衣身长度:(15 英寸＋1.75 英寸过肩＋1.75 英寸裆底折量)×2.54 cm/英寸×(1＋3％)＋2 cm ＝ 50 cm;

前片衣身长度:15 英寸×2.54 cm/英寸×(1＋3％)＋2 cm ＝ 41 cm;

袖长:3 英寸×2.54 cm/英寸×(1＋3％)＋2 cm ＝ 10 cm;

½胸围:9.5 英寸×2.54 cm/英寸×(1＋2％)＋2 cm ＝ 27 cm;

袖肥:(4.75 英寸(弯量)－0.25 英寸)×2×2.54 cm/英寸×(1＋2％)＋2 cm ＝ 25 cm;

(3％为面料的经缩,2％为面料的纬缩,2 cm 是 2 个缝头量。)

② 算出整件衣服的面积。

后片:后衣长×½胸围 ＝ 50×27 ＝ 1 350 cm²

前片:前衣长×½胸围 ＝ 41×27 ＝ 1 107 cm²

袖子:袖长×袖肥×2 个 ＝ 10×25×2 ＝ 500 cm²

总面积:S ＝ 后片＋前片＋袖片 ＝ 1 350＋1 107＋500 ＝ 2 957 cm²

③ 算出单件面料用量。

单件衣服主面料用料 ＝ 2 957 cm²×190 g/m² ＝ 56.2 g。(实际过程中还要加排料损耗,通常为 3％～5％。)

领口、脚口包边的用量 ＝ 3.5 cm×126 cm×190 g/m² ＝ 8.4 g

2) 缝纫用线计算

通过打确认样衣,已经大致测算过该服装明辑线用量约为 50 m/件(一个常规宝塔线的线量约为 3 000 码,折合 2 700 m 左右),包缝线用量约为 20 m/件。

3. 列出单件用料明细

材　料	货号 0955 单件用量	货号 0956 单件用量	货号 0957 单件用量
纯棉棉毛布 (180～190 g/m²)	白色:56.2 g 蓝色 P277U:8.4 g	蓝色 P277U:64.6 g	白色:56.2/g 蓝色 P277U:8.4 g
明辑线	蓝色 P277U:50 m	LT apple:50 m	蓝色 P277U:50 m
包缝线	白色:20 m	蓝色 P277U:20 m	白色:20 m
15L 五爪扣	蓝色 P277U:3 粒	蓝色 P277U:3 粒	蓝色 P277U:3 粒
主唛	1 个/件	1 个/件	1 个/件
吊牌	1 个/件	1 个/件	1 个/件
价格牌	1 个/件	1 个/件	1 个/件

4. 核定采购数量

采购数量 ＝ 单耗×订单数量×(1＋备疵率)

通常面辅料备疵按 3％～5％。

① 白色棉毛布：56.2 g/件×(3 600＋3 960)件×(1＋3‰)＝437.6 kg(可以根据实际情况入上去)。

② 蓝色棉毛布：[64.6 g/件×3 240件＋8.4 g/件×(3 600＋3 960)件]×(1＋3‰)＝281 kg。

③ P277U 色线：[50 m/件×(3 600＋3 960)件＋20 m/件×3 240件]×(1＋5)/3 000＝150 个。

④ LT apple 色线：50 m/件×3 960件×(1＋5‰)/3 000＝70 个。

⑤ 白色线：20 m/件×(3 600＋3 960)件×(1＋5‰)/3 000＝53 个。

⑥ 15L 五爪扣 P277U 色：3 个/件×(3 600＋3 240＋3 960)件×(1＋5‰)＝34 020个。

⑦ 主唛：按5%备疵。

65671LTD 3M：1 260 个,65671LTD 6M：1 260 个,65671LTD 9M：1 260 个；

65672LTD 3M：1 134 个,65672LTD 6M：1 134 个,65672LTD 9M：1 134 个；

65673LTD 3M：1 386 个,65673LTD 6M：1 386 个,65673LTD 9M：1 386 个。

⑧ 吊牌：1 个/件×(3 600＋3 240＋3 960)×(1＋5‰)＝11 340 个。

⑨ 价格牌：按5%备疵。

65671LTD 3M：1 260 个,65671LTD 6M：1 260 个,65671LTD 9M：1 260 个；

65672LTD 3M：1 134 个,65672LTD 6M：1 134 个,65672LTD 9M：1 134 个；

65673LTD 3M：1 386 个,65673LTD 6M：1 386 个,65673LTD 9M：1 386 个。

5. 复核

核实所列用料是否有遗漏,用料计算是否正确。

注：① 面料备疵率是按订单数量来定的。通常订单数量大,备疵率可适当降低,可按1%～2%来备疵;订单数量小,可按3%～5%来进行。对于特殊面料,可适当增加到8%。

② 辅料备疵率通常是按面料到货数量来备疵的,约为3%～5%。对于易耗品,如五爪扣,可适当增加。而对于品质好的 YKK 等拉链,备疵可减少。

6. 列出详细的采购明细单

面料采购单

客户：Patagonia　　　　款号：65671-65673LTD　　　　订单数量：3 600/3 240/3 960 件　　　　下单日期：2009-2-2

产品名称	编号	颜色	规格	计划数量	采购数量	交货期	备注
棉毛布 (100%棉)	WH001-1	白色	(180～190 g/m²)	424.8 kg	438 kg	2009-2-23	有效幅宽 160 cm
	BL001-1	蓝色 P277U	(180～190 g/m²)	272 kg	281 kg		
质量要求：颜色同确认样,水洗沾色牢度及耐汗渍色牢度、唾液色牢度 4 级以上							

辅料采购单

客户：Patagonia　　　款号：65671-65673LTD　　　订单数量：3 600/3 240/3 960 件　　　下单日期：2009-2-27

产品名称	编号	颜色	规格	计划数量	采购数量	交货期	备注
缝纫线		蓝色 P277U	3 000 m 宝塔线		150 个	2009-3-10	
		LT apple	3 000 m 宝塔线		70 个		
		白色	3 000 m 宝塔线		53 个		
	质量要求：颜色与面料相配。						
五爪扣	R-BL-15	蓝色 P277U	外径 15L	32 400 个	34 020	2009-3-10	
	质量要求：按确认样执行。要求上模具装订时不变形、不裂开、边缘光滑不损伤面料、耐水洗耐腐蚀；干擦水洗不脱色、褪色、脱漆、环保、无锐尖利口。						
主唛	M-65671		65671LTD 3M	1 200 个	1 260 个	2009-3-10	
			65671LTD 6M	1 200 个	1 260 个		
			65671LTD 9M	1 200 个	1 260 个		
	M-65672		65672LTD 3M	1 080 个	1 134 个	2009-3-10	
			65672LTD 6M	1 080 个	1 134 个		
			65672LTD 9M	1 080 个	1 134 个		
	M-65673		65673LTD 3M	1 320 个	1 386 个	2009-3-10	
			65673LTD 6M	1 320 个	1 386 个		
			65673LTD 9M	1 320 个	1 386 个		
	质量要求：按确认样执行。要求柔软，内容正确，图文相符，字母图案不能颠倒；文字符号必须清晰耐水洗且洗后印刷内容完整，织标不变形，边缘美观无毛刺，干擦水洗色牢度 4 级以上。						
吊牌	HT-1			10 800 个	11 340 个	2009-3-10	
	质量要求：印制清晰，外形、文字、图案、颜色等必须正确，不可褪色、脱色、边缘不可毛糙。						
价格牌	P-65671		65671LTD 3M	1 200 个	1 260 个	2009-3-10	
			65671LTD 6M	1 200 个	1 260 个		
			65671LTD 9M	1 200 个	1 260 个		
	P-65672		65672LTD 3M	1 080 个	1 134 个		
			65672LTD 6M	1 080 个	1 134 个		
			65672LTD 9M	1 080 个	1 134 个		
	P-65673		65673LTD 3M	1 320 个	1 386 个		
			65673LTD 6M	1 320 个	1 386 个		
			65673LTD 9M	1 320 个	1 386 个		
	质量要求：按确认样执行，印制清晰，外形、文字、图案、颜色等必须正确，不可褪色、脱色、边缘不可毛糙						

申请人：楼宇　　　　　　　　　　　　　　　　　　　　审核人及日期：杨宇

【任务安排 2】

请根据宁波乘风服饰进出口有限公司荷兰客户 CFFZ090214 合同下的订单产品数量，下达该订单下所需各种材料的采购申请单。合同日期为 2009 年 2 月 14 日。

订单号	颜色	S	M	L	XL	合 计	交 期	目的港
SU264604	BLACK 黑色组	8	32	43	31	114	7月4日	加拿大 SP09
SU264604	TROPICAL 拼色组	36	93	113	52	294	7月4日	加拿大 SP09
2269	BLACK 黑色组	124	187	140	36	487	7月4日	美国 SP09
2269	TROPICAL 拼色组	166	267	229	85	747	7月4日	美国 SP09
PEDW-123	BLACK 黑色组	112	167	143	55	477	7月4日	欧洲 SP09
PEDW-123	TROPICAL 拼色组	247	383	326	122	1 078	7月4日	欧洲 SP09

【解答】

1. 先列出每件衣服所用到的面辅料

材料	材质规格	条子组	黑色组	位 置
消光尼龙	320T，600 mm 防水	三色:绿.黄.黑	黑色＋印花	大身
		黑底三色印花	冷灰 8#	帽子里布
网眼布		黑色	黑色	大身和袖子里布
1×1 罗纹	300 g/m²	黑色	黑色	口袋
拉链	5# YKK 左插树酯单头拉链	白色	黑色	前门襟
隐形拉链	3# 尼龙拉链	黄色	黑色	胸袋
汽眼	¾英寸塑料	黑色	黑色	帽沿　2付
橡筋	1英寸宽	黑色	黑色	袖口和下摆
棉绳	½英寸亚光扁棉绳	黑色	黑色	帽沿.末尾回折¼英寸后套结做光
圆棉绳	0.2 cm	白色	白色	门襟
车线		黑色	黑色	所有明暗缉线
吊牌				穿起左袖窿底(腋点)
后领印花主标	3英寸×2.25英寸	黑布上印 639C	黑布上印 639C	居中缝在后领半月育克上
旗标		黑底白字	黑底白字	穿起右侧缝,距下摆拼缝 1½英寸
贴纸		白底黑字	白底黑字	贴在穿起右口袋底下
洗水唛		白底黑字织唛	白底黑字唛	穿起计左侧缝,距下摆 3英寸

2. 算出每件衣服的单耗

1）面料用量计算

梭织服装面料的用料计算有两种方法:一是纸样排料法,二是面积计算法。纸样排料法准确,但前提是必须有样板,面积计算法只要有尺寸或样衣即可计算用料,但要根据不同的款式考虑相应的损耗率。

（1）先量出并计算出服装的各部分的面积。

帽子：40 cm×31 cm×2 个 = 2 480 cm²

前上育克：27 cm×28 cm×2 个 = 1 512 cm²

前中育克：36 cm×19.5 cm×2 个 = 1 404 cm²

前下育克：36 cm×36 cm×2 个 = 2 592 cm²

后上育克：28.5×54×1 个 = 1 539 cm²

后中育克：22 cm×66 cm×1 个 = 1 452 cm²

后下育克：36 cm×66 cm×1 个 = 2 376 cm²

袖上育克：12 cm×42 cm×2 个 = 1 008 cm²

袖中育克：19 cm×56 cm×2 个 = 2 128 cm²

袖下育克：44 cm×53 cm×2 个 = 4 664 cm²

下摆克夫：7.2 cm×138 cm×1 个 = 993.6 cm²

袖口克夫：7.2 cm×32 cm×2 个 = 460.8 cm²

挂面：76 cm×11 cm×2 个 = 1 672 cm²

后领及帽中包条：2.5 cm×130 cm = 325 cm²

后领贴 30 cm×9.5 cm×1 个 = 285 cm²

主唛 9.5 cm×8 cm×1 个 = 76 cm²

口袋贴：19 cm×7 cm×2 个 + 15 cm×15 cm×1 个 = 491 cm²

（2）算出衣服每部分的面积及其用料:用料 = 面积/面料幅宽×(1 + 损耗率)。

款式图

① 320T 消光尼龙 600 mm 防水。

a. 拼色组：

亮蓝色：(2 480 + 1 512 + 1 539 + 1 008) cm²/143 cm×(1 + 5%) = 48 cm/ 件

黄色：(1 404 + 1 452 + 2 128) cm²/143 cm×(1 + 5%) = 36.6 cm/ 件

黑色：(2 592 + 2 376 + 4 664 + 993.6 + 460.8 + 1 672 + 325 + 285 + 76 + 491) cm²/

143 cm×(1＋5％)＝102.5 cm/件

黑色印花帽里：2 480 cm²/143 cm×(1＋5％)＝18 cm/件

    b. 黑色组：

黑色：48＋36.6＋102.5＝187.1 cm/件

冷灰色：2 480 cm²/143 cm×(1＋5％)＝18 cm/件

② 网眼布。

前片：29 cm×76 cm×2 个＝4 408 cm²

后片：68 cm×77 cm×1 个＋19 cm×68 cm×1 个＝6 528 cm²

袖片：70 cm×59 cm×2 个＝8 260 cm²

口袋布：25 cm×13 cm×4 个＝1 300 cm²

网眼里布用量：(4 408＋6 528＋8 260＋1 300) cm²/145 cm×(1＋5％)＝148 cm/件

③ 2×2 罗纹。

口袋嵌线：19 cm×6 cm×2 个×240 g/m²＝5.47 g/件

2）服装用线

根据打样过程核算出该服装线用量约为 600 m/件。

3. 列出单件用料明细

材料	材料规格	拼色组 单件用量	黑色组 单件用量
消光尼龙	320T,600 mm 防水	亮蓝色：48 cm	黑色：187.1 cm
		黄色：36.6 cm	灰色：18 cm
		黑色：120.5 cm	
网眼布		黑色：148 cm	黑色：148 cm
1×1 罗纹	300 g/m²	5.47 g	5.47 g
拉链	5♯YKK 左插树酯单头拉链	1 根	1 根
隐形拉链	3♯尼龙拉链	酸橙黄色 1 根	黑色 1 根
汽眼	¾英寸塑料	黑色：2 付	黑色：2 付
橡筋	1 英寸宽	黑色：1.35 m	黑色：1.35 m
棉绳	½英寸亚光扁棉绳	黑色：1.1 m	黑色：1.1 m
圆棉绳	0.2 cm	白色：1.6 m	白色：1.6 m
车线		黑色：⅕个	黑色：⅕个
吊牌		1 个	1 个
后领印花主标	3 英寸×2.25 英寸	1 个	1 个
旗标		1 个	1 个
贴纸		1 个	1 个
洗水唛		1 个	1 个

第七章　服装面辅料采购与检验　**169**

4. 核定采购数量

(1) 面料：

亮蓝色 320T 消光尼龙：$0.48 \, \text{m/}$ 件 $\times (294 + 747 + 1\,078)$ 件 $\times (1 + 3\%) = 1\,047.6 \, \text{m}$。

黄色：$0.366 \, \text{m/}$ 件 $\times (294 + 747 + 1\,078)$ 件 $\times (1 + 3\%) = 798.8 \, \text{m}$。

灰色：$0.18 \, \text{m/}$ 件 $\times (294 + 747 + 477)$ 件 $\times (1 + 3\%) = 200 \, \text{m}$。

黑色：$(1.025 + 0.18) \text{m/}$ 件 $\times (294 + 747 + 1\,078)$ 件 $\times (1 + 3\%) + 1.871 \, \text{m/}$ 件 $\times (294 + 747 + 477)$ 件 $\times (1 + 3\%) = 2\,630 \, \text{m} + 2\,077 \, \text{m} = 4\,707 \, \text{m}$。

(2) 网眼布：$1.48 \, \text{m/}$ 件 $\times (294 + 747 + 1\,078 + 294 + 747 + 477)$ 件 $\times (1 + 3\%) = 5\,544.3 \, \text{m}$。

(3) 罗纹：$5.47 \, \text{g/}$ 件 $\times (294 + 747 + 1\,078 + 294 + 747 + 477)$ 件 $\times (1 + 5\%) = 20.9 \, \text{kg}$。

(4) 黑色线：$1/5$ 个/件 $\times (294 + 747 + 1\,078 + 294 + 747 + 477)$ 件 $\times (1 + 5\%) = 763.8$ 个。

(5) 拉链。

5[#] YKK 白色拉链采购清单

NAME（名称）	颜色	Length（长度）	Length（长度）	Length（长度）	Length（长度）
		70 cm	71 cm	72 cm	73 cm
5[#] 左插单头树脂拉链 + DADHR 拉头	白色	449	743	668	259
	黑色	244	386	326	122

3[#] 隐性拉链采购清单

NAME（名称）	颜 色	Length（长度）	Length（长度）
		15 cm	15.5 cm
3[#] 隐性拉链 + 普通拉头	酸橙黄	1 192	927
	黑 色	630	448

(6) 黑色汽眼：2 付/件 $\times 3\,197$ 件 $\times (1 + 5\%) = 6\,714$ 付。

(7) 1 英寸宽橡筋：$1.35 \, \text{m/}$ 件 $\times 3\,197$ 件 $\times (1 + 5\%) = 4\,530 \, \text{m}$。

(8) 1/2 英寸亚光扁棉绳：$1.1 \, \text{m/}$ 件 $\times 3\,197$ 件 $\times (1 + 5\%) = 3\,692.5 \, \text{m}$。

(9) 0.2 cm 圆棉绳：$1.58 \, \text{m/}$ 件 $\times 3\,197$ 件 $\times (1 + 5\%) = 5\,304 \, \text{m}$。

(10) 吊牌：1 个/件 $\times 3\,197$ 件 $\times (1 + 5\%) = 3\,360$ 个。

(11) 后领印花主标：1 个/件 $\times 3\,197$ 件 $\times (1 + 5\%) = 3\,360$ 个。

(12) 旗标：1 个/件 $\times 3\,197$ 件 $\times (1 + 5\%) = 3\,360$ 个。

(13) 贴纸：1 个/件 $\times 3\,197$ 件 $\times (1 + 5\%) = 3\,360$ 个。

(14) 洗水唛：1 个/件 $\times 3\,197$ 件 $\times (1 + 5\%) = 3\,360$ 个。

注：① 3% 或 5% 为备疵率。

② 在计算时最好写出详细的计算方法及过程，便于自己检查核对。

5. 缮制采购单

面料采购单

客户:荷兰　　　　款号:SU264604/2269/ PEDW-123　　　　订单数量:408/1 234/1 555　　　　下单日期:2009-2-20

产品名称	编号	颜色		规格	单耗 m/件	核定数量	采购数量	交货期	备注
320T，600 mm 防水消光尼龙		亮蓝色 PMS639C		57/58 英寸	0.48	1 017 m	1 050 m	2009-3-18	品质颜色同确认样
		黄色 PMS382C			0.366	775 m	800 m		
		灰色 PMS 冷灰 8C			0.18	194 m	200 m		
		黑色	拼色组		1.205	4 57 0 m	4 710 m		从中抽 815 m 印花
			黑色组		1.871				
网眼布		黑色		57/58 英寸	1.48	4 730 m	4 880 m	2009-3-25	
1×1 罗纹		黑色		240 g/m²		17.5 kg	18.5 kg	2009-3-25	品质颜色同确认样

辅料采购单

客户:荷兰　　　　款号:SU264604/2269/ PEDW-123　　　　订单数量:408/1 234/1 555　　　　下单日期:2009-3-25

产品名称	编号	颜色	单耗	规格	计划数量	采购数量	交货期	备注
塑料汽眼		黑色	2 付/件	¾英寸	6 394 付	6 714 付	2009-4-10	
橡筋		黑色	1.35 m/件	1 英寸宽	4 320 m	4 530 m	2009-4-10	
亚光扁棉绳		黑色	1.1 m/件	½英寸宽	3 530 m	3 700 m	2009-4-10	
圆棉绳		白色	1.58 m/件	0.2 cm	5 050 m	5 300 m	2009-4-10	
车线		黑色	600 m/件		640 个	672 个	2009-4-10	质量符合确认样要求
吊牌			1 个/件		3 197 个	3 360 个	2009-4-10	
旗标			1 个/件		3 197 个	3 360 个	2009-4-10	
贴纸			1 个/件		3 197 个	3 360 个	2009-4-10	
洗水唛			1 个/件		3 197 个	3 360 个	2009-4-10	
后领印花主标			1 个/件	S	693 个	727 个	2009-4-10	非购买，本布印花
				M	1 129 个	1 185 个		
				L	994 个	1 044 个		
				XL	381 个	400 个		

（续）

NAME 名称	码带颜色	Length 长度	Length 长度	Length 长度	Length 长度	交期
		70 cm	71 cm	72 cm	73 cm	
5# 左插单头树脂拉链 + DADHR 拉头	白色	449 + 15	743 + 22	668 + 20	259 + 8	2009-4-10
	黑色	244 + 8	386 + 12	326 + 10	122 + 4	
3# 隐性尼龙拉链 + 普通拉头		15 cm	15.5 cm			
	酸橙黄 PMS382C	1 192 + 35	927 + 30			
	黑色	630 + 20	448 + 15			

备注：1. 3# 和 5# 拉链均为 1 根/件；
　　　2. 每个采购数量后面的"＋"表示增加的备疵量；
　　　3. 拉链品质要求：
　　　　（1）拉链颜色，材质正确；无脱色、脱漆、变色的现象。
　　　　（2）拉头结实，经得起反复拉动，开合顺畅，无任何阻力。
　　　　（3）拉齿吻合缜密均匀，无缺齿，无缺铆现象。
　　　　（4）5# 拉链为左插单头树脂拉链。

申请人：楼宇　　　　　　　　　　　　　　　　　　　　　　　　　审核人及日期：杨宇

【评析】

（1）采购单应写明客户、款号、订单数量及下单日期、交货期、单耗等。

（2）采购单中的编号是各个公司或工厂内部自设的一个代码。

（3）写明核定量和采购量的目的是为了便于核实数量有无错误。

（4）交货期一般在下单后的 5～10 天，对于面料，其生产周期较长，一般为 15～20 天，若订货量太多，可设置分批交货期。同时，交期还要考虑到订单的出货期和产品不合格的返修期等因素。实际操作中，通常在收到面料大货后再下辅料采购计划，其目的是保证辅料颜色与面料相一致，防止出现色差。

（5）在任务 1、2 采购单中各色要仔细核算，同时写清潘通色号及相关品质要求。梭织面料按米计，针织面料按公斤计算。

（6）拉链要分型号，长度，颜色，材质，同时还要注明拉链头的代码。

（7）钮扣、五爪扣要写清材质、尺寸大小、颜色等。

二、面辅料采购合同缮制

采购清单缮制完成之后，应立即下达给物料采购部门。采购部门在收到采购指令后，根据物料的具体要求，安排工厂进行生产。正常情况下，这些物料供应商应该就是前期提供面辅料色卡和品质样，并得到客户确认的工厂。为保证订单的顺利进行，不应随意更改供应商。

【任务安排】

请根据 Patagonia 客户 CF-FZ-09-0110W 合同下的物料采购清单，缮制该订单下的面料采购合同。

【解答】

在签订合同时，要注意写明所需采购的产品名称、数量、规格、单价、金额、总价值、质量要求、技术标准、交货期、交货方式、违约责任等。

采购合同

买方:宁波乘风服饰进出口有限公司　　　　　　　　　合同编号:2009PAT001
卖方:常州信谊纺织厂　　　　　　　　　　　　　　　　签订地点:宁波

根据中华人民共和国经济合同法和有关政策规定,经双方协商订立本合同,以资双方共同信守。

一、规格、颜色、数量、单价、金额、交货日期。

品名	规格	颜色	数量	单价(元/kg)	金额(元)
棉毛布	180～190 g/m²	白色	438 kg	43.50	￥19 053.00
		蓝色 P277U	231 kg	43.50	￥10 048.50
合计					￥29 101.50
合计(大写)	人民币贰万玖千壹佰零壹元伍角整。				

交货期:2009 年 2 月 23 日。

二、质量要求技术标准:

1. 按买方提供的原样,作为颜色花型要求。

2. 匹长 100 m 左右,30～50 m 的不超过 5%～10%,30 m 以下不允许。

3. 数量允许偏差±5%。

4. 疵点允许假开剪(每个假开剪 30 cm,疵点长度超过 30 cm 的按疵点实际长度放码。)假开剪的疵点要求距布头 10 m 以上,二个假开间距 20 m 以上。

5. 缩水率控制在 5%之内。

三、验收标准,方法及提出异议期限:

1. 质量检验按双方同意的四分制(Kms≤20)进行检验。

2. 布料运抵买方之日起 7 天内由买方检验,如质量有异议,应及时通知卖方,卖方必须在接到通知后 3 天内派员到现场处理,否则视作卖方同意买方的检验结果和处理意见。另外,内在质量必须与卖方提供的测试报告相符,且负责期限为十个月。标准中规定允许下偏差的指标,有下偏差的货物数量必须少于 20%。

四、包装要求及费用负担:匹装入胶袋,包装单应列出布号,缸号,合同号,色名及码数等,一次性送货到买方工厂,费用由卖方承担。

五、结算方式:货到买方工厂后付足总货款的 70%,面料全验合格后(30 天内),付清 30%余款。卖方提供增值税发票。

六、样品提供办法:卖方提供每个花色 2 m 的实样,于发货前免费送给买方,经买方确认后方可交货。

七、违约责任:

a) 交货期延误,付违约金:三天内,每天扣 0.5%货款;一星期内,每天扣 1.0%货款。

b) 其他违约的,违约方必须赔偿另一方(包括利润)的损失。

八、解决合同纠纷方式:

通过协商友好解决,如果协商不能达成一致,在买方所在地人民法院起诉。

九、其他约定事项:

1. 实际结算货款以发货数量(合格品)为准。

2. 本合同一式两份,买卖双方各一份,盖章升效。另本合同及附件如需修改,须经双方协商一致,并以书面形式加以确认。

3. 非经买方明示认可,卖方向买方业务员个人或其指定的其他个人或单位支付的所有各种回扣,奖金,手续费等,都将被看作是商业贿赂款项。在此情况下,卖方有义务向买方道歉并向其支付三倍于上述款项的惩罚性违约金,同时,买方可即时终止本合同的继续履行,相关损失由卖方承担。

4. 卖方将保守买方商业秘密,承诺不将其泄露,转让,出卖或擅自许可他人使用。此商业秘密包括卖方生产,打样过程所需而由买方提供的样品,图纸,以及所有其他与本合同相关的信息与资料等。

5. 因卖方未按期交货或虽按期交货,但质量不符合要求而退货造成买方延误货期,导致外商索赔,所造成的经济损失由卖方承担。

买方:宁波乘风服饰进出口有限公司　　　　　　卖方:常州信谊纺织厂
地址:宁波风华路 495 号　　　　　　　　　　　地址:常州中山路 1882 号
Tel : 0574-86329926　　　　　　　　　　　　Tel : 0519-52330398
联系人:赵伟博　　　　　　　　　　　　　　　联系人:刘莉
买方签字盖章_____　　　　　　　　　　　卖方签字盖章_____

注:1. 匹长:指布卷的长度。通常的匹长要求是不低于 30 码(约合 27 m)。

　　2. 假开剪:面料企业为了满足最小匹长,对一些严重疵病不开剪,仅在布边挂一色线作为疵病标记,即所谓的"假开剪"。注意,假开剪是一个标记,不等于有了个这个标记,疵病就可以接受。假开剪的数量应该在疵病评分可接收的范围以内。

购销合同

　　根据(中华人民共和国合同法)及相关法律、法规的规定,甲乙双方经友好协商,为商品购销共同达成如下条款并承诺遵照执行。

　　第一条:商品的名称、规格、数量及价款。

签订合同日期:09.04.22

名称	规格					单价(元/条)	小计	总计
	拉链长度码带颜色	70 cm	71 cm	72 cm	73 cm			
5# YKK 左插单头树脂拉链 + DADHR 拉头	白色	472	780	701	272	0.90	3 020.4	3 892.96
	黑色	256	405	342	128			
3# 隐性尼龙拉链 + 普通拉头		15 cm	15.5 cm					
	酸橙黄 PMS382C	1 251	973			0.26	872.56	
	黑色	662	470					

货款合计金额(大写):叁仟捌佰玖拾贰元玖角陆分

备注:
1. 拉链颜色,材质正确;无脱色、脱漆、变色的现象。
2. 拉头结实,经得起反复拉动,开合顺畅,无任何阻力。
3. 拉齿吻合缜密均匀,无缺齿,无缺铆现象。
4. 5# 拉链为左插。
5. 交货期为 2009 年 6 月 10 日。

　　第二条　商品的质量标准:按照乙方最终的确认样为标准。

　　第三条　商品的检验标准和方法:乙方在验收时如发现商品短缺、包装破损,应当在收货单上签注,如发现商品错发则应当拒收。乙方如发现商品的规格、数量、质量等项目不符合本合同的约定,请在收到商品当天通知我们,否则将认为默认合格。

　　第四条　付款条件:乙方需在确认合同后支付给甲方销售合同上的实际总价,款到发货。

　　乙方应当按照甲方制定的银行账户向甲方支付价款。如银行账户变更,甲方应当在合同约定的付款日 48 小时前书面通知乙方。乙方承诺不以收到甲方的发票为由拒付价款。

　　甲方的银行账户:

　　第五条　甲方应当在本合同签订后 7 日内向乙方交付全部商品,乙方应当在收到商品在收货单上签注。甲方应当按照乙方指定的地址将商品交付给乙方,如收货地址变更,乙方应当在合同约定的付款日 48 小时前书面通知乙方。因乙方变更收货地址而增加的费用由乙方承担。甲方的违约责任:倍偿订单的全额费用

　　乙方的收货地址: 广州增城新塘镇口大道 155 号

　　第六条 甲乙双方应履行的行为:如甲乙双方在履行合同期间违反了合同的签署内容,将按事情的轻重状况赔偿对方应有的赔偿金额。

　　第七条 本合同一式二份,具有合同等效力,经双方签字(盖章)生效。

买方

金寰(惠东)服装有限公司

卖方

浙江常安拉链有限公司

三、面辅料采购跟单

在采购单下达以后,跟单员要负责跟踪面辅料大货生产和到货情况,以便及时掌握生产的进度,做出相应的安排。因此,跟单员要制定一份物料采购订单的跟单进度表(简称"跟进表")。

物料跟进表通常要包括每份订单的款号、数量、采购数量、到货数量、下采购单的时间、到货时间等信息。

【任务安排 1】

请根据 Patagonia 客户的订单(合同号:CF-FZ-09-0110W)所下达的采购申请单和采购合同,制定一份物料采购进度跟踪表。

【解答】

物料采购跟单进度表

客户:PATAGONIA　　　款号:65671-65673LTD　　　订单数量:3 600/3 240/3 960 件　　　订单交期:2009-6-30

品名	规格	下单日期	交货期	实际交货期	下单数量	实际到货数量	不能及时交货原因	备注
棉毛布 180~190 g/m²	白色	2009-1-23	2009-2-23		438 kg			
	蓝色 P277U				281 kg			
缝纫线	蓝色 P277U	2009-1-23	2009-3-10		150 个			
	LT apple				70 个			
	白色				53 个			
五爪扣	蓝色 P277U	2009-1-23	2009-3-10		34 020			
主唛	65671LTD 3M/6M/9M	2009-1-23	2009-3-10		1 260 个/1 260/1 260			
	65672LTD 3M/6M/9M				1 134 个/1 134/1 134			
	65673LTD 3M/6M/9M				1 386 个/1 386/1 386			
吊牌		2009-1-23	2009-3-10		11 340 个			
价格牌	65671LTD 3M/ 6M/9M	2009-1-23	2009-3-10		1 260 个/1 260/1 260			
	65672LTD 3M/6M/9M				1 134 个/1 134/1 134			
	65673LTD 3M/6M/9M				1 386 个/1 386/1 386			

跟单员:楼宇

【评析】

物料采购跟踪表要将每份订单下的所有材料列出,在生产过程中根据实际情况进行填写,对于全部物料已经到齐的订单可以安排下一步的生产,同时对于物料没有到齐的订单要注意及时跟催,以防后继生产来不及造成不能及时交货,从而引起延期交货或客户的索赔等一系列的麻烦及问题。

【任务安排 2】

请根据荷兰客户的订单(合同号:CFFZ090214)所下达的采购申请单,缮制一份物料采购进度跟踪表。

【解答】

物料采购跟单进度表

客户:荷兰　　　款号:SU264604/2269/ PEDW-123　　　订单数量:408/1 2 34/1 555　　　订单交期:2009-7-4

品名	规格		下单日期	交货期	实际交货期	下单数量	实际到货数量	不能及时交货原因	备注
320T 600 mm 防水消光 尼龙	亮蓝色 PMS639C		2009-4-22	2009-6-10		1 050 m			
	黄色 PMS382C					800 m			
	灰色 PMS 冷灰 8C					200 m			
	黑色					4 710 m			
网眼布	黑色		2009-4-22	2009-6-10		4 880 m			
罗纹	黑色 240 g/m²		2009-4-22	2009-6-10		18.5 kg			
汽眼¾英寸	黑色		2009-4-22	2009-6-10		6 700 付			
5# 左插 树脂拉链	白色	70 cm	2009-4-22	2009-6-10		471 根			
		71 cm				780 根			
		72 cm				701 根			
		73 cm				272 根			
	黑色	70 cm				256 根			
		71 cm				405 根			
		72 cm				342 根			
		73 cm				128 根			
3# 尼龙 隐形拉链	黄色	15 cm	2009-4-22	2009-6-10		1 252 根			
		15.5 cm				973 根			
	黑	15 cm				661 根			
		15.5 cm				470 根			
1 英寸宽橡筋	黑色		2009-4-22	2009-6-10		4 530 m			
⅛英寸宽棉绳	扁平,黑色		2009-4-22	2009-6-10		3 700 m			
圆棉绳	白色		2009-4-22	2009-6-10		5 300 m			
车线	黑色		2009-4-22	2009-6-10		672 个			
吊牌			2009-4-22	2009-6-10		3 360 个			
旗标			2009-4-22	2009-6-10		3 360 个			
贴纸			2009-4-22	2009-6-10		3 360 个			
洗水唛			2009-4-22	2009-6-10		3 360 个			

跟单员:楼宇

四、大货面辅料检验

目前很多服装企业存在的错误做法有:

(1)在物料到达加工厂之后,不能及时检验品质。

(2)除了不能及时检验品质外,数量也不能及时清点。在裁剪结束后才发现数量短缺,致使尺码搭配不符合订单要求。

(3)面料检验与铺料同时进行。由于铺料工与检验员的工作职责、内容不同,并不能及时有效发现面料问题。

（4）某些服装企业倚赖100%的裁片检验。但是如果换片率过高,会造成严重的色差问题。如果在裁片检验时才发现面料的品质不良,会让工厂陷于巨大经济损失的困境。因为面料供应商不可能接受退回的裁片,另外缝纫车间还会被迫停工,影响交货期。

不管是在半成品阶段还是在成品阶段才发现面料品质不良,都将使服装企业陷于被动局面。不论何种情况发生,如果不能履行交货期就可能会导致客户取消订单或者索赔。因此,最好的预防方法是在生产前发现问题、解决问题。

（一）面料的品质控制

1. 面料的品质控制原则

（1）面料生产过程中全程监控。

（2）立即检验。

（3）不合格的面料,不开裁。

2. 面料检验的主要项目

（1）织物规格（克重、纱支、幅宽、织物密度、组织结构等）;

（2）纤维成分;

（3）安全性能（阻燃性能、甲醛、偶氮、重金属、PH值等的含量测试）;

（4）使用性能（色牢度、缩水率、起毛起球性能等）。

3. 面料检验的方法

"四分制"、"十分制"都是服装面料疵病检验评分标准,但目前在大多数服装企业当中普遍使用的是"四分制"。

四分制法:是将目测到的面料疵病进行量度,并按右表所示的规定进行评分。

该表的评分标准较为简单,但是在实际应

"四分制"面料疵病检验表

疵病尺寸	评分标准
<7.5 cm（3英寸）	1
≥7.5 cm（3英寸）,小于15 cm（6英寸）	2
≥15 cm（6英寸）,小于23 cm（9英寸）	3
≥23 cm（9英寸）	4

用时,不能机械地套用,而是要符合实际情况,从面料的可裁剪性、可加工性以及损耗率的角度综合考虑,在应用四分制进行疵病评分时,需注意以下要点:

疵点扣分以看得见为原则,轻微的、不易觉察的疵点不予扣。

（1）1 m内的疵点扣分不超过4分。

（2）当两个疵病交叉时,按较为严重的疵病评分。

（3）任何形式的破洞、破损、污渍或者严重影响外观的疵病一律评4分。

（4）局部波浪状的起皱、紧边、窄幅评4分。

（5）重复性疵病（在一个布匹内重复性出现）一律评4分。

（6）边疵,一般不会影响服装加工,所以从宽评分。对破边或豁边,经向每长7.5 cm（3英寸）以内评1分;对针眼边深入到1.5 cm以上,每米评1分;卷边每米评1分。

在实际检验中,把4分疵病、通幅性疵病、长度超过1 m的疵病和重复性疵病都视作严重疵病,对严重疵病还有以下限制:

① 当一个布卷内的重复性疵病超过10 m,该布卷不合格,不论疵病评分是多少。

② 10 m内含有一个以上的严重疵病时,该布卷不合格,不论疵病评分是多少。

③ 在布卷的头3 m和末3 m含有一个严重疵病时,该布卷不合格,不论疵病评分是多少。

其他被认为不合格的还有：

① 当小疵病较为分散并且其超过一定数量时，需慎重对待。因为分散性的小疵病会影响服装的可加工性和最终成衣的品质，此时该布卷可能被评为不合格。

② 面料的严重紧边或者松边，或者布面的波浪形皱纹，由于其可能会影响裁剪，不管评多少分，该布卷不合格。

对某些特殊的面料，如麻织品，其棉结、竹节或粗节疵病的评分可由供需双方事先约定。

（7）K 值。为了能直观地说明并比较面料的品质状况，可用 100 m^2（或 100 平方码）的疵病评分予以表示，统称为 K 值。首先将被检布匹的疵病记录，如验布记分表所示（见 页），然后按下式计算一匹（卷）布的 K 值。

① 以 K_m 表示 100 m^2 的疵病评分：$K_m = \dfrac{p}{WL} \times 100$，其中：$P$ 为一匹（卷）布的疵病评分累计；W 为织物的幅宽（m）；L 为被检布匹的长度（m）。

② 以 K_e 表示 100 平方码的疵病评分：$K_e = \dfrac{P \times 36}{WL} \times 100$，其中：$P$ 为一匹（卷）布的疵病评分累计；W 为织物的幅宽（英寸）；L 为被检布匹的长度（码）。

$K_m \approx 1.2 K_e$，K 值直观地反映了该匹布的疵病情况，例如计算的结果 $K_m = 24$，这就表示每平方米有0.24分的疵病，这是可以接受的。一般情况下，常规面料单个布卷（单匹）的 K_m 值可小于 $24 \sim 30$（K_e 为 $20 \sim 25$），具体值可根据不同的品种选择，也可根据客户不同的要求来定。

通过 K 值，可以对面料的品质进行分级，并以此可指导生产。比如：

① 当 $K_m \leqslant 12$（$K_e \leqslant 10$）说明面料的品质情况很好，在服装加工中可以放心使用。

② 当 K_m 值在 $12 \sim 24$（K_e 为 $10 \sim 20$）范围内，说明面料品质情况较好，在裁剪铺料时稍注意一下疵点，由质量主管决定是否需要 100% 检验裁片。

③ 当 K_m 值在 $24 \sim 30$（K_e 为 $20 \sim 25$）范围内，说明面料面料也可接受，在裁剪面料时，要注意发现疵点，对疵点做必要的记号或剔除，并需要 100% 检验裁片。

④ 当 K_m 值在 $30 \sim 36$（K_e 为 $25 \sim 30$）范围内，根据品种及客户要求，面料品质也许勉强可接收，但在服装加工时要特别注意疵病对成衣品质的影响。除了裁剪铺料进剔除疵病，100% 检验裁片外，需准备较多的换片及配片。

⑤ 当 $K_m > 36$（$K_e > 30$）时，该面料不予接受。

（二）辅料的品质控制

辅料包括除面料以外的所有物料，如里布、钮扣、拉链、织唛、吊牌、缝纫线、胶袋等。下面结合童装订单中所涉及的辅料进行说明。童装订单中的辅料主要有揿钮（Ring Snap）、印花片（Printing）、胶袋（Polybag）、条码贴纸（Barcode Sticker）、洗唛、纸箱等。

1. 揿钮

因为要考虑配色，揿钮一般是在大货面料生产出来之后才能提交样品给客户。如果时间来不及，根据色卡去配色也可以，但有可能会造成与大货面料色差的问题。

除了颜色外，还要注意以下问题。

（1）大小；

（2）金属钮扣的表面质量：表面光洁度；

（3）含铅、镍、镉量（不同国家有不同的要求，专业测试机构测试）；

（4）装订质量：不能露爪。

2. 印花片

（1）花型图案的内容；

（2）颜色；

（3）外观品质；

（4）大小；

（5）含铅量测试。

注：对胶印的针织物，在水洗时和用力拉时不能产生裂痕，印花才算是达到质量要求。

3. 胶袋

根据客户的要求选择，材质不能更改。尺寸大小客户没有指定，可以自己根据衣服大小定。印刷内容必须准确。有的胶袋上可能要求印一些标志，如警告语、可回收标志和绿色环保标志。

4. 条形码

条码可分为一维条码（One Dimensional Barcode，1D）和二维码（Two Dimensional Code，2D）两大类，目前在商品上的应用仍以一维条码为主，故一维条码又被称为商品条码。

UPC 码（Universal Product Code）是最早大规模应用的条码，其特性是一种长度固定、连续性的条码，目前主要在美国和加拿大使用，由于其应用范围广泛，故又被称万用条码。

EAN 码的全名为欧洲商品条码（European Article Number），由欧洲 12 个工业国家所共同开发，我国于 1991 年 7 月参加该协会。

条形码编号都是客户给的。按客户的要求制定好条形码后必须寄给客户去刷条码机，看是否能刷出，并且是否正确。而且有不同的等级，按清晰程度好坏分 A、B、C、D、F 级或 4、3、2、1、0 级。一般客户要求在 B 级或 3 级。

5. 洗唛

（1）规格；

（2）材质（密度不够、手感过硬或过软、外观不平整、织标皱缩、卷曲或歪斜：热定型解决、织标吸色：成衣染色或水洗、织标褪色）；

（3）内容（如果是不懂的外文，还需要逐个字母去核对）；

（4）字体。

6. 纸箱

（1）材质：即纸面所选用的材料、厚度、新旧、克数等。最常见的三种材质是：牛皮纸（又叫牛皮卡）、箱板纸、茶板纸；

（2）瓦楞的分类：即使使用同样质量的面纸和里纸，由于楞形的差异，构成的瓦楞纸板的性能也有一定区别。目前国际上通用的瓦楞楞形分为四种，它们分别是 A 型楞、C 型楞、B 型楞和 E 型楞；

（3）层数：常用纸箱分为三层（俗称"3 墙 2 坑"或"双瓦楞"）和五层（三瓦楞）。服装一般都选用三层（但必须保证三层纸箱质量要好，密封防水），怕压怕震和贵重电子产品一般才用五层纸箱；

（4）尺寸；

（5）箱唛；

（6）打包要求：有些客户会由于环保需要，要求纸箱是无钉纸箱、不能用封箱带等。

【任务安排 1】

根据 Patagonia Clothing Co. Ltd 客户合同（CF-FZ-09-0110）要求，大货面料需要送交 ITS 进行检验。请填写一份检测申请表。

【解答】

Intertek

General Textile Test Requisition Form 纺织品普通测试申请表　　　Form No.:

Service Required（测试服务）：
☒Four-day-service 4 天　☐Three-day-service 3 天(40% Surcharge)　☐One-day-service 1 天（100% Surcharge）　☐Same day service 当天(150% Surcharge)

Applicant（申请单位名称）：宁波乘风服饰进出口有限公司	**Please keep one copy 请保留副本**
Address（地址）：浙江省宁波市风华路 495 号乘风大厦 409 室	**Job No.:**
Contact（联系人）：楼宇	

Tel（电话）： 0574-86329926	Fax（传真）： 0574-86329283	Email（电子邮箱）： louyu@chengfeng.net

Payer（付款单位）：宁波乘风服饰进出口有限公司	Contact（联系人）： 楼宇
Address（地址）：浙江省宁波市风华路 495 号乘风大厦 409 室	Zip Code（邮编）： 315211
Tel （电话）：Fax 0574-86329926	（传真）： 86329283

备注：如果申请单位与付款单位不符，付款单位拒绝付款时，申请单位有责任付款。Applicant has the duty to pay the testing expenses in case payer rejects the payment.

Report Delivered to（报告原件寄往）：☒Applicant（申请方）☐Payer（付款方）
Invoice Delivered to（发票寄往）：☒Applicant（申请方）☐Payer（付款方）

Sample Description 样品描述

Sample name（样品名称）: interlock	Number of samples（样品数）: one
Color（颜色）: P277u blue	Fiber composition（原料成份）: 100% cotton
Product End Uses（产品最终用途）: children' garment	☐Men ☐Women ☒Children ☐Infant
Order No.（定单号）: CF-FZ-09-0110	Style No.（款号）: 65671LTD
Vendor（贸易商）:	Manufacturer（生产商）: Changzhou Xinyi　Buyer's name（买家）: Patagonia Colthing Co,Ltd

Care Instruction（洗涤方法）：

∪ △ ⊐ ○ ▢

* Care instruction should be indicated if applying for dimensional stability, colour fastness to washing or appearance retention test.
（如申请尺寸稳定性，水洗色牢度或外观持久性测试请务必注明标签指示）

Test Required（测试项目）：

| Dimensional Stability/Shrinkage（尺寸稳定性）
☐Washing（水洗）
☐Drycleaning（干洗）

Appearance Retention（外观持久性）
☐After Laundering（水洗之后）
☐After Drycleaning（干洗之后）

Colour Fastness（色牢度）
☒Washing（水洗牢度）
☐Drycleaning（干洗牢度）
☒Rubbing/Crocking（摩擦牢度）
☒Light（日晒牢度）
☐Perspiration（汗渍牢度）
☐Water（耐水牢度）
☐Actual Laundering（实际洗涤）
☐Chlorine Bleach（氯013漂白）
☐Non-chlorine Bleach（非氯性漂白） | **Physical（物理性能）**
☐Tensile Strength（拉伸强度）
☐Tear Strength（撕破强度）
☐Seam Slippage（接缝滑移）
☐Seam Strength（接缝强度）
☐Bursting Strength（顶破强度）
☒Pilling Resistance（抗起毛球性）
☐Abrasion Resistance（耐磨性）
☐Thread Per Inch/Stitch Density（线圈密度）
☐Yarn Count（纱线支数）
☐Fabric Weight（织物克重）
☐Zipper Strength （拉链强力）

☒Flammability（燃烧性能）

☐Fibre Content （纤维成份）
☐PVC qualitative（PVC 定性）

☐Care Label Recommendation（洗涤护理标签） | **Chemical（化学性能）**
☐Azo dyestuff（偶氮染料）
　☐Individual Test（单色）
　☐Mixed Test（混色）
☐Formaldehyde Content（甲醛含量）
☐pH Value（酸碱值）
☐PCP（五氯苯酚）
☐TBT（三丁基锡）
☐Phthalate Content（邻苯二甲酸盐）
☐Extractable heavy metals（可萃取重金属）
☐Soluble heavy metals（可溶性重金属）
☐Release of nickel（镍释放量）
☐APEO（烷基酚聚氧乙烯醚）
☐Carcinogenic dyes（致癌染料）
☐Allergenous disperse dyes（致敏感染料）
☐Determination of odour（气味）
☐Cadmium（镉）
☐Lead Content（铅）
☐Chromium VI（六价铬）
☐Pesticides（杀虫剂） | **Other Tests (Please Specify) 其它(请注明)：**
——
——
——

Is this a Re-Test?
☐Yes, previous report no. is
（重测，请提供原报告号码）
Test Method reference to 采用的测试方法
☐AATCC/ASTM (U.S.A.) 美国
☐ISO (International) 国际标准
☐BS (U.K.) 英国
☐GB (China) 中国
☐Others (Please specify) 请列明

Product Exported to / Market（产品最终销往） |

Comment（评语）：☒Yes（需要）　☐No（不需要）

Report Service：☐Fax 传真　☒E-Mail 电子邮件　☐Express 特快专递（到付）　☐Self pick-up 自取

We apply for the above tests and agree that all testing will be carried out subject to INTERTEK TESTING SERVICES LTD., Guangzhou's scale of charges as set forth in their latest pricelist of which we have seen a copy and upon and subject to the terms and conditions set out hereon and overleaf.[我们申请的以上测试，将依照广州天祥技术服务有限公司所制定的一价目表来收费；附加相关的条款请参看背页]
*以上资料须如实填写，报告完成后如需修改报告内容，将收取报告修改费用。

Date 日期：　**2009 年 5 月 25 日**	**Authorized Signature and Company Chop of the Applicant** 申请公司盖章及代表签名： **Intertek Group**

3/F., Hengyun Building, 235 Kaifa Ave., Guangzhou Economic & Technological Development District, Guangzhou 510730, China
广州经济技术开发区开发大道 235 号恒运大厦 3 楼（邮编：510730）
Tel# +86 20 8396 6868　　Fax# +86 20 8206 8099

【任务安排 2】

　　根据测试申请表，ITS 对送样进行了检测。检测报告如下，请分析测试结果。

Intertek

TEST REPORT

Number：HGHT00932829

Applicant：**Ningbo Chengfeng Garment Imp & Exp Co. Ltd.**　　　　　　Date：Jun1, 2009

　　　　　　Room 409 Cheng Feng Building, No. 495, Fenghua Road,

　　　　　　Ningbo, Zhejiang Province 315211, China

Sample Description As Declared ：

No. of Sample	:	One
Fiber Content	:	100% cotton
Finishing	:	
End Uses	:	Children' Garment
Color	:	P277u Blue
Style No.	:	65671LTD\65672LTD\65673LTD
Order No./PO No.	:	CF-FZ-09-0110
Buyer's Name	:	Patagonia Clothing Co. Ltd
Manufacturer's Name	:	Changzhou Xinyi

Date Received/Date Test Started . Jun1, 2009

Prepared And Checked By

For Intertek Testing Services Ltd. Guangzhou

_____

Manager

（续）

TEST REPORT

Number：HGHT00932829

Conclusion：

Color Fastness To Washing	M
Color Fastness To Crocking	M
Color Fastness To Light	M
Pilling Resistance As Received	M
Wearing Apparel Flammability	M1

Note：C = Conform Label　　　　　　　M* = Commercially Acceptable

　　　M = Meet Applicant's Requirement　　F* = Fail

　　　F = Fail To Meet Applicant's Requirement　　N/A = Not Applicable

　　　♯ = No Comment

　　　M1 = Based Upon The Results of The Flammability Test Reported. The Sample Submitted For Testing is
　　　　　Rated As A Class 1 Material（Normal Flammability）When Tested And Classified In Accordance With
　　　　　Procedures And Requirement of The Federal Flammable Fabrics Act Of 16 CFR Part 1610
　　　　　Originally Effective From January 1953 And As Amended In 2008.

Prepared And Checked By

For Intertek Testing Services Ltd. Guangzhou

————————————————————

Manager

（续）

TEST REPORT

Number：HGHT00932829

Tests Conducted（As Requested By The Applicant ）

1. Color Fastness To Washing(45 Minutes Mechanical Wash At 105˚F In 0.15% AATCC WOB Detergent Solution With 50 Steel Balls)：

		Applicant's Requirement
Color Change	4.5	4.0
Color Staining		4.0
– Acetate	4.5	
– Cotton	4.5	
– Nylon	4.5	
– Polyester	4.5	
– Acrylic	4.5	
– Wool	4.5	

2. Color Fastness To Crocking （AATCC 8-2005）：

		Applicant's Requirement
Dry	4.5	4.0
Wet	4.5	3.5

3. Color Fastness To Light （AATCC 16-2004，Option3，Xenon-Arc. Lamp）：   Applicant's

20 Hours Exposure   Requirement

Grade	4	4.0

4. Pilling Resistance As Received （ASTM D3512-2005，Random Tumbler）：

		Applicant's Requirement
After A 30-Minute Test		
Rating	2	3.0

Remark：Viewing Option – ASTM Lightbox

（续）

Intertek
TEST REPORT

Numter：HGHT00932829

5. Wearing Apparel Flammability：

6. CFR Part 1610（As Amendment In 2008 ）

☑ Plain Surface ☐ Raised Surface

Burn Direction：☐ Length ☐ Width		Burn Direction：☑ Length ☐ Width	
Prelim Raised Surface：		Prelim Raised Surface：	
Length		Length	
Width		Width	
Prelim Plain Surface ：		Prelim Plain Surface ：	
Length	DNI	Length	DNI
Width	DNI	Width	DNI
	Blue （Sec. ）		Blue （Sec. ）
1.	DNI	1.	DNI
2.	DNI	2.	DNI
3.	DNI	3.	DNI
4.	DNI	4.	DNI
5.	DNI	5.	DNI
6.		6.	
7.		7.	
Average：		Average：	

Classification：☑ Class 1 Normal Flammability

☐ Class 2 Intermediate Flammability，Raised Surface

☐ Class 3 Rapid And Intense Burning

Explanation of Flammability Results ：

DNI Did not ignite.

♯ Cleansing Condition：The sample first undergone dry cleaning in perchloroethylene with cationic detergent
And then washed accordance with AATCC 124—2006，Test No.（1）IVA（Ⅲ）.12 Minutes
Machine Wash At 120˚F，Normal Cycle，Followed By Tumble Dry Permanent Press.

【评析】
1．测试报告抬头

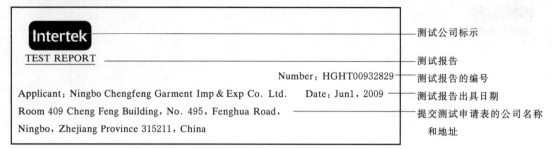

Intertek	——— 测试公司标示
TEST REPORT ———	测试报告
Number：HGHT00932829	测试报告的编号
Applicant：Ningbo Chengfeng Garment Imp & Exp Co. Ltd. Date：Jun1，2009	测试报告出具日期
Room 409 Cheng Feng Building，No. 495，Fenghua Road，	提交测试申请表的公司名称
Ningbo，Zhejiang Province 315211，China	和地址

2．测试样品基本信息

Sample Description As Declared：		
No. of S ample：	One ———	样本数量
Fiber Content	：100％cotton ———	纤维成分
Finishing	：———	后整理方式
End Uses	：Children' Garment ———	最终用途
Color	：P277u Blue	颜色
Style No.	：65671LTD\65672LTD\65673LTD ———	款号
Order No./PO No.	：CF-FZ-09-0110 ———	订单号
Buyer's Name	：Patagonia Clothing Co.Ltd	买方
Manufacturer's Name	：Changzhou Xinyi ———	加工厂
Date Received/Date Test Started . Jun1，2009———		收到日期/开始测试日期

3．测试报告核对人信息

Prepared And Checked By
For Intertek Testing Services Ltd. Shanghai

_____

Manager

4．各项指标的测试结果

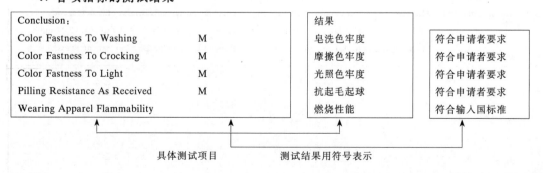

Conclusion：		结果	
Color Fastness To Washing	M	皂洗色牢度	符合申请者要求
Color Fastness To Crocking	M	摩擦色牢度	符合申请者要求
Color Fastness To Light	M	光照色牢度	符合申请者要求
Pilling Resistance As Received	M	抗起毛起球	符合申请者要求
Wearing Apparel Flammability		燃烧性能	符合输入国标准

具体测试项目   测试结果用符号表示

5．测试结果符号的具体注释

Note：C = Conform Label   M＊ = Commercially Acceptable

M = Meet Applicant's Requirement   F＊ = Fail

F = Fail To Meet Applicant's Requirement N/A = Not Applicable

♯ = No Comment

M1 = Based Upon The Results of The Flammability Test Reported. The Sample Submitted For Testing is Rated As A Class 1 Material（Normal Flammability）When Tested And Classified In Accordance WithProcedures And Requirement of The Federal Flammable Fabrics Act Of 16 CFR Part 1610 Originally Effective From January 1953 And As Amended In 2008.

6．各测试项目的具体测试数据

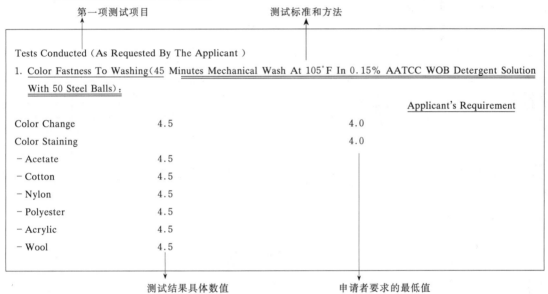

第一项测试项目   测试标准和方法

Tests Conducted（As Requested By The Applicant）

1. Color Fastness To Washing（45 Minutes Mechanical Wash At 105˚F In 0.15% AATCC WOB Detergent Solution With 50 Steel Balls）：

		Applicant's Requirement
Color Change	4.5	4.0
Color Staining		4.0
－ Acetate	4.5	
－ Cotton	4.5	
－ Nylon	4.5	
－ Polyester	4.5	
－ Acrylic	4.5	
－ Wool	4.5	

测试结果具体数值   申请者要求的最低值

技能训练

⑴ 请根据宁新进出口有限公司与客户签订的合同 S/C NO.CF-F2-STVD001 下的详细订单资料，制作一份面料（含腰里，口袋布）和拉链的采购计划。尺码数量搭配见下表。（客人最后下定腰里全部用绿色，口袋布用黑底印灰斜条。）

尺码数量搭配表   （件）

颜色＼数量＼尺码	30	31	32	33	34	36	38	40	小计
黑色	150	200	250	300	320	240	200	150	1 810
黑色条纹	100	150	240	250	320	200	120	85	1 465
深棕条纹	200	260	350	420	500	320	260	180	2 490
深卡其色	120	180	250	300	350	250	150	80	1 680
金属枪色	120	150	250	280	300	250	120	85	1 555
合 计	690	940	1 340	1 550	1 790	1 260	850	580	9 000

【解答】

面料采购单

客户：×××××   款号：Essex Pant   订单件数：1 810/1 465/2 490/1 680/1 555 件   下单日期：2009-9-23

产品名称	编号	颜色	规格（英寸）	单耗 m/件	核定数量	采购数量	交货期	备注
65/35TC 斜纹	Essex Pant-Bl	黑色	57/58	1.25	2 262.5 m	2 380 m	最迟交期 2009.10.15	5%备疵；可分配单色交货；单耗约为1.20～1.23 m/条
	Essex Pant-BlP	黑色条纹		1.25	1 831 m	1 923 m		
	Essex Pant-BrP	深棕条纹		1.25	3 112.5 m	3 270 m		
	Essex Pant-DK	深卡其色		1.25	2 100 m	2 200 m		
	Essex Pant-Gm	金属枪色		1.25	1 944 m	2 040 m		
纯棉布	Essex Pant-Gr	绿色	57/58	0.21	1 800 m	1 900 m	2009.10.15	5%备疵
纯棉印条	Essex Pant-Gr	黑底印灰色斜条	57/58	0.45	4 050 m	4 250 m	2009.10.15	5%备疵

特别提醒：请提交面料大货样，且大货面料颜色要与确认样一致。

申请人：×××   批准：×××

辅料采购单

客户：×××××   款号：Essex Pant   订单件数：1 810/1 465/2 490/1 680/1 555 件   下单日期：2009-10-18

产品名称	编号	码带颜色	规格（英寸）	核定数量	采购数量	交货期	备注
5#金属拉链＋方形拉头	5-0034-Bl	黑色	6	250 pcs	263 pcs	2009.10.28	5%备疵；码带必须与大货面料配色；单耗为1根/件
			6½	3 025 pcs	3 176 pcs		
	5-0034-Br	深棕色	6	200 pcs	210 pcs		
			6½	2 290 pcs	2 404 pcs		
	5-0034-DK	深卡其色	6	120 pcs	126 pcs		
			6½	1 560 pcs	1 638 pcs		
	5-0034-Gu	金属枪色	6	120 pcs	126 pcs		
			6½	14.35 pcs	1 507 pcs		

申请人：×××   批准：×××

（2）请根据荷兰客户合同 CFFZ090214 下的订单产品数量，缮制该订单下面辅料采购合同。（注意：一般情况下面辅料不是从一个工厂或公司订购的。）

【解答】

面料购销合同

供（甲）方：山东如意纺织有限公司　　甲方联系人：李经理　　　　合同编号：JH65
需（乙）方：金寰（惠东）服装有限公司　电　话：0755-25783160　签订地点：办公室
　　　　　　　　　　　　　　　　　　　传　真：0755-25989496　签订日期：2009 年 4 月 22 日

　　经双方充分友好协商，签订下列合同：

货品名称	质量规格	数量	单价（元/m）	金额（元）	备注
320T， 600 mm 防水 消光尼龙	亮蓝色 PMS639C 黄色 PMS382C PMS 冷灰 8C 黑色	1 050 m 800 m 200 m 4 710 m 共 6 760 m	￥12.00	￥81 120.00	大货布品质要求 外销一等品 大货布幅要求全部 58"
100%涤纶网眼布	黑色	4 880 m	￥8.00	39 040.00	
总计：120 160.00 元					
货款合计金额（大写）：拾贰万壹佰陆拾元整					

　　1．质量要求、技术标准：需方客人核批供方样办的标准生产。
　　2．验收标准、方法及提出异议期限：布料运抵需方之日起七天内由需方检验，如质量有异议，应及时通知供方，供方必须在接到通知后三天内派员到现场处理，否则视作供方同意需方的检验结果和处理意见。
　　3．包装要求及费用负担：匹装入胶袋，包装单应列出布号、缸号、合同号、色号及米数等，费用由供方承担。
　　4．交（提）货办法，地点及运输方式：须经需方派员初检合格，交货地点为广东东莞（详细送货地址待复），运输由供方负责。交货日期：2009 年 6 月 10 日全部交清。
　　5．L/C 60 天。
　　6．解决合同纠纷的方式：按《中华人民共和国合同法》所有规定执行。
　　7．其他约定事项：
　　因供方未按期交货或虽按期交货，但质量不符合要求而退货造成需方延误货期，导致外商索赔，所造成的经济损失由供方承担。
　　8．交货前需寄四码船头办到我司采购部批核，方能交货。
　　9．本合同一式叁份，供方执一份，需方执两份，自双方签名盖章之日起生效。
　　10．本合同为贵我双方预订合同，侯我司制定制衣厂与贵司另订面料购销合同后，我司此份合同自动取消。

买方　　　　　　　　　　　　　　卖方

金寰（惠东）服装有限公司　　　　山东如意纺织有限公司

国际第三方检测机构

第三方检测机构标志图

SGS：瑞士通用公证行(SGS)创建于 1878 年,是全球最大检验、鉴定、测试和认证机构之一。目前,SGS 分布于全球 100 多个国家和地区,已有 1 000 多个分支机构和实验室,42 000 多名员工。SGS 于 1991 年与中国标准技术开发公司合资建立了通标标准技术服务有限公司 SGS-CSTC。

INTERTEK TESTING SERVICE LTD,英国天祥公正行(简称 ITS),总部设于伦敦,1896 年成立,目前全球规模最大的商品质量检验、测试和认证机构之一。1988 年进入中国市场以来,目前已在全国建立了 19 家分支机构和实验室。

TUV 是德国技术监督协会的简称,德国是联邦制国家,各个州都有自己的技术监督协会。TUV 莱茵:总部在莱茵-威斯法伦州莱茵河伴的科隆市,是德国最早的 TUV 之一,也是德国最著名和全球最权威的第三方认证机构之一。

其他的还有:比利时 APRAGAZ,英国 BSI、CCQS、CEM、UL,德国南德 TUV、MED-CERT,荷兰 KEMA、TELEFICATION,意大利 IG、船级社 RINA、Certottica、ECM、CTEC,奥地利 TUV,挪威船级社 DNV,威灵顿消防集团(Warringtonfire),捷克 SZUT-EST、ITC,希腊 VIACERT、MIRTEC,斯洛伐克 EVPU、TSUS VVUD、SAFENET、CERT,保加利亚 RESEARCH INSTITUTE OF BUILDING MATERIALS 等。

其他检测机构标志图

第八章　服装大货生产跟单

在确认样经过客户确认以及大货面、辅料备好后，大部分客户会要求供应商或生产企业用准确的面、辅料制作产前样。在产前样确认以后，再召开产前会，检查各个细节，这就是产前品质管理（或称为产前检验）。

有效的产前品质管理（或称产前检验）是服装品质的重要保证，是准时交货的重要保证，也是服装跟单的重要内容。通过产前品质管理，可以把生产中可能出现的问题予以预防，也可以及早发现已经存在的错误，从而杜绝重大的质量事故；更可以让贸易部门、管理部门和生产部门统一标准，统一意见，生产出客户满意的成品。

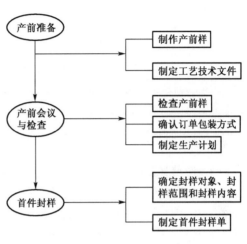

产前品质管理流程

一、产前样的制作与确认

1. 产前样的作用和意义

（1）代表即将生产的大货的面料、辅料、板型尺寸和相关技术参数。

（2）产前样确认 OK 后即可开始大货生产。相反，如果没有得到客人的确认意见，工厂不可以裁剪和生产大货；但认为有了客户认可的确认样，就没必要制作产前样，这样的观点是错误的。实际上确认样仅仅是款式和结构、工艺的参考，产前样才是生产的依据。

2. 产前样与确认样的区别

首先，制作确认样时的面辅料大都不是大货产品的用料，是面辅料供应商提供的品质样品。其颜色、手感、克重等品质指标一般都会与大货样略有差异。甚至有时候为了节约时间，确认样里面少量的面辅料是代用的。而产前样是大货生产前的最后一次样品，是生产的依据，必须严格同大货样。为了保证大货的顺利进行，为了降低由于面、辅料的变化而产生的品质问题风险，产前样是必须要完成的，不管客户是否要求提交。

其次，确认样一般只涉及一个有代表性的规格（如中间码），由于推档不准确等问题，其他规格可能会有错误。只有通过打齐码（或跳码）产前样，才能将这些问题提前解决，消除风险。

第三，确认样一般只涉及一个颜色，面辅料的配色有时也不是最匹配，这些都可以通过产前样制作得到及时的解决。

第四，按照品质管理的要求，在生产前必须对面辅料加工性能进行试验。例如黏合衬、撤扣的产前试验等。而制作产前样是对试验结果的再一次确认。

综上所述，可以把产前样认为是一个生产的标准、一个品质的标准、一次工艺的试验。它对服装的款式与尺寸准确、对保证成品品质、对生产的顺利进行和提高效率有着非同寻常的意义。

3. 制作产前样

产前样是用正确的大货面辅料制作的,原则上要求数量齐色齐码,但如果尺码过多或者颜色太多,也可以合理搭配。如下表:

产前样制作搭配表

Color	Navy	Charcoal	D.Green	Pink	L.Brown	Coffee	Khaki	Wine
S	×				×			
M		×				×		
L			×				×	
Xl				×				×

注:×表示制作产前样

4. 产前样的确认

产前样制作完成后,内部评审合格提交客户确认。在收到客户肯定的确认意见后方能进行大货生产。理单跟单员必须注意,必须在收到客户产前样的确认意见后才能安排后续生产。客户的样品确认意见(sample comments)一般包括以下几个方面:

(1) 样品的尺寸和试穿的意见;

(2) 做工和外观的意见(workmanship & appearance)。

对客户的意见必须予以重视,并在产前样的制作中或者在大货的生产中予以改进。如果由于某些原因而无法改进,在不影响服装性能和外观的前提下,应该在大货生产前请客户确认。

【任务安排】

请整理下面客户产前样的确认意见。

Hi Avon

The PP sample(3M) comments are as follows:

1. "Chicks dig me" — the word "chicks" the blue has too much white showing through. Placement of screen is too low s/b½ from the neck binding...pls see attached jpegs

2. "When God created me..." — screen colors are too bright compared to the approved strike off. Placement of screen is too low s/b½ from the neck binding & is crocked...pls see attached jpegs

3. "If you think I'm handsome..." — turtles don't follow approved strike off. Placement of screen is crocked & off center...pls see attached jpegs

The PP sample(3M) is not approved, pls re-submit for approve.

Best Regards,

Maria B

注:s/b 为 should be 的缩写;pls 为 please 的缩写

附样图

【解析】

客人对 3M 产前样的确认意见

1. "Chicks dig me"中"chicks"蓝色看起来有点太白了,且印花位置太低,改为距领包边 $1\frac{1}{2}''$,请参照附件图片。
2. "When God created me…"的颜色与确认样相比较太亮了,位置应距领包边 $1\frac{1}{4}''$,且字有些扭曲,请参照附件图片。
3. "If you think I'm handsome…"中小乌龟与确认样不一样,印花有点扭曲且位置偏离中心,请看附件图片。

二、生产工艺技术文件缮制

　　工艺技术文件(主要制作生产通知单和面辅料卡)必须正确无误。因为成衣生产涉及的部门、人员多,材料种类多,而工艺技术文件是把这些元素组织起来,使生产有一个可执行的标准。

　　在准备工艺技术文件时,要求工艺技术文件清晰。特别对所有有关商标、成分、吊牌、价格牌、包装袋、纸箱上的文字、数字、图形、颜色、位置等均应非常清楚地表示。

1. 生产通知单缮制

【任务安排 1】

根据 Patagonia Clothing Co. Ltd 客户合同（CF-FZ-09-0110，见第二章）下的订单资料，以及客户的相关 E-mail 确认意见，编写该订单的生产通知单。

以下是对于打样单不足资料的补充。

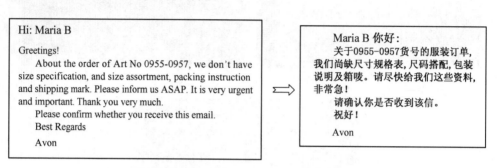

Hi: Maria B

Greetings!

About the order of Art No 0955-0957, we don't have size specification, and size assortment, packing instruction and shipping mark. Please inform us ASAP. It is very urgent and important. Thank you very much.

Please confirm whether you receive this email.

Best Regards

Avon

⟹

Maria B 你好：

关于0955-0957货号的服装订单，我们尚缺尺寸规格表，尺码搭配，包装说明及箱唛。请尽快给我们这些资料，非常急！

请确认你是否收到该信。

祝好！

Avon

Hi Avon:

See the attachment for the details of Art. No. 0955 - 0957's. If you have any question, pls contact with me.

Have a good time.

Maria B

Style No.	Size		
	3M	6M	9M
65671LTD	1 200	1 200	1 200
65672LTD	1 080	1 080	1 080
65673LTD	1 320	1 320	1 320

Shipping Mark:

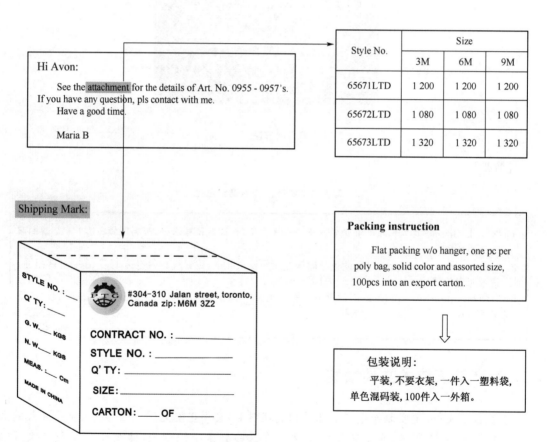

STYLE NO. : _____

Q' TY: _____

G. W.____ KGS

N. W.____ KGS

MEAS. : ____ Cm

MADE IN CHINA

#304-310 Jalan street, toronto, Canada zip: M6M 3Z2

CONTRACT NO. : _____

STYLE NO. : _____

Q' TY: _____

SIZE: _____

CARTON: ____ OF _____

Packing instruction

Flat packing w/o hanger, one pc per poly bag, solid color and assorted size, 100pcs into an export carton.

⇩

包装说明：

平装，不要衣架，一件入一塑料袋，单色混码装，100件入一外箱。

注：w/o 为 without

【解答】

生产通知单

客户下单日期：2009-1-10

客户	PATAGONIA	品名	男婴爬爬衫	款号	65671-73LTD	货号	0955-0957
面料	棉毛布	工厂	F621	数量	10 800＋5％备疵件	交货日期	2009-6-19

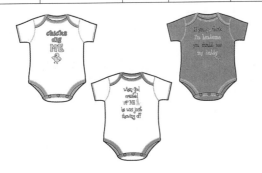

款式说明：
1. 该打样单中三款式，样板结构一样，但前中印花不一样。请注意印花图稿的位置。
2. 前后衣片在领口处无接缝，但肩膀处有重叠。
3. 裆底后衣片回折，与前衣片用3组五爪扣链接。

面辅料搭配

名称	65671LTD	65672LTD	65673LTD
大身面料	棉毛布，100％棉，克重 180～190 g/m²		
大身颜色	白色	浅蓝	白色
领口、腿口包边	浅蓝色棉毛布，100％棉，克重 180～190 g/m²。		
领口、腿口包边颜色	浅蓝	浅蓝	浅蓝
前胸印花	EM♯5011R1	EM♯5008R1	EM♯5022R1
按钮 15L	配包边色	配包边色	配包边色
明缉线颜色	P277U	苹果黄	P277U
暗线	配色	配色	配色
主唛	ML0955	ML0956	ML0957
吊牌	HT0955		
价格牌	PCT0955	PCT0956	PCT0957

工艺说明：
1. 针迹密度：领口、脚口五线包缝14针/3 cm，袖口袖底缝及侧缝四线包缝14针/3 cm，袖窿五线绷缝14针/3 cm。无跳线断线。
2. 按钮装订牢固、平整。
3. 包边宽窄一致，不起扭。
4. 袖口包边不拉还、不起褶皱。
5. 腿口包边接缝在左边（穿起计），右边无接缝。
6. 印花位置及颜色准确，无脱色褪色。
7. 成衣要求普洗。

箱唛

明细表（单位件）

款号	3M	6M	9M
65671LTD	1 200	1 200	1 200
65672LTD	1 080	1 080	1 080
65673LTD	1 320	1 320	1 320

装箱要求：平装。一件入一胶袋，单色（款）混码，100件入一外箱。外箱唛头如上图所示

（续）

客户	PATAGONIA	品名	男婴爬爬衫	款号	65671-73LTD	货号	0955-0957
面料	棉毛布	工厂	F621	数量	10 800＋5％备疵	交货日期	2009-6-19

代码	测量部位及方法（英寸）	3M	6M	9M	允差（±）
100	躯干长（肩颈点到裆底）	14.5	15	15.5	¼
100A	总长（肩颈点到胯）	11.5	12	12.5	¼
130	胸围（腋下1″）	9	9.5	10	⅛
180	肩宽	7	7.25	7.5	⅛
140	袖长（从肩端点量）	2.75	3	3.25	⅛
200	袖口大（松量）	3	3.25	3.5	⅛
	袖底缝长	1.25	1.25	1.25	MIN
220	袖隆大	4.5	4.75	5	⅛
250	前领深	1.25	1.5	1.75	⅛
255	后领深	0.63	0.625	0.63	⅛
275	横开领大（边至边）	3.75	4	4.25	⅛
276	最小领围（拉量）	21	21	21	MIN
	领包边宽	0.5	0.5	0.5	MIN
300	臀围（胯上2½″量）	9	9.5	10	⅛
330	腿围	3.5	3.75	4	⅛
1	腿口前后差	0.75	0.75	0.75	9
2	裆宽（按钮处）	3.5	3.5	3.75	⅛
3	裆底宽（回折处）	4.75	4.75	5	⅛
4	裆深（包边边沿到回折处）	1.75	1.75	1.75	MIN
5	腿口包边宽	0.63	0.625	0.63	MIN
	裆部按钮数	3	3	3	MIN
	肩斜	0.63	0.625	0.63	MIN

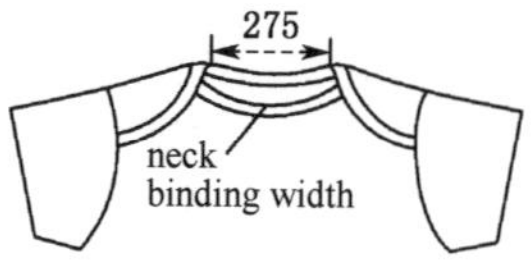

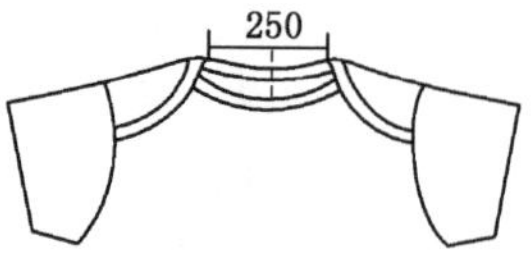

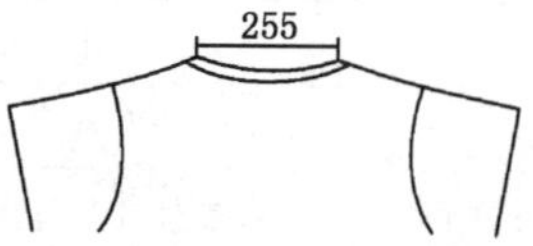

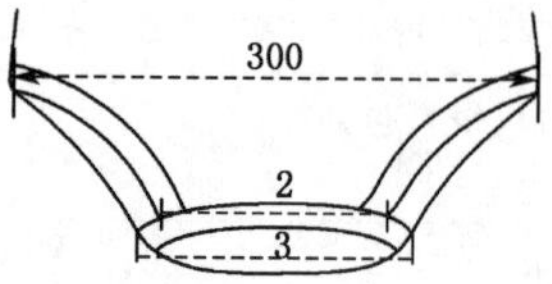

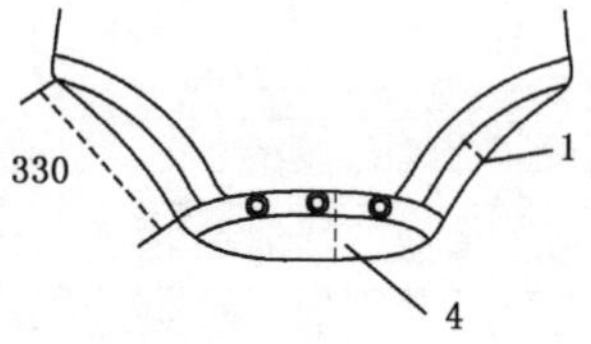

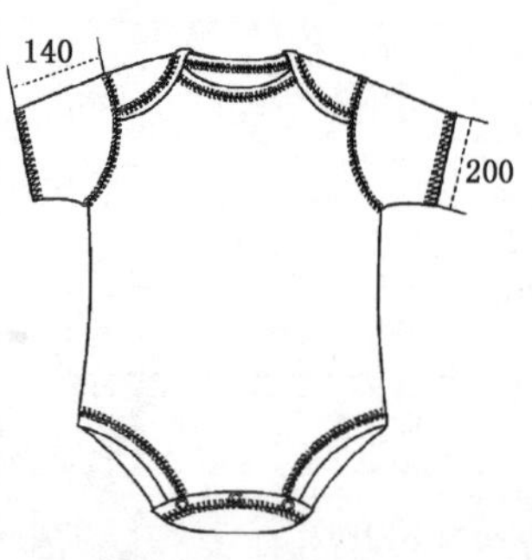

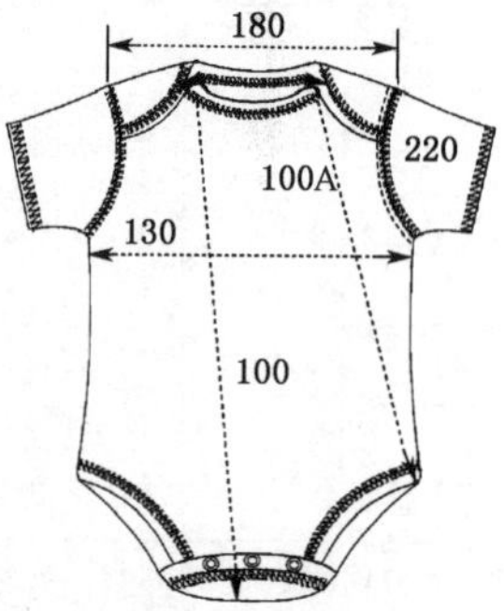

【任务安排 2】

根据 TIVOLI 客户合同（CFFZ090214，见第二章）下的订单资料，以及客户的相关 E-mail 确认意见，编写该订单的生产通知单。

【解答】

生产通知单

日期:2009.6.4

品名	男带帽拉链衫	款 号	Dax07021	订单数量	3 197 件	生产数量	3 250 件	工 厂	新贸
面料	320T 消光尼龙 600 mm 防水	订单号	CFFZ090214	水洗	成衣水洗	出货时间	2009.07.25	目的港	宁波

单位:英寸

	允差±	S	M	L	XL
前衣长（颈肩点）	$3/8$	28¼	29¼	30¼	31¼
胸围（腋下 1 英寸）	$3/8$	22¾	23¾	24¾	25¾

面料辅料搭配		条子组	黑色组	位置	数量
面料	320T 消光尼龙 600 防水	三色:绿,黄,黑	黑色+印花	大身+帽子	
大身/袖子里料	网眼	黑色	黑色	大身和袖子里布	
帽里	320T 消光尼龙	黑底三色印花	冷灰 8#	帽子里布	
车线		黑色	黑色	所有明暗线	
前胸 LOGO 印花	厚版浆印花 1¾英寸×¾英寸	黑色	翠绿色	左胸育克缝上¼英寸,胸袋上居中	
拉链	5# YKK 左揿树酯拉链	黑色	翠绿色	前中门襟	
拉头	DADHR +1 英寸本布拉祥	白色	大身黑色面料	前中门襟拉链	
隐形拉链	3# 普通拉头	配色	配色（黑色）	胸袋	
汽眼	¾英寸塑料	黑色	黑色	帽沿处 2 付	
1×1 罗纹	300 g/m²	黑色	黑色	斜插袋嵌条	

（续）

下摆	17	18	19	20	¼	橡筋	1 英寸宽	黑色	黑色	袖口和下摆
肩宽	18½	19¼	20	20¾	⅜	棉绳	½英寸宽亚光扁棉绳	黑色	黑色	帽沿．末尾回折¼英寸后套结做光
横开领	8	8½	9	9½	⅛	圆棉绳	0. 2 cm	白色	白色	门襟
前领深	4	4 1/8	4¼	4⅜	⅛	滚条	½英寸宽本布印花	黑底印 PMS 639C	黑底印 PMS 639C	内领线，帽中线
后领深	¾	¾	¾	¾	0	吊牌				穿起左袖窿底（腋点）
袖长（肩端点）	26	27	28	29	½	旗标				穿起右侧缝，距下摆拼缝 1½ 英寸
臂围（腋下 1 英寸）	9⅝	10⅛	10⅝	11⅛	⅛	贴纸		白底黑字	白底黑字	贴在穿起右口袋底下
袖口	3¾	4¼	4¾	5¼	⅜	洗水唛		白底黑字织唛	白底黑字唛	穿起计左侧缝，距下摆 3 英寸
帽高	14	14	14½	14½	⅜	主唛		黑布上印 PMS 639C	黑布上印 PMS 639C	居中缝在后领半月育克上

帽宽	11	11¼	11½	11¾	¼	订单数量搭配	货号	颜色	S	M	L	XL	合计	目的地
袋长	6¼	6½	6¾	7	0		2269	黑色	124	187	140	36	487	美国 SP09
前袋宽	⅞	⅞	⅞	⅞	0			拼色	166	267	229	85	747	
胸袋大	4½	4¾	5	5¼	0		SU264604	黑色	8	32	43	31	114	加拿大 SP09
胸袋袋布长	4½	4¾	5	5¼	0			拼色	36	93	113	52	294	
前中拉链长	29½	29⅞	30¼	30⅝	¼		PEDW-123	黑色	112	167	143	55	477	荷兰 SP09
前领高	2½	2½	2½	2½	0			拼色	247	383	326	122	1 078	

（续）

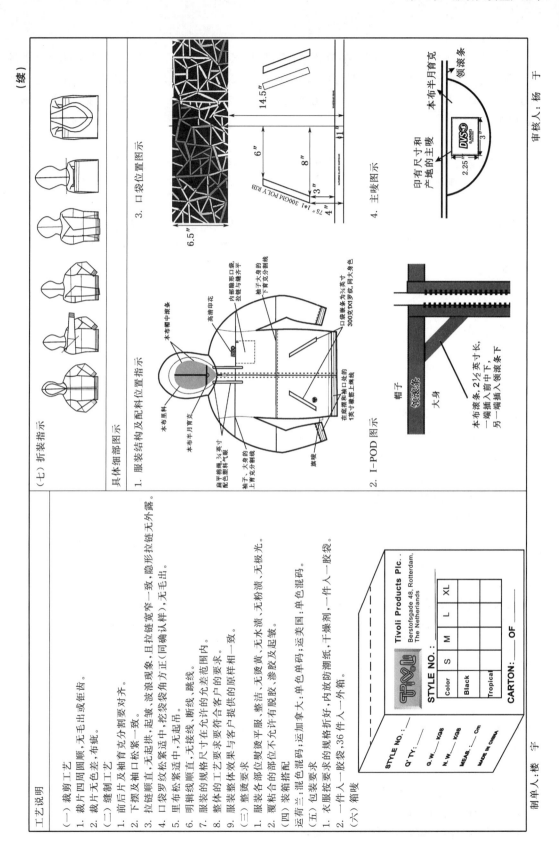

工艺说明

（一）裁剪工艺
1. 裁片四周圆顺，无毛出或钜齿。
2. 裁片无色差，布疵。

（二）缝制工艺
1. 前后片及袖育克分割要对齐。
2. 下摆及袖口松紧一致。
3. 拉链顺直，无起拱，起皱、波浪现象，且拉链宽窄一致，隐形拉链无外露。
4. 口袋罗纹松紧适中，挖袋袋角方正（同确认样），无毛出。
5. 里布松紧适中，无起吊。
6. 明辑线顺直，无接线、断线、跳线。
7. 服装的规格尺寸在允许的允差范围内。
8. 整体的工艺要求要符合客户的要求。
9. 服装整体效果与客户提供的原样相一致。

（三）整烫要求
1. 服装各部位熨烫平服、整洁、无烫黄、无水渍、无粉渍、无极光。
2. 覆粘合的部位不允许有脱胶、渗胶及起皱。

（四）装箱搭配
运荷兰：混色混码；运加拿大：单色单码；运美国：单色混码。

（五）包装要求
1. 衣服按要求的规格折好，内放防潮纸，干燥剂，一件入一胶袋。
2. 一件入一胶袋，36 件入一外箱。

（六）箱唛

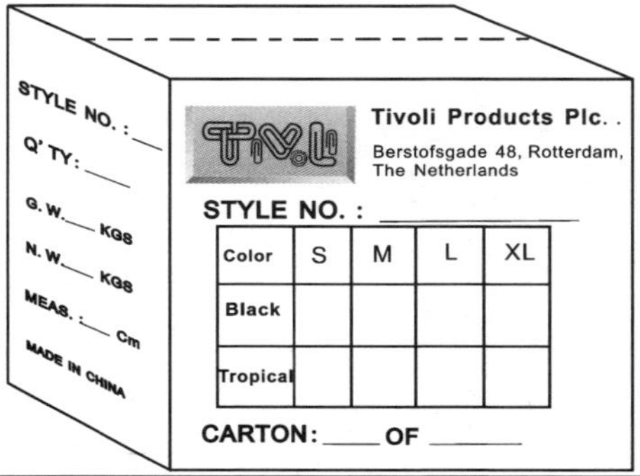

（七）折装指示

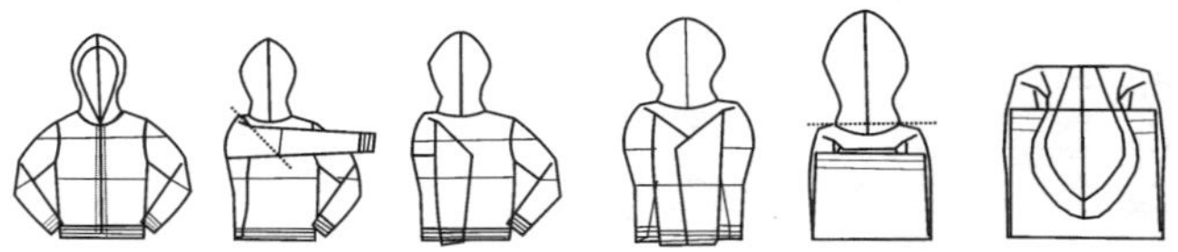

具体细部图示

1. 服装结构及配料位置指示

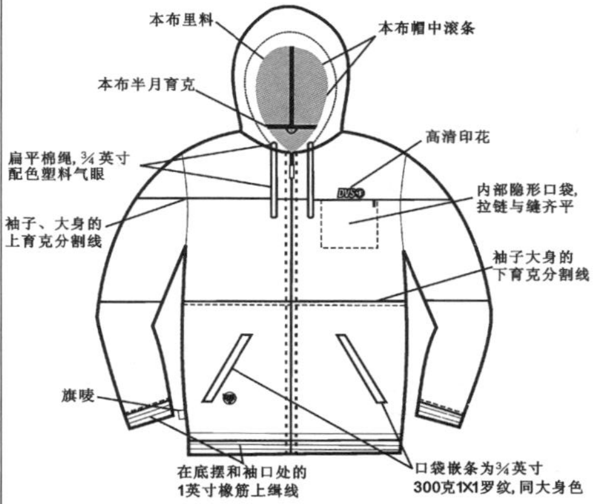

3. 口袋位置图示

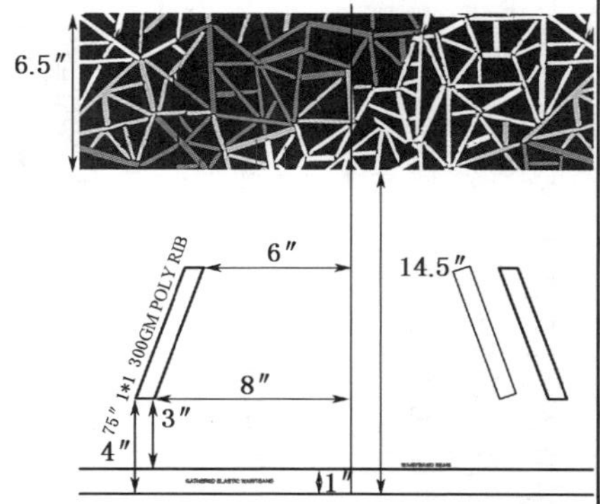

2. I-POD 图示

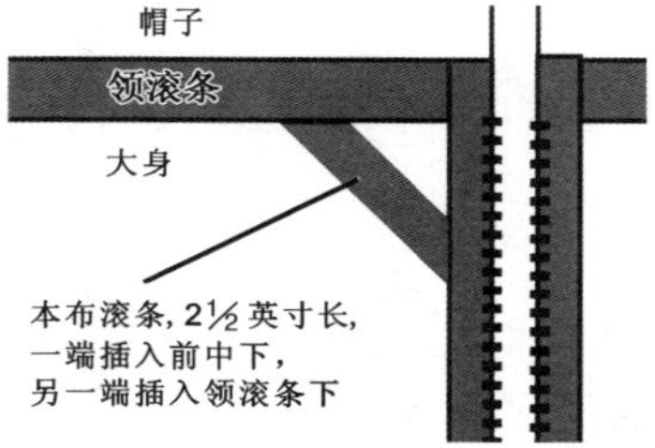

4. 主唛图示

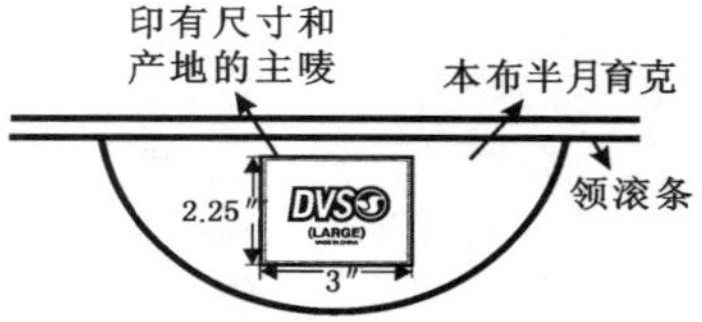

制单人：楼　宇　　　　审核人：杨　于

【评析】

生产通知单又称制造令、订单细节、订货工艺单,其内容包括对产品的数量、品质、技术等要求,是在生产过程中具有指导和指令性的生产技术文件,是用以规范产品制造过程中的面辅料的要求(颜色、位置)、裁剪数量(搭配比例)、产品规格要求、包装方法、样品数量等,并明确交货日期等。

1)表头

表头需写明客户,款号,交货期数量等。数量通常是在客人订单数量的基础上再加上3%~5%备疵(视客户订单数量而定,数量大,备疵率小,数量小,备疵率可以适当大一点)。此外,生产通知单中的交货期要在客人要求的交货期基础上提前10~15天,因为如果按客人的实际交货期写,一旦工厂不能及时完成就要空运或遭受客人索赔,甚至会造成客人退货的危险。把客人的交货期提前,目的是为自己留出船期、报关报检的时间,以及防止最后检货不合格返工维修的时间。

2)规格表

写明该订单的所有尺码的各部分要求的尺寸规格,必要时可以附上测量图示,同时还要写清楚客户接受的尺寸允差。这样做的目的便于我们在生产中进行品质控制与检验。

3)数量搭配

写清楚订单中每色每码的数量,目的是避免在裁剪、缝制中出现多裁或少裁、漏裁等现象。

4)面辅料搭配及其使用位置(亦或有单件用料定额)

因为客人下订单往往是一款有几个颜色,每种颜色的面辅料颜色搭配是不同的,如不明确写出,很容易造成在生产中材料位置、颜色搭配错误。

5)包装、装箱要求

写明包装、装箱要求,一方面便于后道操作,另一方面也是便于产品的后道品质控制与检验。此外,销售包装一般除了印有商品的品名、商标、产地,也有根据具体需要或要求印有简单的规格、用途或其他一些内容。

箱唛,是指在运输包装上刷制一定的包装标志,俗称唛头。

6)款式图及款式说明

款式图通常要有正面和背面,它是对该订单的服装造型的一个图片描述,如款式较为复杂,还需加上侧面图,或者是具体某一细节部位的详图等,以提示该服装的款式造型需要特别注意之处。

7)工艺要求

在这里要针对裁剪要求、经纬纱向技术规定、缝制要求、针迹密度、整烫及后整理要求等根据客户的要求做出详细的说明。如面料是有方向性的,或是图案有方向性的,有倒顺等要注意裁剪的丝缕方向。

2. 制作面辅料卡

面辅料卡是指把实物根据客户订单及确认后的正确材料、按据正确的搭配方式粘贴在硬卡纸上,面辅料卡通常一式3份公司留存1份,跟单员1份,QC1份。

1)面辅料卡的作用

① 用以指导面辅料厂生产各种面辅料;

② 用以对比和确认面辅料质量；

③ 用以核查面辅料的种类是否到齐；

④ 在生产时用以指导面辅料的定位。

2）面辅料卡的内容

包括所有用于该订单服装上的面、辅料名称、正确的实样、单耗及位置。具体来讲包括以下内容：

① 款号、款式图；

② 订单数量；

③ 客户名称；

④ 面料样及用量、位置；

⑤ 辅料样及用料、位置；

⑥ 备注。

【任务安排 1】

根据 Patagonia Clothing Co. Ltd 客户确认过的面辅料，制作合同（CF-FZ-09-0110，见第二章）下订单的面辅料样卡。

【解答】

面辅料卡

品名:男爬爬衫　　　　款号:65671-65679LTD　　　　订单数量:10 800 件　　　　客户:Patagonia

名　称	品质规格	位置、数量	颜　色		
			65671LTD	65672LTD	65673LTD
棉毛布	纯棉 180～190 g/m²	大身	白色	P277U 浅蓝	白色
		领口、腿口	P277U 浅蓝	P277U 浅蓝	P277U 浅蓝
五爪扣		裆底。共 3 个	P277U 浅蓝	P277U 浅蓝	P277U 浅蓝

（续）

名　称	品质规格	位置、数量	颜　色		
			65671LTD	65672LTD	65673LTD
缝纫线	403	明缐线	P277U 浅蓝	苹果黄	P277U 浅蓝
		暗线	白色	P277U 浅蓝	白色
印花	水浆	前胸	chicks dig ME	If you think I'm handsome you should see my daddy	when God created ME he was just showing off
吊牌		用胶针挂于后领主唛上	Baby Essentials	Baby Essentials	Baby Essentials
价格牌	纸质	1 个/件，用胶针挂于后领主唛。	Baby Essentials 0955 White UPC 0-89305-65671-3 3M	Baby Essentials 0956 Blue UPC 0-89305-65672-3 3M	Baby Essentials 0957 White UPC 0-89305-65673-3 3M

（续）

名　称	品质规格	位置、数量	颜　色		
			65671LTD	65672LTD	65673LTD
			Baby Essentials 0955 White UPC 0-89305-65671-6 6M Baby Essentials 0955 White UPC 0-89305-65671-9 9M	Baby Essentials 0956 Blue UPC 0-89305-65672-6 6M Baby Essentials 0956 Blue UPC 0-89305-65672-9 9M	Baby Essentials 0957 White UPC 0-89305-65673-6 6M Baby Essentials 0957 White UPC 0-89305-65673-9 9M
主唛	白色府绸 印黑字	1 个/件，位于后领中心	Baby Essentials 3 MONTHS/MESES (0-12 LBS/LIBRAS) 100% COTTON 100% ALGODÓN MADE IN CHINA HECHO EN CHINA RN#93551 F621/CF-FZ-09-0110/65671LTD PATAGONIA CLOTHING CO. LTD #304-310 JALAN STRRET. TORONTO, CANADA ZIP:M6M 3Z2 WASH BEFORE WEAR MACHINE WASH COLD SEPARATELY OR WITH LIKE COLORS GENTLE CYCLE USE ONLY NON-CHLORINE BLEACH WHEN NEEDED TUMBLE DRY LOW DO NOT IRON ON PRINT LAVAR ANTES DE USAR LAVAR EN LAVADORA CON AGUA FRA SEPARADAMENTE O CON COLORES SIMILARES CICLO DELICADO USE SOLO BLANQUEADOR SIN CLORO SI NECESARIO SECAR EN SECADORA, CICLO LENTO NO PLANCHAR ADORNO	Baby Essentials 3 MONTHS/MESES (0-12 LBS/LIBRAS) 100% COTTON 100% ALGODÓN MADE IN CHINA HECHO EN CHINA RN#93551 F621/CF-FZ-09-0110/65672LTD PATAGONIA CLOTHING CO. LTD #304-310 JALAN STRRET. TORONTO, CANADA ZIP:M6M 3Z2 WASH BEFORE WEAR MACHINE WASH COLD SEPARATELY OR WITH LIKE COLORS GENTLE CYCLE USE ONLY NON-CHLORINE BLEACH WHEN NEEDED TUMBLE DRY LOW DO NOT IRON ON PRINT LAVAR ANTES DE USAR LAVAR EN LAVADORA CON AGUA FRA SEPARADAMENTE O CON COLORES SIMILARES CICLO DELICADO USE SOLO BLANQUEADOR SIN CLORO SI NECESARIO SECAR EN SECADORA, CICLO LENTO NO PLANCHAR ADORNO	Baby Essentials 3 MONTHS/MESES (0-12 LBS/LIBRAS) 100% COTTON 100% ALGODÓN MADE IN CHINA HECHO EN CHINA RN#93551 F621/CF-FZ-09-0110/65673LTD PATAGONIA CLOTHING CO. LTD #304-310 JALAN STRRET. TORONTO, CANADA ZIP:M6M 3Z2 WASH BEFORE WEAR MACHINE WASH COLD SEPARATELY OR WITH LIKE COLORS GENTLE CYCLE USE ONLY NON-CHLORINE BLEACH WHEN NEEDED TUMBLE DRY LOW DO NOT IRON ON PRINT LAVAR ANTES DE USAR LAVAR EN LAVADORA CON AGUA FRA SEPARADAMENTE O CON COLORES SIMILARES CICLO DELICADO USE SOLO BLANQUEADOR SIN CLORO SI NECESARIO SECAR EN SECADORA, CICLO LENTO NO PLANCHAR ADORNO

（续）

名　称	品质规格	位置、数量	颜　色		
			65671LTD	65672LTD	65673LTD

【任务安排 2】

根据 TIVOLI 客户确认过的面辅料,制作合同 CFFZ090214(见第二章)下的面辅料样卡。

【解答】

面辅料卡

品名	男带帽拉链衫	订单号	CFFZ090214	款号	DIMAX89	客户	DVS
订单数量	3 197 件	工厂	新贸	下单日期	2009.2.14	交货期	2009.7.25

名称	编号	品质规格	位置数量	色组	
				彩条组	黑色组
面料	DIMAX 07021－T/L/B/PRINT	320T 消光尼龙	大身、袖子	亮蓝色\酸橙色\黑色	黑色\三色印花
里料	DIMAX 07021-G	同大身面料	帽里	黑底三色印花(同黑色组大身面料)	灰色
	DIMAX 07021L-NY-B	网眼	大身、袖子	黑色	黑色
缝纫线	40^S/3 涤纶线	所有明暗线	黑色	黑色	

（续）

名　称	编　号	品质规格	位置数量	色　组	
				彩条组	黑色组
拉链 1	YKK - 5 - W/ B - 左	5# 左插单头 树脂拉链 + DADHR + 本布拉祥	前中门襟 1 根	 白色 + 黑色拉祥	 黑色 + 黑色拉祥
拉链 2	YKK - 3 - L/B - 左	3# 尼龙 隐形拉链	左胸口袋 1 根	PMS382C（酸橙黄）	 黑色
罗纹	DIMAX 07021-RB-B	1×1 氨 纶罗纹 300 g/m²	斜插袋嵌条	 黑色	 黑色
帽绳		½ 英寸宽扁 棉绳，末尾 回折¼英寸 后套结做光	帽沿	 黑色	 黑色
细棉绳		0.2 cm 细棉绳	前门襟	 白色	 白色
橡筋		1 英寸宽	袖口、下摆	 黑色	 黑色

（续）

名　称	编　号	品质规格	位置数量	色　组	
				彩条组	黑色组
旗唛			穿起右侧缝，距下摆拼缝1½英寸处，1个		
前胸印花		厚版浆印花 1¾英寸×¾英寸	左胸育克缝上¼英寸，胸袋上居中	 黑色	 PMS382C
贴纸			贴在穿起计右口袋袋底	 白底黑字	 白底黑字
滚条		½英寸宽本布印花	内领线，帽中线	 黑底印 PMS 639C	 黑底印 PMS 639C
汽眼		¾英寸塑料	帽沿　2个	黑色	黑色
主唛		3英寸×2英寸	后育克中心1个	 黑布上印 P639C	

（续）

名　称	编　号	品质规格	位置数量	色　组	
				彩条组	黑色组

洗水唛：内里穿起计左侧缝，距下摆 3 英寸，1 个/件

ART：2269（加拿大用）	ART：264604（美国用）	ART：PEDW-123（欧洲用）

吊牌：穿起左袖窿底（腋点）1 个

发加拿大大货使用该吊牌。　　　发美国大货使用该吊牌。　　　发欧洲大货使用该吊牌。

制单人：楼宇　　　　　　　　　　　　　　　　　　　制作日期：2009 年 4 月 12 日

三、产前会议和产前检查

　　产前会议的目的是将该订单的相关部门人员集合起来，针对其中的问题统一看法与意见，明确分工，明确职责，便于生产及生产过程中的安排与控制。产前会议通常由业务部门、生产

部门和品质管理部门人员参加。产前会议的内容包括：

（1）安排生产计划，明确生产进度。例如开始裁剪的日期，开始缝制的日期，开始整烫以及完成包装的日期等。

（2）明确检验标准和要求。对可能出现的病疵采取必要的预防措施。

（3）明确包装细节和要求。

1. 产前检查

1）面料和里料的检查

检查中如果发现面料或里料有任何不符点，未经客户确认或未经主管同意，大货不得开裁。

2）辅料的检验

首先明确该款应该有哪些辅料，在召开产前会或者检查以前，有关部门应该制作好辅料卡，然后对所有的辅料一一核查。

3）缝合方法的检查

缝合方法包括线迹、缝型和线迹密度。这是产前检查非常重要的内容。

4）尺寸规格的检查

尺寸规格以尺寸表的形式表示。在检查产前样时，需检查成衣生产所需要的各个部位的规格数据是否齐全，需测量所有颜色、所有码的产前样。任何尺寸上的不符，都需要查明原因。例如也许是纸样的问题，也许是面料缩率的问题，也或者是客户规格表的推档错误。一些小部位的尺寸或相对位置尺寸有时不在尺寸规格表中列出，而是以图示的方式直观的画出。例如口袋、袖克夫（袖头）、袖衩的结构尺寸。这些也需要在产前检查时一一核对。

5）客户的样品确认意见复核

确认意见是客户对提交的确认样、产前样等样衣的反馈意见。有时某款样品会经过几次确认，而每一次都会得到不同程度的改进。所以必须确定最后的确认样是已经完善的（这需要供应商有很好的样品管理制度），因为它是大货生产的质量要求及质量标准。

在产前检查时，还要把产前样和确认样对照进行，以便检查客户的修改意见是否得到了落实。

6）其他检查

① 如果是条格面料，则检查对条对格；

② 检查产前样所有部位的做工；

③ 分析较难生产的部位以及可能会产生的病疵，采取相应的预防措施。

在检查中，对发现的任何问题都应该予以记录，对较严重的问题则应该重新制作产前样，这样才能保证成衣的最终质量。

2. 生产计划

（1）明确面辅料的数量是否满足订单数量以及加成数量。如果不够，检查是否已采取补救措施，所需的时间是否会影响生产和交期。

（2）明确裁剪、缝纫、整烫开始和结束的日期以及最后包装的日期。可采用如下所示生产进度表的形式具体规定各个工序的完成日期。

工厂大货生产进度表

工厂名称：　　　　　　　　　　　　　　　　　　　　　　　　　　　　制单时间：

客户	款号	面料入库时间			辅料到货时间									开裁时间	上线时间	30%大货	80%大货	下线时间	进仓时间	交货期	理单员	QC

四、首件封样的缮制与评审

首件封样不同于产前样。它是由生产部门、生产班组以及流水线操作工按照工艺文件规定的技术要求所生产的第一件产品。为了保证大货生产的品质，品管部门应该督促生产车间或者生产班组进行首件产品合格封样。如果首件封样不合格，必须在改进后再次封样，直到合格为止，才能进行真正的大货流水生产操作。

1. 首件封样的对象

所有涉及该款式的生产部门、生产线都需要进行首件封样。如果某款在三条生产线生产，那么品质管理部门应要求三条生产线都提交首件封样，并进行封样。

2. 封样的范围

封样是对生产的全过程进行，包括裁剪、印花、缝纫、锁钉、熨烫、折叠和包装等全过程。对一些难度高，工艺复杂的部位或部件，应附加部位或部件封样。

3. 封样的内容

（1）面辅料是否正确；

（2）尺寸是否在允差范围内；

（3）做工存在什么问题；

（4）是否有改正措施。

在首件样上附挂封样吊牌，并有封样记录。封样记录和吊牌上应有封样日期，封样人以及封样是否合格。封样不合格时，应有明确的改进意见。

封样合格后，将首件样作为生产标样，陈列在车间或生产线首位，以统一操作规范，统一标准。

例如 Patagonia 客户的男爬爬衫首件封样单：

首件封样单

款号（style No.） 65671LTD	订单号（order No.） CF-FZ-09-0110	款式（description）： 男爬爬衫
客户（buyer） Patagonia	尺码（size） 6M	颜色（color） 白色
封样人（sample reviewed by） 张绍权	生产班组或生产线（sewing line） 2组	封样日期（date） 09-5-18

测量尺寸（measurement）（英寸）				封样意见 review comments
测量部位（description）	要求尺寸 （spec.）	测量尺寸 （measured）	允差 （tol±）	工艺符合客人要求，印花位置离领包边符合客人产前样确认意见，注意在后续生产中继续保持，且注意包边宽窄要均匀。
躯干长（肩颈点到裆底）	15	15	¼	
总长（肩颈点到跨）	12	12	¼	
胸围（腋下1英寸）	9.5	9.5	⅛	
肩宽	7.25	7⅛	⅛	
袖长（从肩端点量）	3	3	⅛	
袖口大（松量）	3.25	3.25	⅛	
袖底缝长	1.25	1.25	MIN	
袖窿大	4.75	4.75	⅛	
前领深	1.5	1.5	⅛	
后领深	0.625	¾	⅛	
横开领大（边至边）	4	4	⅛	
最小领围（拉量）	21	21	MIN	
领包边宽	0.5	0.5	MIN	
臀围（跨上2½英寸量）	9.5	9.5	⅛	
腿围	3.75	3.75	⅛	
腿口前后差	0.75	0.75	⅛	
裆宽（按钮处）	3.5	3.5	⅛	
裆底宽（回折处）	4.75	4.75	⅛	
裆深（包边边沿到回折处）	1.75	1.75	MIN	
腿口包边宽	0.625	0.625	MIN	
裆部按钮数	3	3	MIN	
肩斜	0.625	0.625	MIN	

品管经理签字（QC manager signature）：Susan

五、大货检验

当所有的产前面辅料、产前会议、技术文件等准备完成后,就进入到大货生产阶段。在大货生产检验阶段中,通常客户会要求进行三次(前期、中期、末期)检验。如果订单生产周期较长,有些客户要求进行多次中期检验。但也有一些客户不要求前、中期验货,只进行一次末期验货。一般客户会委托专门的第三方检验机构的检验人员来进行检验,也有请服装加工厂或是服装外贸公司品管人员进行(即所谓第二方检验)。还有一种情况,就是客户自己派 QC 人员或代表,到工厂进行检验(即所谓第一方检验)。

(一)前期检验

1. 裁剪检验

① 拉布检查。每匹布刚拉时有没剪做匹差表,且须与上一批比较有无色差后,方可拉布;.检查拉布员是否一次拉一匹布;拉布时 2 个人的动作步伐要保持一致;布料要保持自然平整,不要起皱;两端止口要对齐;遵循拉布高度原则(一般 15 厘米);测量副宽;幅宽分批,一般要求是公差 3 cm 以内可以接受排在同一床;拉布时,检查门幅是是否有效利用。

② 开裁时检查:缩水测试核对、样板核对、马克核对、匹差核对。

③ 裁片检查。

2. 车间生产线检验

可参考首件封样和订单资料等。首先检查组上所挂的样衣与所做的大货是否一致,样衣是否正确。其次按照生产线上流程图检查每条生产线。检查的重点如下:

① 面料:色差、布痕;

② 印绣花:位置、尺寸、外观;

③ 辅料:如纱带质地、规格、颜色差;拉练畅不畅顺;钮扣的颜色、规格;拷钮的规格、拉力等小部位的辅料;

④ 标类:洗标、商标;

⑤ 做工:线迹是紧还是松,线路有没有车错,外观是否起吊或起皱,套结有没有漏打,是否有针孔针洞、跳针、断线、宽窄、歪斜、暴缝、错码。

若发现问题,应及时通知组长或车缝主任,马上进行改善。若发现重大问题时要求生产线停线。

(二)中、末期检验

在大货检验中,中期、末期的检验同前期检验一样重要,这是因为供应商应对客户负责,为客户提供满意合格的商品是供应商的责任。其次是不合格产品或错误如果能在中期、末期检验时发现,还有改正的可能,以免出现退货或索赔等情况。对一些最后阶段才出现的问题或发现的错误,尽管有些晚,但也要解决与改正,尽可能地减少损失。

在中期、末期检验中,检验的操作程序是相同的,都是针对用料搭配、尺寸规格、缝制工艺、面辅料的功能及性能等方面进行的,但各有侧重。中期的重点在跟进服装的加工质量和交货期,末期的重点在包装和配合出运等方面的检验。下面以大货末期具体操作流程为例来详细说明大货生产的检验操作。

1. 检验前准备

1）准备齐全的资料

在进行检验前,检验员首先要将资料准备齐全。这些资料包括:经过客户确认的确认样或产前样、尺寸规格表、生产通知单、包装资料、客户关于样品的确认意见、客户的中期检验报告(如有的话)等。认真审阅各项资料,对缺少的资料做好记录或向有关人员查询。

2）确认检验标准

检验要有标准。品质管理部门要了解客户是采用什么样的标准进行检验,然后参照客户的标准进行检验。也许会有极个别的客户不了解 AQL,但此时品质管理部门仍然应该确定一个 AQL 标准。如一般的服装可以选用 Level II、Normal、AQL 4.0 或者 AQL 2.5 等,价值较高的服装可以选用 Level II、Normal、AQL 1.5 等。要注意的是,很多日本客户的订单是要求全检的,并且要在指定的检品公司进行。

3）检查装箱单

检查装箱单并与订单核对:数量是否正确,尺码、颜色搭配是否正确,若有短溢装客户是否允许,或者其数量是否在客户允许的范围内,若有尺码、颜色搭配不齐的尾箱,客户是否接收。正确的装箱是商品合格的前提。

2. 大货抽样

在选定 AQL 检验标准以后,就可根据出货数量来确定应该抽取样品的数量。抽取样品的原则如下:

① 抽验必须是随机的,以保证抽取样品的品质能够代表大货的品质。

② 抽取的样品中应该包含所有的颜色和尺码,并且按订单的比例增减。

在具体的检验中可按下式来确定每色每码的抽取数量:

$$抽取数量 = \frac{每码的出货数量 \times 检验时抽取的总数量}{出货的总数量}$$

3. 检查包装

把抽到的箱子拉到指定地点后,首先进行包装的检查。

(1) 纸箱的尺寸和重量:一般客户的货物到达目的地以后,首先要进入配(发)货中心(Distribution Center)。由于其物流管理的要求,这时对纸箱的尺寸和重量会有严格规定。如果客户对纸箱的尺寸和重量有要求时,通常情况下应使实际的尺寸和重量略微小于规定的尺寸和重量。有时客户出于环保和回收的考虑,对纸箱会有特别要求。比如不能带有铁钉(nail)和封箱带(strap band)等,这些都需逐项进行检查。

(2) 箱唛和封箱:根据资料仔细核对箱唛,保证准确无误。箱子的四面都要进行检查。如果箱唛上有手写的订单号、商品号等,则有必要检查所抽取的全部纸箱。如果客户对封箱方法有特殊要求,则需检查封箱方法。

(3) 箱内成衣的包装:

① 打开纸箱,检查尺码、颜色、数量的搭配是否与订单相符,是否与装箱单相符。如果发现装箱出现错误,必须加检总箱数的 20%。如果在这 20% 中仍然发现有错误,则供应商需检查所有的装箱。

② 检查成衣在箱内的放置方法是否正确。

③ 拿出包装袋,检查包装袋外整体外观是否正确。比如可以检查包装袋尺码与衬衫尺码是否一致;包装袋是否太紧或太松;检查包装袋的材质、印字、封口等是否正确。如果包装袋上有尺码、颜色等内容,则检查与所装的成衣是否相符。

④ 从包装袋中取出成衣,检查衣架是否正确(如有的话),或检查其他的包装是否正确等。

⑤ 检查成衣的折叠方法是否正确。有些客户,由于销售的需要,对成衣的折叠方法有一定的要求,检验时就要检查其折叠方式。

检查包装不是一个复杂的工作,但是需要检验员认真负责的工作态度和有条不紊的工作方法。

4. 检查成衣

1) 检验成衣面辅料

尽管面、辅料在材料进场和产前检查中已经做过检验,但是在成衣生产企业的实际操作中,往往材料不是一步到位,而是在生产中逐步到位的,所以在以前的检查中有可能会疏忽。另外,也不排除可能会错误地把其他款的辅料用到这一款,特别是对同一客户的货物。通过此项检查可以确保正确。从品质管理的观念来说,是检查、检查、再检查。

① 面料:检查面料的颜色、花型、质地,注意箱内是否有色差,是否对条对格或对花,是否有明显的疵病。若经过成衣水洗后,颜色、手感是否符合要求。

② 里料:检查里料的颜色、质地,是否有褶皱等明显的疵病等。

③ 标志:检查主标、洗标的内容是否正确,车缝位置是否正确,车缝是否美观。

④ 拉链:试验拉链的开合和关闭是否顺畅,自锁等功能是否完好,拉链带是否配色,拉链的车缝是否美观。如果客户制定 YKK 拉链,则注意其是否假冒。

⑤ 钮扣、金属扣和揿扣:检查材质是否正确,钉扣的方法是否符合客户的要求或是否牢固,钮扣是否太大或太小。对于揿扣类的扣件,还要进行拉力测试以保证其功能和牢度。

⑥ 绣花:检查颜色、花型、密度是否正确,注意有无脱针等绣花疵病,绣花背面的绣花纸、线头是否已被合理处理。

⑦ 垫肩:检查垫肩的尺寸是否正确,垫肩包布是否配色,缝钉位置是否正确。

⑧ 肩带:检查肩带的材质、尺寸、颜色是否正确。

⑨ 橡筋:试拉其松紧程度是否合适,松腰围、拉腰围尺寸是否正确。拉直腰头,检查是否有脱针等车缝疵病。

⑩ 罗纹:检查质地、结构是否正确,弹性恢复是否合适,最小领围是否达到要求,车缝是否美观。

⑪ 尼龙搭扣:质地、颜色尺寸是否正确,车缝位置是否正确,车缝是否牢固并美观。

⑫ 腰带和束带:检查颜色、质地是否正确,尺寸是否符合要求。

⑬ 黏合衬:检查是否有脱胶、渗胶等不良外观。也可以试着从面料上剥离黏合衬,若很容易被剥离,说明其黏合牢度有问题,应该进一步进行黏合牢度的测试。

2) 检查成衣

必须对被检品做彻底的检查,并且要按抽样数全部检验。在进行成衣检验时,要有良好的照明条件,一般要求照明度 750 Lux。将成衣平放在检验台上,按顺时针方向,由里到外、由左到右、由中心到外围的方向,避免漏检,如下图所示进行。还要注意在检查每一个部位时,都要有一个拉伸的动作,防止人穿着用力或运动时,线迹太紧或面料不良有爆掉现象。还要注意检查衣服的对称性:上装要检查一下有没有长短肩、长短袖,左右领子大小是否一致;下装要检查一下有没有长短裤,脚口有没有大小不一。具体的检验动作如下:

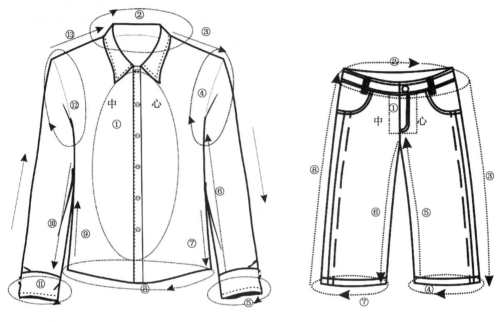

成衣检查顺序

① 上衣的检验动作:

a. 检查前身:将被检的衣服放平于检验台上,观察前身以及整件衣服的造型和线条。

b. 检查衣领:将衣领竖起,折叠核对左右领的形状和大小是否对称,同时注意主唛是否在后领中。观察领面有无黏合不良,如渗胶、脱胶、起皱等。观察领面的车缝规格是否准确,车缝外观是否美观。将领子反过来,检查底领的车缝和平整。

c. 检查右袖:一手拿肩部,一手拿袖口,观察袖窿和袖缝。检查袖口的各个细节,如袖钮、钮孔、袖褶等。如果有夹里,则将手伸入袖子中,看袖衬里是否顺畅。

d. 检查左袖:同检查右袖。

e. 检查左前肩部:观察左肩的车缝。如有垫肩,则检查袖山、垫肩的效果。

f. 检查前身口袋:观察袋口的车缝,将手伸入袋中,检查贷布及其长度。如果是贴袋,则观察其形状和车缝效果。

g. 检查前片钮孔或钮扣:观察锁缝的密度、位置、大小和外观。检查钮扣的牢度和车缝规格。

h. 检查前片:检查前片的所有车缝,并检查侧缝。特别注意前门襟或者加有衬里处是否平服。

i. 检查下摆:观察下摆的弧度是否顺畅。检查下摆车缝效果,例如暗缝是否过面,是否细密没有痕迹,平缝是否起扭。

j. 检查后身:检查约克和后褶等的车缝。

k. 检查内身:如果有夹里,则检查夹里的品质、滴针等。若没有夹里,也需要检查所有的缝迹、线型和密度。

l. 试穿:将所检查的衣服穿于相同尺寸的模特儿上,若没有模特儿,也可以用合适的人替代。检查肩点是否在准确位置,肩的位置是否正确而没有偏斜。如果有垫肩,垫肩的效果是否自然,是否圆顺美观。前袖平直垂放于肋两侧的位置,应该对称,不允许有左右差异。在左右侧面,观察袖的位置是否正确,是否有起皱等影响外观的疵病。检查领部的造型和线条是否美观,左右领是否匀称。扣上前扣,领窝是否太紧或太松。领的覆折是否太深或太浅。检查前后片是否有影响外观的不和谐或疵病,检查肋部是否有不顺贴。检查开衩部位是否正确、自然。检查下摆的下垂是否自然。

② 裤子的检验动作:

a. 检查前身:观察裤身的造型和线条是否美观,是否流畅。检查裤筒的缝合,注意丝缕是否顺向。

b. 检查腰围:检查腰头的车缝是否圆顺、是否平服,腰头内侧是否平服。

c. 检查前开口:拉合拉链(或钮扣),检查门襟的车缝是否平服,是否遗漏封结。拉开拉链,检查拉链的车缝,检查钮扣、钮孔、扣件位置是否正确、牢固。

d. 检查裆缝:检查前裆弧线、后裆弧线的缝合效果,是否有布料的褶皱,十字裆的结合是否完善。

e. 检查侧袋:手插入袋中,感觉大小是否合适。注意袋口是否服帖,是否遗漏套结。拉出袋布,检查其车缝。

f. 检查后袋:观察袋口及袋盖的整体外观,检查钮扣和钮孔的车缝或装钉,是否遗漏套结。手插入袋中,检查袋布的车缝。

g. 检查侧缝和下裆缝,是否起皱或有其他外观疵病。左右裤长是否相同,左右裤口的大小是否一致。

h. 检查整体效果:两手拿起裤腰,查看裤筒是否挺直,挺缝线是否居中,是否有外观的不良。将裤腰朝下,手拿裤口,看其前后的横截面是否有起皱或不顺服,以及其他影响外观的疵病。

i. 检查裤子反面:将所验的裤子翻向反面,检查所有的缝是否有跳针、漏缝等疵病。

j. 试穿:与上衣相同,在模特儿或者在人体上试穿。观察腰、臀部等部位造型是否美观;如果有中缝,则中缝是否居中,是否有歪扭;裤筒是否起扭;前后裆弧线是否平服,有无明显的起皱;如果有前门襟,前门襟是否服帖,是否有拉链露出等。

将所发现的疵病做好明显标记,放置在一边,并根据疵点的严重性、所在部位、产品的类型、订单标准等确定其是严重疵点还是普通疵点。检验时,考虑到不同的款式需要不同的检验步骤,所以可以在检验前首先设计一个检验计划,以避免仅仅是按照经验随意地检查,而遗漏严重的疵病。

如果在检验若干件后没有发现疵点,但不能认为这批货合格。同样在发现几个严重疵病后,也不能认为这批货不合格。检验的结论应该是在按照抽样数检验完毕后得出。

5. 成衣尺寸检验

在检查过的成衣中每色每码至少取 2~3 件,测量其尺寸。也可按 AQL 抽样来确定抽样测量样衣的件数,一般按 S-2、Normal AQL4.0 或 AQL2.5 来进行。按照确认样以及产前样制作和确认过程中测量方法及尺寸表测量即可。在测量的同时,在尺寸据记录表上填上测量的结果。

所有服装测量的基本原理和方法是一致的,但是不同的客户,其测量方法会稍有差异。因此在测量尺寸时:一要注意客户的尺寸是否有测量方法的提示;二是在生产前就需要了解客户的测量方法;三是在确认样和产前样的测量中,如果发现和客户的测量结果有较大的差异时,需要考虑是否测量方法与客户的测量方法存在差异。这时应该及时与客户沟通有关尺寸的测量方法。

被测服装的钮扣必须扣上,拉链要拉上。被测服装在测量前或测量中不得拉伸或卷曲。在测量时,将被测服装平放于检验台上,检验台的尺寸必须足够平放整件衣服,台面需平整、干净。

1) 上衣各部位的测量

(1) 衣长(body length)。

通常有两种测量衣长的方法。

a. 后衣长(back length):在上装的后身,量取肩高点至下摆的距离。记作:from HPS(肩高点量)。有时从后领中量,称后中长,记作:from C.B. neck。

b. 前衣长(front length):在上装的前身,量取肩高点至下摆的距离。记作:from HPS(肩高点量)。有时也会从前领中点量,但比较少见,记作:from C.F. neck。

(2) 胸围(chest)。

在大多数情况下,测量位置点是在袖窿下2.5 cm (1英寸)处,从一侧的侧缝水平量至另一侧,记作:at 2.5 cm below the armhole。也有直接在袖窿下测量。测量时,注意尺寸表上是否有说明。如果成衣的款式带有褶,例如衬衫的后褶。需注意尺寸规格表上是否注明测量时"褶打开(pleats open)"还是"褶收拢(pleats closed)"。

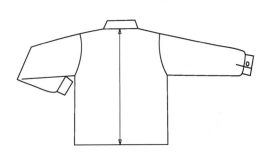

后衣长的测量

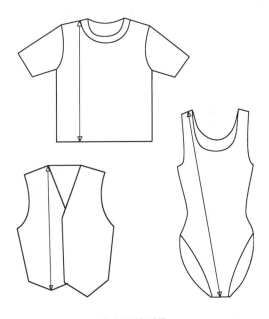

前衣长的测量

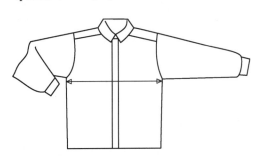

胸围的测量

（3）腰围（waist width）。

一般在尺寸规格表上会注明一个测量位置点，指出是在肩高点下多少距离测量，记作"Xcm down from HPS"。测量时，在位置点上从一侧的侧缝水平量至另一侧。如果没有注明测量位置点，则取最狭窄处作为测量位置点。如果腰围带有橡筋，需要分别测量松量尺寸（relaxed）和拉量尺寸（extended）。

腰围和下摆围的测量

（4）下摆围（Bottom width）。

从下摆的一侧量至另一侧。如果下摆带有橡筋，则需要分别测量松量尺寸（relaxed）和拉量尺寸（extended）。

（5）肩宽（Cross shoulder）。

在后肩，从一侧与袖窿接缝的肩点量到另一侧的对应肩点。另一种肩宽的测量为侧肩宽（side shoulder），也称小肩宽。

（6）前胸宽（Cross front）。

在大多数情况下，尺寸规格表上会指出测量位置线，记作"...cm down from HPS"，测量时按照此位置线，从一侧袖窿水平量至另一侧。如果无测量位置线，可以在袖窿中央最狭窄处量。

（7）后背宽（Cross back）。

与测量前胸宽类似，按照测量位置线或者在后身袖窿中央最狭窄处，从一侧袖窿缝水平量至另一侧。

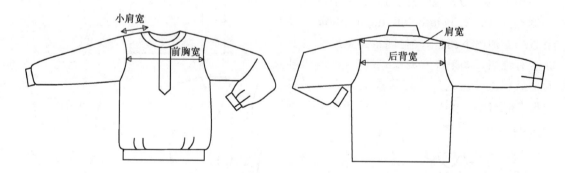

肩宽、前胸宽和后背宽的测量

（8）袖窿（Armhole）。

袖窿的测量有两种方法，一是沿着袖窿缝的曲线进行测量，尺寸表上记作"Along the curve"；二是在袖窿缝的上下两点做直线测量，尺寸表上记作"Straight"。在大多数情况下，一般都采用前者的测量方法，而针织毛衫采用后者较多。还有一种联肩/插肩袖（Raglan and saddle armhole）的款式，其测量方法有沿弧线或两点直线测量两种。

袖窿的测量

（9）袖长（Sleeve length）。

袖长的测量方法有三种，在客户的尺寸表上一般会提示测量的方法。①从肩点测量（from the shoulder point）。②从肩颈点量（from the HPS）。③从后中点量（from the CB）。

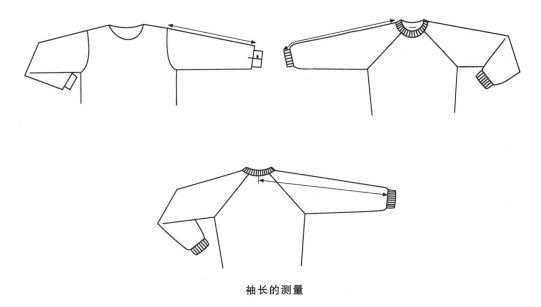

袖长的测量

（10）臂围（Muscle）。

使尺平行于袖头，通常在袖窿下 2.5 cm（1 英寸）处测量，记作：from 2.5 cm below the armhole。

（11）袖口尺寸。

① 袖口围（Sleeve opening），即袖口一周的围度。测量带有弹性的袖口围，需要分别测量松量尺寸（relaxed）和拉量尺寸（extended）。② 袖头围（Cuff openging），测量时从钮扣中央量至扣眼的外测。③ 袖头宽（Cuff height）。④ 袖衩长和宽（sleeve placket LxW）。

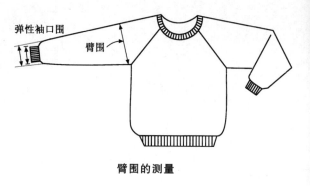

臂围的测量

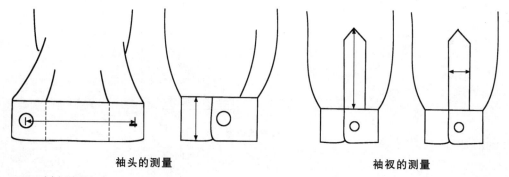

袖头的测量　　　　　　　　　袖衩的测量

（12）衬衫领尺寸。

① 领围（Collar opening），测量时从钮扣的中央到扣眼的外侧。② 领座长度（Collar band length along seam）。③ 翻领外沿长度（Collar length at outer edge）。④ 翻领高（Collar height）。⑤ 领尖长（Collar point）。⑥ 领座高（Collar band height）。

（13）衬衫领间距（Collar spread）。

扣好钮扣并将领子放平整，测量两个领尖之间距离。

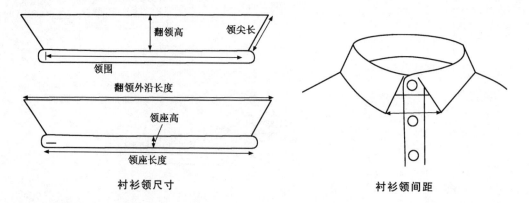

衬衫领尺寸　　　　　　　　　衬衫领间距

（14）套衫领围（Neckline circumference）。

套衫领围尺寸分松量领围（relaxed）和拉量领围（extended）。松量领围是沿着领开口弯量；拉量领围是将领围拉至最大时的领开口测量值。拉量领围必须大于所规定的最小尺寸。

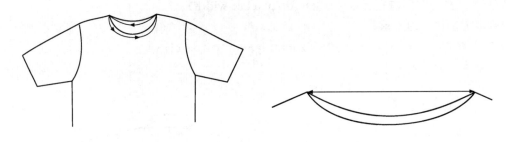

领围的测量

（15）领宽（Back neck width）。

领宽也可简单的记作"Neck width"，在服装的背面，测量从一侧 HPS 至另一侧的 HPS 的距离。但对于针织服装中缉罗纹领时要注意，一种测量方法是缝到缝，另外一种方法是边到边，二者是有区别的。

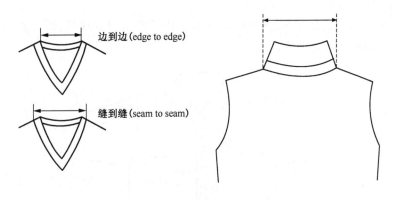

领宽的测量

（16）前领深（Front neck drop）。

在领开口一侧的 HPS 至另一侧 HPS 作一条虚拟的水平线（Imaginary line），量取该水平线至前领中的距离。如果是带有领子的前领深，有时测量这条虚拟水平线至第一粒钮扣（或其他标记处）的距离。也可以测量后中领缝至第一粒钮扣的距离。

（17）后领深（Back neck drop）。

与测量前领深类似，在领开口一侧的 HPS 至另一侧 HPS 做一条虚拟的水平线，量取该水平线至后领中的距离。

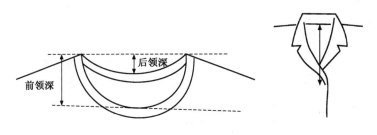

前、后领深测量

(18) 门襟长和门襟宽(placket length/placket width)。

测量方法如下图所示。

(19) 育克长和育克高(Yoke horizontal length/yoke height)。

测量方法如下图所示。

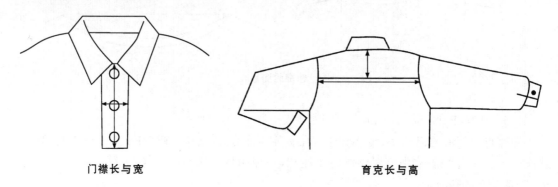

门襟长与宽   育克长与高

(20) 口袋位置(Pocket placement)。

在尺寸规格表上会给出测量的位置线,在该例中的测量位置线是:距肩高点(from HPS)和距前中心线(from CF)的尺寸。

口袋位置

2) 裙子、裤子的各部位测量

(1) 腰围(waist)。

测量腰头开口长度,如图所示,如果是橡筋腰头,腰围测量有松量尺寸(relaxed)和拉量尺寸(extended)之分。松量是在自然松弛的状态下进行测量,拉量是将弹性腰头拉到最大值量。

(2) 腿围(Thigh width)。

一般是在胯下 2.5 cm(1 英寸)处测量,尺寸规格表上会记作"at 2.5 cm bellow the crotch"。也有直接在胯下测量。所以测量时要注意尺寸规格表上的测量位置点。

(3) 膝围(Knee circumference)。

尺寸规格表上会有测量位置线的说明,记作:Xcm down from the crotch(距胯下多少距离处量)。

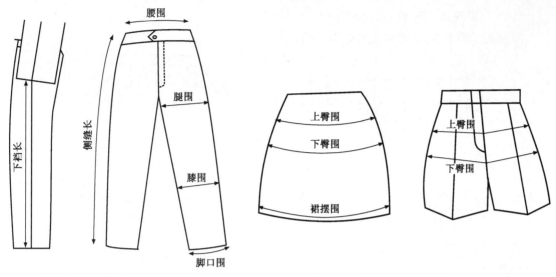

腰围、腿围、膝围、脚口围的测量   臀围、裙摆围测量

（4）臀围（Hip width）。

有时将臀围分为上臀围（High hip width）和下臀围（Low hip width），其在臀部的测量位置线不同。测量臀围时，注意尺寸规格表上注明的测量位置点或测量的附加说明。

① 测量时是否含腰头，尺寸规格表上会说明：含腰头量（include WB）还是不含腰头（exclude WB/或者是 below WB）。

② 从距离腰头多少处往下量。尺寸表上记作"X cm down from top/below waistband"。

③ 如果带有褶，是否需要将褶打开或合拢。通常在尺寸规格表上也会注明：褶打开量（open pleats）或者褶合拢量（closed pleats）。

（5）前裆线/后裆线（Front rise/Back rise）。

将裤子的下裆缝和侧缝对齐折叠，然后露出前裆线以及后裆线。量取腰围至裆下十字缝的距离。测量时要注意尺寸规格上的测量要求，尺寸表上会注明：含腰头（include WB）还是不含腰头（exclude WB/或者是 below WB）。

前裆线/后裆线测量

（6）脚口围/裙摆围（Leg opening/Bottom sweep）。

裤子要测量脚口开口的尺寸，裙子是测量裙子下摆开口的尺寸。

（7）裤长（Pants length）。

裤长以下裆长（Inseam）和侧缝长（outseam）来表示，但是以下裆长居多。测量下裆长时是在裤子的下裆缝，量取裆下十字缝到裤口的距离；测量侧缝长时是从腰头开始沿着裤侧缝量至脚口，但要注意是否含腰头。

（8）腰头高（Waist band height）。

测量如图所示。

（9）串带襻宽度/长度（Belt loop width/length）。

测量如下图所示。

（10）门襟开口（Fly front opening）。

测量如下图所示，注意测量时是否包括腰头。

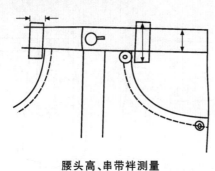

腰头高、串带祥测量 门襟开口测量

（11）袋开口（Pocket opening）

测量如图所示。

（12）袋布长/宽（Pocket bag length/width）

测量如下图所示。

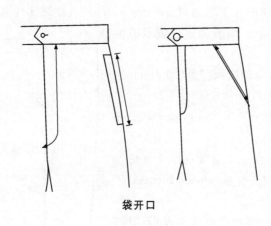

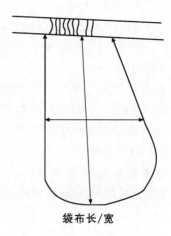

袋开口 袋布长/宽

6. 疵病计数

按照抽样数检验好以后，就可以对疵病数进行计数。计数通常有以下几种方法：

① 对带有严重不合格（Major Defects）的某件成衣，计数时按一个不合格计。对带有轻微不合格（Minor Defects）的某件成衣，计数时按 1/2 件计。

② 不区分严重不合格和轻微不合格，而是认为只要不合格是可见的，就进行计数。

③ 对严重不合格和轻微不合格分别给予不同的 AQL 值。例如对严重不合格规定为 AQL2.5，而对轻微不合格规定为 AQL4.0。此时检验者可以对严重和轻微不合格分别计数。这种计数方法，比较符合服装加工的特点，也便于检验者操作。

计数时，同件成衣中的疵病不重复计数，如果同时带有严重不合格和轻微不合格，按严重不合格计数。除了区分严重不合格和轻微不合格以外，要特别注意严重不合格中的致命性疵病（Critical Defects）和原则性问题。致命性疵病是指那些致使商品根本不能被使用或销售的问题，例如破洞、严重污渍、同件色差、脱线等。如果这些致命性疵病重复性地出现或在严重不合格中占有较大的比例，检验者需要提提高警惕，因为这些致命性疵病在检验中很容易被发现,而供应商和生产者却没能发现,这说明货物的漏验率高,或者货物没有经过检验。原则性问题是指混 PO、混码、混洗标、少各种辅料(标、吊牌、定绳等)、扣件不良(脱落、脱漆、拷钮拷破衣服等)、错款、有断针等,这类问题在抽样时仅只发现 1 件,就必须要求车间全数重查,并查明根源,寻求相应改善措施。

在计数的同时,检验者也可以把检查出的疵病展示给生产者和供应商,尽可能取得一致的意见。

7. 试穿

试穿除了能帮助检查尺寸以外,更重要的是可以评估服装的造型和线条是否正常,例如袖子扭曲、前片大小不一等。造型美观、线条流畅是服装最重要的品质。通过试穿,可以防止出现中、大的品质事故。

8. 分解检查

如果在检查中对某一部分的做工有疑问,如内衬,又由于仅凭外观无法判断,此时就可以对被检服装进行分解。

9. 检查结果的评估

末期检查工作完成后,对成品的质量进行全面的评估,将质量检查结果与所定的质量标准做比较、鉴定,作出成品的质量是否合格的结论,以此为依据决定订单产品是否能出货。评估结论一般有以下几种情况:

① 质量合格,可以出货。经查验,成品的款式、规格、颜色、面辅料、制作工作、洗水后整理等等符合订单的质量规定,认定质量合格,可以安排出货。

② 返工修正,重新查验。经检查,发现部分成品或成品个别部位不符合订单的质量要求,需返工修正,使成品质量得到改善,达到订单的质量要求,然后通过重新检验合格后,才能出货。这种情况大致可分为二种:a. 挑出带有疵病的成衣后,疵病可改正。b. 把带有疵病的成衣挑出,但疵病不可改正。情况 a.比较容易解决。此时只要一边将含有疵病的成衣展示给参与 100% 检验的人员,让他们知道疵病的情况,一边在重新检验时挑出返工。出现情况 b.时,同样将疵病展示给有关的检验人员,让他们重新检验并挑出。同时在货期、面辅料允许的情况下补做。如果不可能补做,则迅速与客户联系,争取客户的理解并同意短装。不管是短装还是补做,都会需要立刻估计一个疵病百分率。比较方便的估算方法是求带有疵病的成衣占抽样检验数的百分率。例如抽样检验 125 件,带有疵病的成衣 20 件,则:$(20/125) \times 100\% = 16\%$。即需要补做或者短装 16%。

③ 有小问题,担保出货。经检查,成品的整体质量合格,但存在质量上的小问题,而这个小问题没法修补,但在加工厂法人代表签名担保的条件下,可以担保形式出货。

④ 质量较次,拒绝出货。经检查,发现成品有较大的质量问题,即使返修也不可能符合订单的质量要求(如错款)或经返修两次仍不能有效改良质量,存在较多的疵点,认定成品质量不合格,客户拒绝接受成品,不能安排出货。

10. 填写检验报告

不论检验是否合格,不论是第一次检验还是重新检验,检验者都应该出具检验报告。检验报告是质量跟单工作的重要文件,必须以认真、负责、客观、公正的态度来编写。在填写质检报告时要注意:

(1) 文字简洁。要以简练、明了的文字来表达质量检查的情况,尽量运用专业的名词,不使用自创的词语和"可能"、"大概"等不确定的词语,避免产生歧义,应让阅读者准确理解报告的内容。

(2) 实物辅助。如果文字不能充分描述成品的质量,最好的办法就是附上有代表性的实物样本,使阅读者更加直观地了解成品的质量情况。

(3) 提防遗漏。报告反映的质量情况要力求全面、真实,以免影响阅读者的判断。报告填写完后,要反复核对、审阅,防止错误或遗漏。

一份规范的质检报告一般包括:①时间。明确表示检查的时间。②抽查比率或数量。表明抽查样品的数量和抽查结果的可靠程度。③疵点。准确表述抽查样品疵点的数量、出现位置与频率。④评语。对质量检查情况作出总结,客观评定成品的质量是否合格。⑤建议。对成品存在的质量问题提出改进意见。⑥签名确认。检验员签名,以示对质量检查的结果负责。

11. 重新检验

第一次检验不合格,生产车间或者供应商应采取措施予以改正。品质管理部门需要对已经改正的货物重新检验。重新检验的标准一般会比第一次检验严格。例如,第一次检验采用的标准是 Level II,Normal、AQL4.0,重新检验时就应该采用 AQL2.5。当然也可以采用其他标准,这通常由客户来决定。

12. 复杂包装的处理

某些服装,如硬领的衬衣、高档的内衣裤,需要比较复杂的包装。如果在包装后检验,必会破坏一些包装。有时候,包装材料是客人提供的,并且数量有限,这就不允许包装材料被破坏。如果抽样检验不合格,需要返工,就会造成人力、物力的浪费。在这种情况下,可以在包装前检验。

如果吊牌和价格牌是在包装内,包装前检验应该在打好吊牌或价格牌以后进行,因为吊牌或价格牌上内容需要经过检查。如果在包装外,则可以在包装后检验。另外,事先对包装材料做检查也很有必要,任何的错误不应该在最后一刻发现。在完成包装后,仍然需要检验包装方法、箱内搭配、箱唛等外包装内容。

13. 分批检验

从企业的生产进度来看,由于一些特殊的情况,不能在 100% 完成产品后再让品质管理部门检验,而是在完成 80% 或 70% 时就需要检验。在这种情况下,可以将这 80% 作为一个批次,而将未检的 20% 作为另一个批次,分批进行检验。

如果订单数目特别大,也可以分批进行检验。但是为了防止混淆(已检的和未检的),需要清楚"检验批次"的识别项目,例如,以某一个裁剪作为批次,或以某条生产线作为批次,或以某一个颜色作为批次等。合理的制定、确认、识别"批次",可以防止漏验。

六、检验报告的缮制与解析

【任务安排 1】

请根据款号为 65671CTD-673LTD 的订单中期检验的情况,缮制一份中期检验报告,检验员 2009 年 06 月 05 日的检验情况如下:

（1）进度情况：100%裁剪完成，已缝制 20%（只有 65671LTD）。另外 2 款还未开始缝制。

（2）面辅料基本可以。

（3）工艺存在的问题：

① 衣面上污渍较多。因都是浅色面料，易粘污渍。

② 袖口拷边时拉还 3 件。

③ 领口包边宽窄不一致 1 件。

④ 五爪扣装订不牢固 3 件。

【解答】

中期查货报告

生产单位：__F621__   检验日期：__2009-06-05__

客户	PATAGONIA	品名	男婴爬爬衫	款号	65671-73LTD	货号	0955-0957
面料	棉毛布	水洗要求	普通水洗	订单数量	10 800 件	出运日期	09-6-19

面辅料检验情况（大小、位置、颜色、品质）

	65671	65672	65673				面料意见
面料	✓	✓	✓	主唛		✓	
里料				尺码唛			
缝纫线	✓	✓	✓	洗唛			
拉链				旗唛			
钮扣				价格牌			**辅料意见**
气眼				吊牌			装订五爪扣时，注意五爪扣质量。不光洁有毛刺的，一定
印花				干燥剂			不能用到衣服上。
绣花							
五爪扣	✓	✓	✓				

进度情况：	已裁剪	缝制完成	已水洗	已包装
100%裁剪完成。已缝制 20%（只有 65671LTD）。67672LTD 和 65673 LTD 还未开始缝制。	100%	20%	无	0

缝制及工艺存在问题：	修改措施：
1. 衣面上污渍较多。因都是浅色面料，易粘污渍。 2. 袖口拷边时拉还 3 件。 3. 领口包边宽窄不一致 1 件。 4. 五爪扣装订不牢固 3 件。	工厂已要就工人经常擦机器和台面 对该道工序的工人进行指导与培训 重新调整装钮机

质量意见	改正后可以继续生产	✓	停止生产立即返修		工厂意见：以上问题立即改进

检验员：Lucy 杨   工厂负责人：马莉

注：以上仅中期检验，工厂必须修正以上全部质量问题，在末期检验时发现仍未修改，一切后果由工厂负责，并可能拒收。

规格检验表

（男婴爬爬衫中期查货尺寸表）

客户	PATAGONIA	品名	男婴爬爬衫	款号	65671LTD	货号	0955-0957	面料	棉毛布	水洗要求		订单数量		出运日期		生产单位	

代码	测量部位及方法	3M	65671	65671	6M	65671	65671	9M	65671	65671
100	躯干长（肩颈点到裆底）	14.5	+1/4	+1/8	15	+1/4	+1/4	15.5	+1/4	+1/8
100A	总长（肩颈点到跨）	11.5	+1/8	+1/16	12	+1/16	+1/8	12.5	+1/8	+1/8
130	胸围（腋下1英寸）	9	−1/8	−1/8	9.5	−1/8	−1/8	10	−1/8	−1/16
180	肩宽	7	−1/16	−1/16	7.25	−1/16	−1/16	7.5	−1/16	+1/16
140	袖长（从肩端点量）	2.75	/	/	3	/	/	3.25	/	/
200	袖口大（松量）	3	+1/16	/	3.25	/	+1/16	3.5	+1/16	+1/16
	袖底缝长	1.25	/	/	1.25	/	/	1.25	/	/
220	袖窿大	4.5	/	/	4.75	/	/	5	/	/
250	前领深	1.25	/	/	1.5	/	/	1.75	/	/
255	后领深	0.625	/	/	0.625	/	/	0.625	/	/
275	横开领大（边至边）	3.75	+1/16	+1/16	4	−1/8	+1/16	4.25	+1/16	+1/16
276	最小领围（拉量）	21	+1/4	+1/4	21	+1/4	+1/4	21	+1/4	+1/8
	领包边宽	0.5	/	/	0.5	/	/	0.5	/	/
300	臀围（胯上2½英寸量）	9	−1/8	/	9.5	/	−1/8	10	−1/8	−1/8
330	腿围	3.5	/	/	3.75	/	/	4	/	/
1	腿口前后差	0.75	/	/	0.75	/	/	0.75	/	/
2	裆宽（按钮处）	3.5	/	/	3.5	/	/	3.75	/	/
3	裆底宽（回折处）	4.75	/	/	4.75	−1/8	/	5	/	−1/8
4	裆深（包边边沿到回折处）	1.75	/	/	1.75	/	/	1.75	/	/
5	腿口包边宽	0.625	/	/	0.625	/	/	0.625	/	/
	裆部按钮数	3	/	/	3	/	/	3	/	/
	肩斜	0.625	/	/	0.625	/	/	0.625	/	/

检验人：Lucy杨　　工厂：马莉　　检验时间：2009-06-05

【任务安排2】

请根据对款号为 65671-73LTD 订单末期检验的情况,缮制一末期查货报告。检验情况如下:

(1)订单实际生产数量。65671LTD 为 3 612 件,65672LTD 为 3 258 件,65673LTD 为 3 975 件。装箱单见第九章服装装箱与出运。

(2)验货标准。采用正常一次抽样检验,LEVELZZ,AQL2.5 大疵点;AQL4.0 小疵点,AQL4.0 成衣尺寸。

(3)生产进度。100%包装完成,90%已装箱。

(4)抽样中发现 5 件存在主要问题,8 件存在次要问题。

主要问题:

① 破洞	1 件	65672LTD
② 拷扣脱落	2 件	65672LTD 和 65673LTD 各一件
③ 印花错位	1 件	65673LTD
④ 条码窜码	1 件	67671LTD

次要问题:

① 污迹	1 件	65671LTD
② 色花	1 件	65672LTD
③ 水洗效果欠佳	1 件	65671LTD
④ 跳纱	1 件	65672LTD
⑤ 断线	1 件	65672LTD
⑥ 拼缝起皱	1 件	65671LTD
⑦ 压口线扭曲	1 件	65673LTD
⑧ 印花错位	1 件	65673LTD

【解答】

末期查货报告

客户:	PATAGONIA	品名:	男婴爬爬衫	款号:	65671-73LTD	货号:	0955-0957
面料:	棉毛布	生产工厂:	F621	检验日期:	2009-6-12	出运日期:	2009-6-19

验货标准:采用正常一次抽样检验 LEVEL Ⅱ,AQL 2.5 大疵点;AQL4.0 小疵点;AQL4.0 成衣尺寸。末期检验生产情况:100%完成,90%已成箱。

验货时带标准样:【✓】有;　【 】没有　　验货时资料齐全:【✓】是;　【 】否
验货地点:　　　【 】车间;　【✓】检验室　　检验灯光:　　　【✓】好;　【 】不好

订单款号	订单数量	实际数量	包装箱序号	包装总箱数	标准检验数量	抽检件数	检验箱数	检验箱号
65671LTD	3 600 件	3 612	1-36	36	3 612	200	6	5、17、26、34、20、10
65672LTD	3 240 件	3 258	37-68	32	3 258	200	6	37、49、62、50、55、40
65673LTD	3 960 件	3 975	70-108	39	3 975	200	6	75、83、98、107、93、87
65671-72LTD			69	1				
65673LTD			109	1				

（续）

| 包装箱品质:【√】好,【 】坏 | | | | | | | | 外箱唛头:【√】对,【 】错 | | | |

外观、缝制及辅料检验

次品数量		发现问题	成衣颜色	次品数量		发现问题	成衣颜色	次品数量		发现问题	成衣颜色
主要	次要			主要	次要			主要	次要		
		外观				颜色				钮扣/揿扣;锁眼	
	1	污迹,划粉迹,油污	65671			表面色牢度差				订扣脱线;浮线	
		烫痕,烧焦痕				件与件色差				漏订钮扣/揿扣	
		折痕,皱痕				单件衣内色差				钉扣/锁眼走线不匀	
		缝边毛出,漏缝				染色疵点				钉扣线太紧	
		黏衬起泡,不平			1	色花,色条	65673			锁眼断线,跳针	
		线头(内外)				印花/绣花色差				扣/眼定位不准	
		对格,对条不齐				缝制/拼接				辅料	
		撞色/造型错误			1	断线,接线,跳针	65672	1	1	绣花/贴花错位	65673
		整烫不平整			1	拼缝/止口线起皱	65671			气眼,撞钉错位	
		布面粗糙/破洞				浮线/锁边线不整洁				揿钮/钩扣错位	
		成衣起吊,左右高低				用线错误			1/1	拷扣太紧/松/脱落	65672 65673
		拉链不平整				拼缝高低				钮/拷扣表面不好	
		袋位/腰祥高低				拼缝脱线/漏拼				烫钻/片脱落	
		里料太紧/松				拼缝扭曲/错位				拉链,拉片不好	
		衍棉/充绒不匀				针孔				拷扣/标字体颠倒	
	1	水洗效果不符要求	65671		1	止口压线扭曲	65673			商标/尺码/包装	
		面料				套结/来回封口不好				主商标错位/漏钉	
		粗纱,纱结				针距太密/松				尺码,洗涤漏钉/错	
		纬斜,布边扭曲				包装				旗标,贴标漏钉/错	
		面料边道起吊				衣服口袋有异物				吊牌,条码漏钉/错	
		易撕裂,脆性				折叠不平整/错误			1	条码窜色窜码	65671
		异形纱/杂色				胶带印错/尺寸不符				套装类上下不配	
		定形针孔边太宽									
1	1	破洞,跳纱	65672								
		色档/条,左右色差									
		弹力不够									

检验报告		缝制,外观及辅料	尺寸超公差	1) 外观、缝制工艺及辅料发现有 5 件主要问题,8 件次要问题,
	主要问题数量	5	0	2) 尺寸规格有 0 件主要问题
	次要问题数量	8	0	

检验结果:【√】同意出运　　【 】返修重验　　【 】拒绝收货

主要意见	1) 浅色面料衣面上有污渍。　　2) 袖口拷边有拉还扭曲现象。 3) 五爪扣有装订牢固现象。 修改措施: 衣服表面的污渍要清除,在拷边中注意面料不要拉还,五爪扣装钉不允许有松动、脱落现象。请将上述发现的问题进行整改至合格。

公司验货员:Lucy 杨	工厂负责人:马莉
日　期:2009-6-12	日　期:2009-6-12

联合声明	1. 公司验货员代表宁波乘风服饰进出口有限公司,按公司验货标准要求如实,公正验货。 2. 公司验货员对抽检数量服装中所发现的品质问题按事实出具报告,并对该报告负责。

规格检验表

客户：PATAGONIA　　货号：0955-0957　　款号：65671LTD　　品名：男婴爬爬衫（男婴爬爬衫）

代码	测量部位及方法	3M	6M	9M	匀差
100	躯干长（肩颈点到裆底）	14.5	15	15.5	±¼
100A	总长（肩颈点到裆）	11.5	12	12.5	±¼
130	胸围（腋下1英寸处）	9	9.5	10	±⅛
180	肩宽	7	7.25	7.5	±⅛
140	袖长（从肩端点量）	2.75	3	3.25	±⅛
200	袖口大（松量）	3	3.25	3.5	±⅛
	袖底缝长	1.25	1.25	1.25	MIN
220	袖隆大	4.5	4.75	5	±⅛
250	前领深	1.25	1.5	1.75	±⅛
255	后领深	0.625	0.625	0.625	±⅛
275	横开领大（边至边）	3.75	4	4.25	±⅛
276	最小领围（拉量）	21	21	21	MIN
	领包边宽	0.5	0.5	0.5	MIN
300	臀围（胯上2½英寸量处）	9	9.5	10	±⅛
330	腰围	3.5	3.75	4	±⅛
1	腰口前后差	0.75	0.75	0.75	±⅛
2	裆宽（回折处）	3.5	3.5	3.75	±⅛
3	裆深（回折处）	4.75	4.75	5	±⅛
4	裆深（包边沿到折回折处）	1.75	1.75	1.75	MIN
5	腰口包边宽	0.625	0.625	0.625	MIN
	裆部按钮数	3	3	3	MIN
	肩斜	0.625	0.625	0.625	MIN

订单数量 / 面料 / 裤毛布 / 水洗要求 / 出运日期 / 生产单位（款号 65671、65672、65673 各抽检样，记录实测偏差，以 +¼、+⅛、-⅛、-¼ 等表示）

检验员：Lucy 杨　　　工厂人员：马莉

检验日期：2009-6-12

【评析】

(1) 检验报告应包括：订单号、款号、客户、检验日期、检验地点、检验标准和依据、生产情况、检验结论经、检验过程中发现的质量问题(主要是针对面辅料,缝制,整烫等)、整改意见或解决方法、双方签字等。

(2) 对于检验过程中的尺寸问题通常是另附一页尺寸检验记录表。

(3) 对于末期检验来说,抽箱是很关键的,虽然在本订单中,按正常一次抽样检验水平LEVEL Ⅱ,每款只需抽 125 件样样进行检验即可,但由于该订单下服装较小,每箱 100 件,只抽 2 箱数量过小,很容易造成误判,因此,还可以将总箱数与之结合起来,抽总箱数的 10% 左右,以减少误判的可能性。抽取的箱要被检验到。

技能训练

(1) 请根据以下信息缮制一份末期检验报告(注:抽箱方式为随机抽箱)。

客户 STR,订单号 08-1012,款号 43234,下单数量 15 800 件羽绒服,共红白、蓝白、黄白三个颜色,每个颜色五个尺码(S、M、L、XL、XXL),在 2008 年 12 月 25 日查货时成品 15 635件,已装箱 600 箱,每箱 24 件,检验的标准是正常一次抽样检验,一般检验水平 LEVEL Ⅱ,AQL2.5 大疵点,AQL4.0 小疵点,AQL4.0 尺寸疵点。在查货过程中共发现以下问题:

红白:袖口拉量尺寸偏小 2 件(严重),前中拉链起拱 1 件(严重),领上明四合扣松动 2 件(严重),后背绗线跳线 2 件(严重);袖底缝没对齐 3 件(轻微)。

蓝白:帽子尺寸偏大 1 件(轻微),前中拉链波浪形 2 件(严重),前后拼块没对齐 1 件(严重),袖肥偏小 1 件(轻微);左右袖长长短不一 2 件(轻微)。

黄白:胸围偏小 1 件(轻微),前中拉链止口线头过多 1 件(轻微),缺少套结 2 件(轻微),口袋位置有高低 1 件(严重)、2 件(轻微)。

【解答】

末期查货报告

客户：	STR	品名：	羽绒服	款号：	43234	订单号：	08-1012
面料：		订单数量	15 800 件	检验日期：	2008-12-5	出运日期：	

验货标准:采用正常一次抽样检验 LEVEL Ⅱ,AQL 2.5 大疵点;AQL4.0 小疵点。AQL4.0 成衣尺寸。
末期检验生产情况:共红白、蓝白、黄白三个颜色,S、M、L、XL、XXL 共五个规格。已完成 15 635 件,已成箱 600 箱,每箱 24 件。

验货时带标准样: 【√】有; 【 】没有
验货时资料齐全: 【√】是; 【 】否
验货地点: 【√】车间; 【 】检验室
检验灯光: 【√】好; 【 】不好

颜色	疵点描述	严重疵点数量	轻微疵点数量	尺寸疵点	严重疵点数量	轻微疵点数量
红白	前中拉链起拱	1		袖口拉量尺寸偏小	2	
	领上明四合扣松动	2				
	后背绗线跳线	2				
	袖底缝没对齐		3			

（续）

蓝白	前中拉链波浪形	2		帽子尺寸偏大		1
颜色	疵点描述	严重疵点数量	轻微疵点数量	尺寸疵点	严重疵点数量	轻微疵点数量
	前后拼块没对齐	1		袖肥偏小		1
				左右袖长长短不一		2
黄白	前中拉链止口线头过多		1	胸围偏小		1
	缺少套结		2			
	口袋位有高低	1	2			
合计		9	8		2	5
检验结果	接收					

注：订单量为 15 800 件，采用正常一次抽样检验 LEVEL Ⅱ，AQL 2.5 大疵点；AQL 4.0 小疵点。AQL 4.0 成衣尺寸。经查表得知：抽样数为 315 件，大疵点的 Ac 为 14 件，Re 为 15 件；小疵点 Ac 为 21 件，Re 为 22 件；尺寸问题 Ac 为 21 件，Re 为 22 件。

（2） 请整理下面的中期检验报告。

INLINE INSPECTION REPORT

MANUFACTURER	STYLE NO.：83871623 3XL		INSPECTION DATE：06/13/08			
NINGBO XINHUA	P. O. NO：2209L		SHIPPING DATE：07/22/08			
UB-CON：	ORDER QTY：150DOZ/1800PCS		CUT	OUTPUT	WASHED	PACKED
FUBAO GARMENTS	DESCRIPTION9：FUBU CARRYOVER STYLE JKT		100%	33%	N/A	0
COL：BLACK，WHITE						

TRIMS		LINING		LABEL	
01 THREAD	✓	08 INTERLINING/FUSIBLE	✓	11 MAIN LABEL	✓
02 ZIPPER	✓	09 POCKETING	✓	12 SIZE LABEL	✓
03 BUTTON/SNAP	✓	10 SHLDR PAD	✓	13 CARE LABEL	✓
04 HOOK/EYE/RIVET	N/A			14 OUTSIDE LABEL	✓
05 EYELET	N/A			OTHERS：	
06BUCKLE	✓				
07 EMBROIDERY	N/A				

PRODUCTION STATUS：33%FINISHED SEWING(2X ONLY)，BLACK NOT YET START SEWING。

DESCRIPTION OF DISCREPANCIES	CORRECTIVE ACTION TAKEN BY FTY
① OPEN SEAM/VISIBLE NEEDLE HOLE ON PINTUCKS STITCHING INSIDE BODY LINING. 1PC	HAD ALREADY DISCUSSED TO FACTORY REPRESENTATIVE LILIAN，MERCHANDISER MS WANG，QC HEAD AND TO SEWING LINE LEADERS。
② SLIGHTLY PUCKERED AND PLEATED ALONG FRONT PLACKED TOPSTITCH WITH ZIPPER。 2PCS	ALL DEFECTS ARE WELL NOTED，FTY WILL CORRECT AND IMPROVE IT IN BULK PRODUCTION。

（续）

③ NEEDLE MARKS/HOLE ON BACK ALONG CRISSCROSS STITCHING。1PC		ADVISE FTY TO CHANGE THE NEEDLE SIZE，IT MUST BE POINTED TIP。AND FTY CHANG12＃TO11＃。
④ MISALIGNED CRISSCROSS JOINING ALONG SIDE SEAM & BACK JOINING SEAM。1PC		
⑤ UNEVEN WIDTH ALONG HOOD OPENING TOPSTITCH。1PC		
⑥ MISALIGNED & MESSY JOINING STITCHES ALONG HOOD TOPSTITCHING。		
⑦ SLIGHTLY TWISTING/UNEVEN WIDTH AT SWEEP CIRCUMFERENCE。1PC		
⑧ WATCH OUT STAINS ON PANEL DUE TO THIS COLOR IS PRONE TO STAIN。		FTY WILL ALWAYS CLEAN ALL THE MACHINES & TABLES BEFORE SEWING。
⑨ MEASUREMENT IS QUITE OK EXCEPT SLEEVE OPENING @ EDGE WITH NEGATIVE¼″。		FTY WILL ADJUST THE ELASTIC LENGTH，WL ADJUST TO ACHIEVE THE SPECS。
INSPECTOR：RUBY 06/13/08	**CONFIRM BY FTY** 王少华 LILIAN 13/08	**REMARKS**：FTY WILL PAY ATTN AND TAKE CORRECTIVE ACTION ON ABOVE DEFECT SEEN。

SIZE SPEC

GRADES	1X	SMPL	2X	SMPL		3X 尺码	SMPL	TOL(±)
Body length from HPS	27⅞		28½	－¼	－	29⅛		⅜
Body length from CB	28⅜		29	－⅛	－	29⅝		⅜
Chest-1inch from AH	50		53	－	－⅜	56		½
Waist from HPS	16		16½	－	－	17		¼
Waist circ	48		51	－	－¼	54		½
Sweep circ.-straight	50		53	－	－	56		½
X-shoulder	19¼		20½	－	＋¼	21¾		¼
X-front @5½inch from HPS	17¼		18½	－⅛	＋⅛	19¾		¼
X-back@5½inch from HPS	18¼		19½	＋¼	－	20¾		¼
Armhole straight	11¼		11¾	＋¼	＋¼	12¼		¼
Sleeve length from CB	34½		35½	－	－	36½		¼
Muscle 1 inch below armhole	19½		20½	－	＋⅛	21½		¼
Sleeve opening @ cuff edge	9		9½	－¼	－⅛	10		⅛
Sleeve trim ht	1¼		1¼	－	－	1¼		⅛
Neck width from seam to seam	8		8¼	＋⅛	＋⅛	8½		⅛
Front neck drop from	3⅛		3¼	＋⅛	－⅛	3⅜		⅛
Back neck drop from	1		1	－	－	1		⅛
Collar ht @ CB	3		3	－	－	3		⅛

（续）

GRADES	1X	SMPL	2X	SMPL	3X 尺码	SMPL	TOL(±)
Collar ht @ CF	3		3	+ $\frac{1}{8}$	–	3	$\frac{1}{8}$
Front zipper length	28		28$\frac{1}{2}$	–	–	29	$\frac{3}{8}$
Hood width (5 inch fm top)	9$\frac{1}{2}$		9$\frac{3}{4}$	– $\frac{1}{8}$	–	10	$\frac{1}{8}$
Hood crown length @ ctr	17$\frac{1}{4}$		17$\frac{3}{4}$	–	+ $\frac{1}{8}$	18$\frac{1}{4}$	$\frac{1}{8}$
Hood length fm neck to top	13$\frac{3}{4}$		14	– $\frac{1}{8}$	–	14$\frac{1}{4}$	$\frac{1}{8}$
Shoulder slope	2$\frac{1}{8}$		2$\frac{1}{4}$			2$\frac{3}{8}$	$\frac{1}{8}$
Pocket width (total)	$\frac{3}{4}$		$\frac{3}{4}$	–	–	$\frac{3}{4}$	$\frac{1}{8}$
Pocket length @ ctr	7		7$\frac{1}{4}$	–	–	7$\frac{1}{4}$	$\frac{1}{8}$
Pocket plcmnt frm btm	3		3	– $\frac{1}{8}$	– $\frac{1}{8}$	3	$\frac{1}{8}$
Pocket plcmnt frm cf	7$\frac{3}{4}$		8	–	– $\frac{1}{8}$	8$\frac{1}{4}$	$\frac{1}{8}$

Remarks：only one size 2X is available，other sizes no output yet.　RUBY　/13/08　王少华 LILIAN

【解答】

中期验货报告

生产商	款号:83871623 3XL	检验日期:06/13/08				
宁波新华	合同编号:2209L	装运日期:07/22/08				
外包厂	订单数量:150DOZ/1800PCS	裁剪数量	成品数量	水洗数量		包装数量
福步服饰	品名：FUBU CARRYOVER STYLE JKT	100%	33%	N/A		0
颜色:黑色、白色						

辅　料		里　料		标　签	
01 缝纫线	✓	08 里布、黏衬	✓	11 主唛	✓
02 拉链	✓	09 口袋布	✓	12 侧唛	✓
03 钮扣、按扣	✓	10 垫肩	✓	13 洗水唛	✓
04 钩子/柳钉	N/A			14 挂牌	✓
05 气眼	N/A			其他	
06 饰扣	✓				
07 绣花	N/A				

生产情况:已缝制完成33%(只有2X码),黑色尚未开工缝制。

存在的问题	工厂采取的措施
① 里料细褶处有可见针洞和断缝(1件)	已经与厂方代表王少华、跟单员王女士、品质管理的主管和流水线主管进行过沟通商讨。
② 前门襟沿拉链迹明线处有轻微的褶皱(2件)	
③ 在背部"Z"字缝处有针洞。(1件)	已建议工厂调整针号,针头必须是尖的。针号应由 12♯ 改为 11♯。

（续）

④ 侧缝和后背"Z"字缝拼接处线迹歪扭。（1件）	
⑤ 帽沿处明线线迹宽窄不一。（1件）	
⑥ 帽子所缉明线的线迹歪扭。（1件）	
⑦ 下摆折边有轻微的扭曲，宽窄不一。（1件）	
⑧ 注意衣片弄污，这中颜色极易弄脏。	工厂将在缝制之前清理干净机器和桌面。
⑨ 尺寸规格尚可，就是袖口小了¼英寸。	工厂将调整橡筋长度，使之符合规格。

检验员：RUBY 13/08	确认工厂 王少华 LILIAN　13/08	备注：在以后的大货中工厂将对以上问题加倍注意并采取改进措施。

尺寸规格表（英寸）

编号	1X 尺码	原样	2X 尺码	原样		3X 尺码	原样	（±）允差
衣长（肩颈点）	27⅞		28½	−¼	−	29⅛		⅜
衣长（后中）	28⅜		29	−⅛	−	29⅝		⅜
胸围（腋下1英寸）	50		53	−	−⅜	56		½
腰围位置（距肩颈点）	16		16½	−		17		¼
腰围	48		51	−	−¼	54		½
下摆围（直量）	50		53	−		56		½
肩宽	19¼		20½	−	+¼	21¾		¼
前胸宽（距肩颈点5½英寸处）	17¼		18½	−⅛	+⅛	19¾		¼
后背宽（距肩颈点5½英寸处）	18¼		19½	+¼	−	20¾		¼
袖窿（直）量	11¼		11¾	+¼	+¼	12¼		¼
袖长（后领中心）	34½		35½	−	−	36½		¼
袖肥（腋下1英寸）	19½		20½	−	+⅛	21½		¼
袖口克夫大	9		9½	−¼	−⅛	10		⅛
袖子饰边宽	1¼		1¼			1¼		⅛
横开领大（缝至缝）	8		8¼	+⅛	+⅛	8½		⅛
前领深	3⅛		3¼	+⅛	−⅛	3⅜		⅛
后领深	1		1	−	−	1		⅛
领高（后中）	3		3	−	−	3		⅛
领高（前中）	3		3	+⅛		3		⅛
前拉链长	28		28½	−	−	29		⅜
帽宽（距顶端5英寸）	9½		9¾	−⅛		10		⅛
帽宽（中间位置）	17¼		17¾	−	+⅛	18¼		⅛
帽长（从颈到顶）	13¾		14	−⅛	−	14¼		⅛

（续）

编号	1X 尺码	原样	2X 尺码	原样		3X 尺码	原样	（±）允差
肩斜	$2\frac{1}{8}$		$2\frac{1}{4}$	–	–	$2\frac{3}{8}$		$\frac{1}{8}$
口袋宽	$\frac{3}{4}$		$\frac{3}{4}$	–	–	$\frac{3}{4}$		$\frac{1}{8}$
口袋长(中心)	7		$7\frac{1}{4}$	–	–	$7\frac{1}{4}$		$\frac{1}{8}$
袋位(距底摆)	3		3	$-\frac{1}{8}$	$-\frac{1}{8}$	3		$\frac{1}{8}$
袋位(距前中)	$7\frac{3}{4}$		8	–	$-\frac{1}{8}$	$8\frac{1}{4}$		$\frac{1}{8}$

备注：成品只有 2X 码，其他尺寸未产出。

(3) 请整理一客户委托第三方检验机构出具的下列检验报告。

Report No. : ___1/5___

Title：Provisional Inspection Report For New Applicant	

Form No：PIR-HKG-IT-FRI-New Applicant　　Revision No：09	Inspected by　　　　　　　　　　：RC/CF
Requirement Document No：	checked by Inspector　　　　　　　：RC
WI-REQ-HKG-IT-_____ Revision　No：_____	Reviewed by Senior QA Engineer or above：
	Checked by Administration Group　　　：

TO：_____（FAX：）_____

ATTN：_____

C.C.：_____（FAX：）_____

PROVISIONAL INSPECTION REPORT

APPLICANT：　SILVER TEXTILE　INC　　**REPORT NO：**　HZ9040048T

Attn：_____

File no. # 01&02	File no. # 03804
Product	Unit packing

DESCRIPTION： SHINY STATIN BUSTIER DRESS

BUYER： SILVER TEXTILES INC

SUPPLIER： ZHEJIANG ZHONGDA EXPORTS CO.LTD

ORDER NO. : 952008/952017/952028/952025

MODEL/STYLE NO. : 53670

SUPPLIER ART NO. :

COLOR： WHITE、NATY、PURPLE、RED

SIZE： 2、4、6、8、10、12、14

DATE OF INSPECTION： APR02，2009

PLACE OF INSPECTION： [√] CHINA(　　)[ ] MACAU　[ ] HONG KONG

（续）

CONCLUSION：

[✓] This goods was previously inspected and rejected on ___MAR30，2009___ as per our Inspection Report ___SH139339___

As the supplier claimed that improvement had been made，a re-inspection was conducted.

The inspection results of the above mentioned merchandise were found as follows：

Inspcetion criteria	Result

a) Quantity available   [✓] Corformed/[ ] Not conformed，[ ] refer to the last page Special Attention point _____

b) Product descriptions，style & color   [✓] Corformed/[ ]No sample given [ ]Not conformed，refer to the last page Special Attention point _____

c) Workmanship   [✓] Corformed/[ ] Not conformed，[ ]refer to the last page Special Attention point _____

d) Data measurement/check   [ ]Corformed/[✓] No requirement given[ ] Not conformed，refer to the last page Special Attention point _____

e) Form of packaging   [ ]Corformed/[✓] No information given[ ] Not conformed，refer to the last page Special Attention point _____

f) Shipping mark   N/A   [ ]Corformed/[✓] No information given[ ] Not conformed，refer to the last page Special Attention point _____

Summary result	Critical	Major	Minor
WORKMANSHIP TOTAL：	0	4	6
NO. OF DEFECT ALLOWED：	0	5	10

Overall inspection result：[ ] CONFORMED/ [ ] NOT CONFORMED TO APPLICANT'S REQUIREMENT.

                 [✓] PENDING FOR APPLICANT'S DECISION.

Factory's representative signature and chop：_____陈旭_____ （departure Time：_____ ）

                                Report No. : ___2/5___

INSPECTION REQUIREMENT： Final Random Inspection against the applicant's requirement

Inspection Standard Adopted：

[✓] ANSI/ASQC Z1. 4 Dated 2003   [ ] BS6001-1 Dated 1999   [ ] ISO2859—1Dated 1999

Single Sampling Plans for Normal Inspection

General Inspedtion Level：___Ⅲ___

Acceptable Quality Level （AQL） for：

Critical Nonconformity (defective)：Not allowed on the inspected sample

Major Nonconformity (defective)：___1. 0___

Minor Nonconformity (defective)：___2. 5___

INSPECTION RESULTS：

The inspection results were found as follows：

（续）

a）QUANTITY AVAILABLE：

	[ ] Requested Inspection Quantity [ ] Order Quantity	Lot size	Actual available quantity （shipment）		Not Finished Quantity	Sample size from	
			Packed	Not Packed		Packed quantity	Not packed quantity
No. of ✓ **picec/pair/set/** **pack/dozen**	2414	2401	2200	201	0	183	17
No. of carton/polybag	2414	2401	2200	201	0	183	

Carton/polybag selected for inspection：[ ] carton number not assigned yet.

No. _____

_____

Total _____ inspected cartons were re-packed and sealed with Intertek label：

[ ] No. _____

[ ] Carton number not assigned during inspection.

Total _____ non-inspected cartons were sealed with Intertek label：

[ ] No. _____

[ ] Carton number not assigned during inspection.

[ ] Discrepancy was found，please refer to Special Attention on the last page.

b）PRODUCT DESCRIPTION，STYLE AND COLOR：

[✓] Check against order

　　[✓] The inspected samples were found similar to the description of order.

　　[ ] Discrepancy was found. Please refer to Special Attention on the last page.

　　[ ] No submitted sample was provided by applicant or supplier for style & color comparison.

[✓] Check against sample

　　[✓] The inspected samples were found similar to the submitted sample provided by ___FACTORY___ .

　　[ ] Discrepancy was found. Please refer to Special Attention on the last page.

Report No. ： __3/5__

c）WORKMANSHIP：

Details of Nonconformity （devective）：	Cr Critical	Ma Major	Mi Minor
EXPOSED SETTING STITCHES AT BACK STRAP（4 TO 5 cm）	–	2	–
SNAGGING YARN AT LINING （12 cm）	–	1	–
UNEVEN PLACEMENT OF BACK STRAP （0. 4 cm）	–	1	–
SLIGHTLY DIRTY MARK AT BOTTOM/FRONT （0. 2×0. 2 TO 0. 3×0. 3）	–	–	2
SLIGHTLY EXPOSED SETTING STITCHES AT SIDE （0. 5 TO 1. 5 cm）	–	–	2
UNTRIMMED THREAD END INSIDE （2. 5 TO 4 cm）	–	–	2

（续）

Found：		0	4	6
Allowed：		0	5	10

[　] Discrepancy was found，please refer to Special Attention on the last page.

Report No.： __4/5__

d）DATA MEASUREMENT/CHECK

[　] Size Measurement　　（＿＿Samples）：[　] Conformed/　　[　] Not conformed，refer to Special Attention on the last page.

[✓] Labelling　　（_200_ Samples）：[　] Conformed/　　[✓] Not conformed，refer to Special Attention on the last page.

[✓] Bar Code Readability　　（_25_ Samples）：[✓] Readable/　　[　] Not conformed，refer to Special Attention on the last page.

[　] Carton Assortment　　（＿＿Cartons）：[　] Conformed/　　[　] Not conformed，refer to Special Attention on the last page.

[　] Garment Weight　　（＿＿Samples）：[　] Conformed/　　[　] Not conformed，refer to Special Attention on the last page.

[　] Observation of Mould　　（＿＿Samples）：[　] No Mould Observed/　[　] Not conformed，refer to Special Attention on the last page.

[　] Transportation Drop Check　（＿＿Cartons）：[　] Conformed/　　[　] Not conformed，refer to Special Attention on the last page.

[　] Functional Check　　（＿＿Samples）：[　] Conformed/　　[　] Not conformed，refer to Special Attention on the last page.

e）FORM OF PACKAGING

（FOR PO 952028 &952025）

EACH PIECE WAS GUNNED WITH A BRAND HANGTAG AND DISCLAIMER HANGTAG AT THE LEFT HANGER LOOP AND THEN HUNG ON A HANGER AND THEN PACKED INTO A POLYBAG PRINTED WITH WARNING CLAUSE AT CENTER BACK.

（FOR PO 952008，952017）

(续)

EACH PIECE WAS GUNNED WITH A BRAND HANGTAG, A DISCLAIMER HANGTAG. A BARCODE PRICE HANGTAG AT LEFT HANG LOOP. HUNG ON A HANGER, PACKED INTO A PLOYBAG PRINTED WITH WARNING CLAUSE AT CENTER BACK.

The dimension of export carton was found with L ＿＿ × W ＿＿ × H ＿＿ to L ＿＿ × W ＿＿ × H ＿＿ CMS/INCHES.

The gross weight of export carton was found with ＿＿＿＿ to ＿＿＿＿ **KGS/LBS.**

[   ] Discrepancy was found, refer to Special Attention on the last page.

f) SHIPPING MARK：N/A

File no. # ＿＿＿＿	File no. # ＿＿＿＿
Wider side (side(s))	Narrower side (side(s))

File no. # ＿＿＿＿	File no. # ＿＿＿＿
Top View (if necessary)	Bottom View (if necessary)

[   ] Discrepancy was found, refer to Special Attention on the last page.

Report No. :＿＿5/5＿＿

SPECIAL ATTENTION：

＿＿＿＿＿＿＿＿＿＿＿＿＿＿＿＿＿＿＿＿＿＿＿＿＿＿＿＿＿＿

NO FORMATION OF CARE LABELS, BARCODES, HANGTAGS WERE PROVIDED FOR

COMPARISON, ONLY REFER TO ATTACHMENT.

＿＿＿＿＿＿＿＿＿＿＿＿＿＿＿＿＿＿＿＿＿＿＿＿＿＿＿＿＿＿

NOTE：

[   ] Production sample(s) will be sent to the applicant/＿＿＿＿on＿＿＿＿.

No of sample	Color	Size	Defect

(续)

No of sample	Color	Size	Defect

[ ] The good quality of inspected samples will be separated with the other non-inspected samples by tissue paper，and which the top layer is Intertek inspected samples，the packed into the inspected cartons and please refer to the digital photo for details.

[ ] All the selected cartons were not sealed after inspection because the factory did not repacked them immediately.

[ ] This inspection does not cover the fabric quality such as the fabric strength and the seam slippage. These silk fabric is usually weak in fabric strength and seam slippage.

[X] The hand-written Provisional Inspection Report was copied to the factory.

[X] Enclosed with _____ page(s) of attachment.

[X] Attached with _____ page(s) of digital photos.

[X] The PO and SUBMITTED SAMPLE and COLOR SEATCHES was provided by factory.

[X] Got Clients Approval，No Need To Make The Measurement.

[X] The factory refused to draw sample to keep at INTERTEK office.

【解答】

报告页码： __1/5__

临时检验报告(新申请方)		
报告格式编号：PIR-HKG-IT-FRI-New Applicant 修订号：09	检验员	
所需格式编号	复核员：	
WI-REQ-HKG-IT-_____ 修订号：_____	QA 高级审核员：	
	管理层审核：	

致：_____ (传真：)_____

转：_____

抄送：_____ (传真：)_____

临时检验报告

申请方名称：_____   报告编号：_____

转：_____

文件编号：．♯01 & 02	文件编号：．♯03 & 04
产品	独立包装

（续）

产品：　有光色丁紧身连衣裙

买方：　SILVER TEXTILES INC

卖方：　浙江中大外贸进出口公司

订单号：　952008/952017/952028/952025

款号：　53670

供应商代码.：——

颜色：　白色、藏青、紫色、红色

尺码：　2、4、6、8、10、12、14

验货时间：2009-4-2

验货地点：[√]中国　　[　]澳门　[　]香港

验货结论：

[　]此批货物曾于2009年3月30日进行第一次验货，验货结果不合格（验货报告编号：SHIJ39339）。供应商声明已进行质量改进，进行了第二次验货。

上述货物检验结论如下：

检验项目	检验结论
a）质量	[√]确认[　]不确认　[　]不符点参考附页_____
b）款式/颜色	[√]确认[　]无样衣　[　]不符点参考附页_____
c）做工工艺	[√]确认[　]不确认　[　]不符点参考附页_____
d）尺寸	[　]确认[√]无相关资料[　]不符点参考附页_____
e）包装	[　]确认[√]无相关资料[　]不符点参考附页_____
f）箱唛	[　]确认[√]无相关资料[　]不符点参考附页_____

检验项目	致命疵点	大疵点	小疵点
做工/工艺　合计：	0	4	6
允许疵点数：	0	5	10

检验结果：[　]合格/　[　]不合格

　　　　　　　　　[　]待定．

工厂代表签章____陈旭____（时间：____）

报告页码：____2/5____

检验条件：根据申请要求，最终随机检验。

检验标准：：

[√]ANSI/ASQC Z1.4 Dated 2003　　[　]BS6001-1 Dated 1999　　[　]ISO2859—1Dated 1999

正常一次抽样检验

一般检验水平：　Ⅲ

AQL可接受质量水平：

致命疵点：不允许

大疵点：　AQL1.0

小疵点：　AQL2.5

检验结论:

结论如下:

a) 成衣数量:

	检验数量	订单数量	实际数量(出运)		未完成数量	抽样样本来源	
			已成箱	未成箱		已成箱	未成箱
件数	2 414	2 401	2 200	201	0	183	17
胶袋数量	2 414	2 401	2 200	201	0	183	

抽样检验的外箱/胶袋:〔 〕未指定箱号。

箱号 _____

_____

共计 _____ 由 ITS 重新包装并封签:

〔 〕箱号 _____

〔 〕未指定箱号.

共计 _____ 箱未检验,亦由 ITS 封签:

〔 〕箱号 _____

〔 〕未指定箱号.

〔 〕检验的不符点,请参考末页的"特别提示"项。

b) 货品描述,款式和颜色:

〔√〕根据订单要求

〔√〕(抽样检验)与订单描述一致。

〔 〕(抽样检验)与订单描述不符,请参考末页的"特别提示"项。

〔 〕申请人或供应商未提供颜色&款式对比样。

〔√〕根据样衣

〔√〕检验样衣与工厂提供的留样一致。

〔 〕检验的不符点,请参考末页的"特别提示"项。

报告页码: __3/5__

c) 做工工艺:

疵点描述	致命疵点	大疵点	小疵点
后祥带露针脚。(4~5 cm)	0	2	0
里子布勾丝。(12 cm)	0	1	0
后祥带位置不平齐(0.4 cm)	0	1	0
底摆轻微污渍/前片(0.2 cm×0.2 cm~0.3 cm×0.3 cm)	0	0	2
侧缝露针脚(0.5~1.5 cm)	0	0	2
里子有未修剪线头(2.5~4 cm)	0	0	2

（续）

合计：	0	4	6
允许数量：	0	5	10

［　］检验的不符点，请参考末页的"特别提示"项。

d）DATA MEASUREMENT/CHECK

［　］尺寸　　　　　　　（_____样品）：［　］确认/　　　［　］不确认，请参考末页的"特别提示"项。

［✓］标牌　　　　　　　（__200__样品）：［　］确认/　　　［✓］不确认，请参考末页的"特别提示"项。

［✓］条形码是否可以识别　（__25__样品）：［✓］可读/　　　［　］不确认，请参考末页的"特别提示"项。

［　］装箱搭配　　　　　（_____箱）：［　］确认/　　　［　］不确认，请参考末页的"特别提示"项。

［　］服装重量　　　　　（_____箱）：［　］确认/　　　［　］不确认，请参考末页的"特别提示"项。

［　］霉斑　　　　　　　（_____箱）：［　］无霉斑　　　［　］不确认，请参考末页的"特别提示"项。

［　］纸箱耐冲击测试　　（_____箱）：［　］确认/　　　［　］不确认，请参考末页的"特别提示"项。

［　］功能测试　　　　　（_____箱）：［　］确认/　　　［　］不确认，请参考末页的"特别提示"项。

e）包装说明：

（PO 订单号 952028 &952025）

挂装，外套胶袋，胶袋后中印有警告语。主吊牌用枪针挂，免责吊牌在左挂耳位。（PO 订单号：95208 & 952025）.

每件有主吊牌和免责吊牌（用枪针）。条形码价格牌在左挂耳。挂装，外有胶袋，后中印警告语。（PO 订单号 952008，952017）

外箱尺寸　长___×宽___×高___　到　长___×宽___×高___厘米/英寸.

外箱毛重_____到_____千克/磅.

［　］检验的不符点，请参考末页的"特别提示"项。

箱唛：无

文件号 #_____	文件号 #_____
正面（ side(s)）	侧面（ side(s)）

文件号 #_____	文件号 #_____
箱底(如果需要)	箱底(如果需要)

（续）

[　] 检验的不符点，请参考末页的"特别提示"项。

报告页码： __5/5__

特别提示：

_____

　　未提供主唛，条形码，吊牌等 信息，以供检验时对照使用。见附页

_____

_____

_____

_____

_____

注意事项：

[　] 大货样将于_____送至申请人。

抽样号	颜色	尺码	疵点

[　] 大货样留样，供 ITS 参考。

抽样号	颜色	尺码	疵点

[　] 抽样品与未抽样品用防潮纸隔开，和在箱子上层，请参考随附照片。

[　] 由于工厂方未能及时重新包装，检验结束后，抽箱未能封签。

[　] 此次检验未包含面料品质项（面料强力，接缝强力等）。丝绸面料通常这两项指标均较弱。

[×] 手写体的临时检验报告已复印给工厂。

[×] 随附_____页。

[×] 随附_____数码像片。

[×] PO 订单、参考样、色样均由工厂提供。

[×] 经客户同意，无需进行尺寸测试。

[×] 工厂方拒绝 ITS 办事处留样。

知识拓展

1. AQL 抽样检验

1）AQL 检验说明

① AQL（Acceptable Quality Level）意为"可接受的质量水平"或"接受质量限"（Acceptance Quality Limited）。

② AQL 明确了客户的检验方法以及不合格的范围。只要检验结果出来的不合格数小于客户所规定的 AQL 接受值，客户才会接收该批货物。

③ 对应标准

检验方法	美国标准	国际标准	我国标准
AQL	ANSI/ASQCZ1.4—2003	ISO2859—1：1999	GB/T2828.1—2003

[**背景资料**] 对生产出口到欧美国家的企业，掌握美国国家标准 ANSI/ASQCZ1.4—2003 和国际标准 ISO2859—1：1999 十分重要，客户总是以这样的标准来提出质量要求。

2）AQL 抽样检验的应用范围

被检对象可以是原材料、成品（包装前或包装后）或半成品。检验在加工过程中进行。

3）AQL 抽样检验的主要内容

① 接受质量限 AQL。

对应于不同的质量水平或要求，AQL 有 26 种规定的数值：

AQL 的规定数值

AQL 0.010	AQL 0.015	AQL 0.025	AQL 0.040	AQL 0.065
AQL 0.10，	AQL 0.15	AQL 0.25	AQL 0.40	AQL 0.65
AQL 1.0	AQL 1.5	AQL 2.5	AQL 4.0	AQL 6.5
AQL 10	AQL 15	AQL 25	AQL40	AQL 65
AQL 100	AQL 150	AQL 250	AQL 400	AQL 650
AQL 1 000				

注：表中加阴影的 AQL 数值是常用的服装检验水平。AQL 值越小，质量水平要求越高。

② 检验水平。

a. 检验水平表示了批量与样本量的关系。一般批量越大，样本就越大。但当批量大到一定时，样本在大批量中所占的比例就相对较小。

b. 在抽样检验标准中，有三种一般检验水平（Level Ⅰ，Level Ⅱ（常规水平），Level Ⅲ）。和四种特殊检验水平（S-1、S-2、S-3、S-4）。

③ 检验的严格度和转换规则。

在抽样标准中，制定了三种检验严格度，即：正常检验（NORMAL）、加严检验（TIGHTENED）、放宽检验（REDUCED）。

4）AQL 抽样检验方法和步骤

① 抽样检验方案的制定。

a. 可由客户和供应商共同决定；

正常检验一次抽样方案

接收质量限（AQL）

样本量字码	样本量	0.010	0.015	0.025	0.040	0.065	0.10	0.15	0.25	0.40	0.65	1.0	1.5	2.5	4.0	6.5	10	15	25	40	65	100	150	250	400	650	1000
		Ac Re	Ac Re	Ac Re	Ac Re	Ac Re	Ac Re	Ac Re	Ac Re	Ac Re	Ac Re	Ac Re	Ac Re	Ac Re	Ac Re	Ac Re	Ac Re	Ac Re	Ac Re	Ac Re	Ac Re	Ac Re	Ac Re	Ac Re	Ac Re	Ac Re	Ac Re
A	2	↓	↓	↓	↓	↓	↓	↓	↓	↓	↓	↓	↓	↓	↓	↓	↓	0 1	1 2	2 3	3 4	5 6	7 8	10 11	14 15	21 22	30 31
B	3	↓	↓	↓	↓	↓	↓	↓	↓	↓	↓	↓	↓	↓	↓	↓	0 1	1 2	2 3	3 4	5 6	7 8	10 11	14 15	21 22	30 31	44 45
C	5	↓	↓	↓	↓	↓	↓	↓	↓	↓	↓	↓	↓	↓	↓	0 1	1 2	2 3	3 4	5 6	7 8	10 11	14 15	21 22	30 31	44 45	↑
D	8	↓	↓	↓	↓	↓	↓	↓	↓	↓	↓	↓	↓	↓	0 1	1 2	2 3	3 4	5 6	7 8	10 11	14 15	21 22	30 31	44 45	↑	↑
E	13	↓	↓	↓	↓	↓	↓	↓	↓	↓	↓	↓	↓	0 1	1 2	2 3	3 4	5 6	7 8	10 11	14 15	21 22	30 31	44 45	↑	↑	↑
F	20	↓	↓	↓	↓	↓	↓	↓	↓	↓	↓	↓	0 1	1 2	2 3	3 4	5 6	7 8	10 11	14 15	21 22	30 31	44 45	↑	↑	↑	↑
G	32	↓	↓	↓	↓	↓	↓	↓	↓	↓	↓	0 1	1 2	2 3	3 4	5 6	7 8	10 11	14 15	21 22	30 31	44 45	↑	↑	↑	↑	↑
H	50	↓	↓	↓	↓	↓	↓	↓	↓	↓	0 1	1 2	2 3	3 4	5 6	7 8	10 11	14 15	21 22	30 31	44 45	↑	↑	↑	↑	↑	↑
J	80	↓	↓	↓	↓	↓	↓	↓	↓	0 1	1 2	2 3	3 4	5 6	7 8	10 11	14 15	21 22	30 31	44 45	↑	↑	↑	↑	↑	↑	↑
K	125	↓	↓	↓	↓	↓	↓	↓	0 1	1 2	2 3	3 4	5 6	7 8	10 11	14 15	21 22	30 31	44 45	↑	↑	↑	↑	↑	↑	↑	↑
L	200	↓	↓	↓	↓	↓	↓	0 1	1 2	2 3	3 4	5 6	7 8	10 11	14 15	21 22	30 31	44 45	↑	↑	↑	↑	↑	↑	↑	↑	↑
M	315	↓	↓	↓	↓	↓	0 1	1 2	2 3	3 4	5 6	7 8	10 11	14 15	21 22	30 31	44 45	↑	↑	↑	↑	↑	↑	↑	↑	↑	↑
N	500	↓	↓	↓	↓	0 1	1 2	2 3	3 4	5 6	7 8	10 11	14 15	21 22	30 31	44 45	↑	↑	↑	↑	↑	↑	↑	↑	↑	↑	↑
P	800	↓	↓	↓	0 1	1 2	2 3	3 4	5 6	7 8	10 11	14 15	21 22	30 31	44 45	↑	↑	↑	↑	↑	↑	↑	↑	↑	↑	↑	↑
Q	1250	↓	↓	0 1	1 2	2 3	3 4	5 6	7 8	10 11	14 15	21 22	30 31	44 45	↑	↑	↑	↑	↑	↑	↑	↑	↑	↑	↑	↑	↑
R	2000	↓	0 1	1 2	2 3	3 4	5 6	7 8	10 11	14 15	21 22	30 31	44 45	↑	↑	↑	↑	↑	↑	↑	↑	↑	↑	↑	↑	↑	↑

加严检验一次抽样方案

接收质量限（AQL）

样本量字码	样本量	0.010	0.015	0.025	0.040	0.065	0.10	0.15	0.25	0.40	0.65	1.0	1.5	2.5	4.0	6.5	10	15	25	40	65	100	150	250	400	650	1000
		Ac Re	Ac Re	Ac Re	Ac Re	Ac Re	Ac Re	Ac Re	Ac Re	Ac Re	Ac Re	Ac Re	Ac Re	Ac Re	Ac Re	Ac Re	Ac Re	Ac Re	Ac Re	Ac Re	Ac Re	Ac Re	Ac Re	Ac Re	Ac Re	Ac Re	Ac Re
A	2	↓	↓	↓	↓	↓	↓	↓	↓	↓	↓	↓	↓	↓	↓	↓	↓	↓	0 1	1 2	2 3	3 4	5 6	8 9	12 13	18 19	27 28
B	3	↓	↓	↓	↓	↓	↓	↓	↓	↓	↓	↓	↓	↓	↓	↓	↓	0 1	1 2	2 3	3 4	5 6	8 9	12 13	18 19	27 28	41 42
C	5	↓	↓	↓	↓	↓	↓	↓	↓	↓	↓	↓	↓	↓	↓	↓	0 1	1 2	2 3	3 4	5 6	8 9	12 13	18 19	27 28	41 42	↑
D	8	↓	↓	↓	↓	↓	↓	↓	↓	↓	↓	↓	↓	↓	↓	0 1	1 2	2 3	3 4	5 6	8 9	12 13	18 19	27 28	41 42	↑	↑
E	13	↓	↓	↓	↓	↓	↓	↓	↓	↓	↓	↓	↓	↓	0 1	1 2	2 3	3 4	5 6	8 9	12 13	18 19	27 28	41 42	↑	↑	↑
F	20	↓	↓	↓	↓	↓	↓	↓	↓	↓	↓	↓	↓	0 1	1 2	2 3	3 4	5 6	8 9	12 13	18 19	27 28	41 42	↑	↑	↑	↑
G	32	↓	↓	↓	↓	↓	↓	↓	↓	↓	↓	↓	0 1	1 2	2 3	3 4	5 6	8 9	12 13	18 19	27 28	41 42	↑	↑	↑	↑	↑
H	50	↓	↓	↓	↓	↓	↓	↓	↓	↓	↓	0 1	1 2	2 3	3 4	5 6	8 9	12 13	18 19	27 28	41 42	↑	↑	↑	↑	↑	↑
J	80	↓	↓	↓	↓	↓	↓	↓	↓	↓	0 1	1 2	2 3	3 4	5 6	8 9	12 13	18 19	27 28	41 42	↑	↑	↑	↑	↑	↑	↑
K	125	↓	↓	↓	↓	↓	↓	↓	↓	0 1	1 2	2 3	3 4	5 6	8 9	12 13	18 19	27 28	41 42	↑	↑	↑	↑	↑	↑	↑	↑
L	200	↓	↓	↓	↓	↓	↓	↓	0 1	1 2	2 3	3 4	5 6	8 9	12 13	18 19	27 28	41 42	↑	↑	↑	↑	↑	↑	↑	↑	↑
M	315	↓	↓	↓	↓	↓	↓	0 1	1 2	2 3	3 4	5 6	8 9	12 13	18 19	27 28	41 42	↑	↑	↑	↑	↑	↑	↑	↑	↑	↑
N	500	↓	↓	↓	↓	↓	0 1	1 2	2 3	3 4	5 6	8 9	12 13	18 19	27 28	41 42	↑	↑	↑	↑	↑	↑	↑	↑	↑	↑	↑
P	800	↓	↓	↓	↓	0 1	1 2	2 3	3 4	5 6	8 9	12 13	18 19	27 28	41 42	↑	↑	↑	↑	↑	↑	↑	↑	↑	↑	↑	↑
Q	1250	↓	↓	↓	0 1	1 2	2 3	3 4	5 6	8 9	12 13	18 19	27 28	41 42	↑	↑	↑	↑	↑	↑	↑	↑	↑	↑	↑	↑	↑
R	2000	↓	↓	0 1	1 2	2 3	3 4	5 6	8 9	12 13	18 19	27 28	41 42	↑	↑	↑	↑	↑	↑	↑	↑	↑	↑	↑	↑	↑	↑
S	3150	↓	0 1	1 2	2 3	3 4	5 6	8 9	12 13	18 19	27 28	41 42	↑	↑	↑	↑	↑	↑	↑	↑	↑	↑	↑	↑	↑	↑	↑

正常检验二次抽样方案

接收质量限（AQL）

样本量字码	样本	样本量	累计样本量	0.010	0.015	0.025	0.040	0.065	0.10	0.15	0.25	0.40	0.65	1.0	1.5	2.5	4.0	6.5	10	15	25	40	65	100	150	250	400	650	1000
A	第一			↓	↓	↓	↓	↓	↓	↓	↓	↓	↓	↓	↓	↓	↓	↓	↓	↓	↓	↓	↓	↓	↓	↓	↓	↓	↓
	第二			↓	↓	↓	↓	↓	↓	↓	↓	↓	↓	↓	↓	↓	↓	↓	↓	↓	↓	↓	↓	↓	↓	↓	↓	↓	↓
B	第一	2	2	↓	↓	↓	↓	↓	↓	↓	↓	↓	↓	↓	↓	↓	↓	↓	↓	0 2	0 3	1 4	2 5	3 7	5 9	7 11	11 16	17 22	25 31
	第二	2	4	↓	↓	↓	↓	↓	↓	↓	↓	↓	↓	↓	↓	↓	↓	↓	↓	1 2	3 4	4 5	6 7	8 9	12 13	18 19	26 27	37 38	56 57
C	第一	3	3	↓	↓	↓	↓	↓	↓	↓	↓	↓	↓	↓	↓	↓	↓	↓	0 2	0 3	1 4	2 5	3 7	5 9	7 11	11 16	17 22	25 31	*
	第二	3	6	↓	↓	↓	↓	↓	↓	↓	↓	↓	↓	↓	↓	↓	↓	↓	1 2	3 4	4 5	6 7	8 9	12 13	18 19	26 27	37 38	56 57	*
D	第一	5	5	↓	↓	↓	↓	↓	↓	↓	↓	↓	↓	↓	↓	↓	↓	0 2	0 3	1 4	2 5	3 7	5 9	7 11	11 16	17 22	25 31	*	↑
	第二	5	10	↓	↓	↓	↓	↓	↓	↓	↓	↓	↓	↓	↓	↓	↓	1 2	3 4	4 5	6 7	8 9	12 13	18 19	26 27	37 38	56 57	*	↑
E	第一	8	8	↓	↓	↓	↓	↓	↓	↓	↓	↓	↓	↓	↓	↓	0 2	0 3	1 4	2 5	3 7	5 9	7 11	11 16	17 22	25 31	*	↑	↑
	第二	8	16	↓	↓	↓	↓	↓	↓	↓	↓	↓	↓	↓	↓	↓	1 2	3 4	4 5	6 7	8 9	12 13	18 19	26 27	37 38	56 57	*	↑	↑
F	第一	13	13	↓	↓	↓	↓	↓	↓	↓	↓	↓	↓	↓	↓	0 2	0 3	1 4	2 5	3 7	5 9	7 11	11 16	17 22	25 31	*	↑	↑	↑
	第二	13	26	↓	↓	↓	↓	↓	↓	↓	↓	↓	↓	↓	↓	1 2	3 4	4 5	6 7	8 9	12 13	18 19	26 27	37 38	56 57	*	↑	↑	↑
G	第一	20	20	↓	↓	↓	↓	↓	↓	↓	↓	↓	↓	↓	0 2	0 3	1 4	2 5	3 7	5 9	7 11	11 16	17 22	25 31	*	↑	↑	↑	↑
	第二	20	40	↓	↓	↓	↓	↓	↓	↓	↓	↓	↓	↓	1 2	3 4	4 5	6 7	8 9	12 13	18 19	26 27	37 38	56 57	*	↑	↑	↑	↑
H	第一	32	32	↓	↓	↓	↓	↓	↓	↓	↓	↓	↓	0 2	0 3	1 4	2 5	3 7	5 9	7 11	11 16	17 22	25 31	*	↑	↑	↑	↑	↑
	第二	32	64	↓	↓	↓	↓	↓	↓	↓	↓	↓	↓	1 2	3 4	4 5	6 7	8 9	12 13	18 19	26 27	37 38	56 57	*	↑	↑	↑	↑	↑
J	第一	50	50	↓	↓	↓	↓	↓	↓	↓	↓	↓	0 2	0 3	1 4	2 5	3 7	5 9	7 11	11 16	17 22	25 31	*	↑	↑	↑	↑	↑	↑
	第二	50	100	↓	↓	↓	↓	↓	↓	↓	↓	↓	1 2	3 4	4 5	6 7	8 9	12 13	18 19	26 27	37 38	56 57	*	↑	↑	↑	↑	↑	↑
K	第一	80	80	↓	↓	↓	↓	↓	↓	↓	↓	0 2	0 3	1 4	2 5	3 7	5 9	7 11	11 16	17 22	25 31	*	↑	↑	↑	↑	↑	↑	↑
	第二	80	160	↓	↓	↓	↓	↓	↓	↓	↓	1 2	3 4	4 5	6 7	8 9	12 13	18 19	26 27	37 38	56 57	*	↑	↑	↑	↑	↑	↑	↑
L	第一	125	125	↓	↓	↓	↓	↓	↓	↓	0 2	0 3	1 4	2 5	3 7	5 9	7 11	11 16	17 22	25 31	*	↑	↑	↑	↑	↑	↑	↑	↑
	第二	125	250	↓	↓	↓	↓	↓	↓	↓	1 2	3 4	4 5	6 7	8 9	12 13	18 19	26 27	37 38	56 57	*	↑	↑	↑	↑	↑	↑	↑	↑
M	第一	200	200	↓	↓	↓	↓	↓	↓	0 2	0 3	1 4	2 5	3 7	5 9	7 11	11 16	17 22	25 31	*	↑	↑	↑	↑	↑	↑	↑	↑	↑
	第二	200	400	↓	↓	↓	↓	↓	↓	1 2	3 4	4 5	6 7	8 9	12 13	18 19	26 27	37 38	56 57	*	↑	↑	↑	↑	↑	↑	↑	↑	↑
N	第一	315	315	↓	↓	↓	↓	↓	0 2	0 3	1 4	2 5	3 7	5 9	7 11	11 16	17 22	25 31	*	↑	↑	↑	↑	↑	↑	↑	↑	↑	↑
	第二	315	630	↓	↓	↓	↓	↓	1 2	3 4	4 5	6 7	8 9	12 13	18 19	26 27	37 38	56 57	*	↑	↑	↑	↑	↑	↑	↑	↑	↑	↑
P	第一	500	500	↓	↓	↓	↓	0 2	0 3	1 4	2 5	3 7	5 9	7 11	11 16	17 22	25 31	*	↑	↑	↑	↑	↑	↑	↑	↑	↑	↑	↑
	第二	500	1000	↓	↓	↓	↓	1 2	3 4	4 5	6 7	8 9	12 13	18 19	26 27	37 38	56 57	*	↑	↑	↑	↑	↑	↑	↑	↑	↑	↑	↑
Q	第一	800	800	↓	↓	↓	0 2	0 3	1 4	2 5	3 7	5 9	7 11	11 16	17 22	25 31	*	↑	↑	↑	↑	↑	↑	↑	↑	↑	↑	↑	↑
	第二	800	1600	↓	↓	↓	1 2	3 4	4 5	6 7	8 9	12 13	18 19	26 27	37 38	56 57	*	↑	↑	↑	↑	↑	↑	↑	↑	↑	↑	↑	↑
R	第一	1250	1250	↓	↓	0 2	0 3	1 4	2 5	3 7	5 9	7 11	11 16	17 22	25 31	*	↑	↑	↑	↑	↑	↑	↑	↑	↑	↑	↑	↑	↑
	第二	1250	2500	↓	↓	1 2	3 4	4 5	6 7	8 9	12 13	18 19	26 27	37 38	56 57	*	↑	↑	↑	↑	↑	↑	↑	↑	↑	↑	↑	↑	↑

↓ = 使用箭头下面的第一个抽样方案；↑ = 使用箭头上面的第一个抽样方案；* = 使用相应的一次抽样方案（Ac = 接收数，Re = 拒收数）。

b. 也可由客户规定并在合同中予以明确;

c. 在制定抽样计划时,商品的价值是需要首先考虑的因素;

d. 例如对同一个客户,衬衫的检验标准采用 AQL4.0,而皮衣的检验标准采用 AQL1.5 或更高的标准,原因就在于皮装的单位价值要比衬衫高得多。

② 抽样检验方案的内容。

a. 确定检验的项目及要求;

b. 确定不合格或者疵病分类;

c. 确定检验水平(Level);

d. 确定接受质量限 AQL;

e. 确定抽样方案的类型(一次,两次或多次抽样);

f. 确定抽样检验的严格度及转换原则;

g. 确定检验批的构成。

③ 抽样方案检索。

检索必须具备五个已知条件:

a. 批量N;

b. 接收质量限 AQL;

c. 检验水平 Level;

d. 抽样方案类型(一次,二次);

e. 抽样检验的严格度(正常、严格、宽松)。

④ 抽样方案检索步骤。

a. 确定抽样样本字码:见"抽样样本字码表"。根据批量 N 和检验水平 Level,在表中找到样本字码。

b. 确定抽样检验表:根据抽样次数类型和检验严格度,选定应该使用的抽样表。

c. 检索接收(Ac)或拒收(Re)判定值:用交叉法在抽样表上检索。首先根据样本字码,在抽样表第一列样板字码栏确定行数。然后根据接收质量限 AQL 确定列数。此时可以在行列的交叉处得到一组数字或箭头。如果交叉点为一组数字,这改组数值即为判定值,并同时在改行中得到样本量;如果交叉点为箭头,则应沿着箭头所指方向直到碰到的第一组数字,该组数字即为判定值,也同时在该行中得到样本量。

抽样样本字码表

批 注	特殊检验水平				一般检验水平		
	S-1	S-2	S-3	S-4	Ⅰ	Ⅱ	Ⅲ
2~8	A	A	A	A	A	A	B
9~15	A	A	A	A	A	B	C
16~25	A	A	B	B	B	C	D
26~50	A	B	B	C	C	D	E
51~90	B	B	C	C	C	E	F
91~150	B	B	C	D	D	F	G
151~280	B	C	D	E	E	G	H

（续）

批　注	特殊检验水平				一般检验水平		
	S-1	S-2	S-3	S-4	Ⅰ	Ⅱ	Ⅲ
281～500	B	C	D	E	F	H	J
501～1200	C	C	E	F	G	J	K
1201～3200	C	D	E	G	H	K	L
3201～10000	C	D	F	G	J	L	M
10001～35000	C	D	F	H	K	M	N
35001～150000	D	E	G	J	L	N	P
150000～500000	D	E	G	J	M	P	Q
500001 以上	D	E	H	K	N	Q	R

⑤ 产品检验。

从所要检验的产品中,按照以上所述的样本数,随机地抽取样品,随机地抽取可以保证检验结果真实可靠。

在检验中,应该确保 100% 地检验所抽取的样品,即使在检验若干件以后,发现病疵数已经超过拒收数,仍然需继续检验所剩余的样品。因为检验的目的除了需要知道"接收"或"拒收"的结果外,还需要了解货物处于何种品质水平,样且可能通过积累历史数据,为判断供应商是否合格,并且决定以后对检验方案。作为供应是商本身来说,也可以清楚如何去改善自身的品质。

⑥ 统计不合格品数。

统计所有的不合格品并计数。

⑦ 判断接收与否。

用统计出的不合格品数或者不合格数对照抽样表中的 Ac 和 Re,就可以决定是"接收"还是"拒收"。

注:① 抽样:在送检批中抽取一定数量样本的过程。

② 批量:批中含单位数量,其大小用"N"表示。

③ 样本数:从批中抽取的部分单位数量,其大小用"n"表示。

④ 不合格判定个数(Re):样本中的最小不良品数,如该批产品被检出的不良品数超过此数量,判定该批产品拒收。Re 即为 Reject。

⑤ 合格判定个数(Ac):样品中的最小不良品数,如该批产品中被检出的不良品小于此数时,判定该批允收。Ac 即为 Accept。

2. 服装检针整理

服装检针作为消费品的安全指标,是服装后整理的重要内容。国际上日本对服装检针要求最为苛刻,20 世纪 80 年代,因服装中残断针所造成的消费者伤害事件频频发生,这促使日本政府以立法形式颁布消费者权益保护法规,以加强对残断针的控制。1995 年 7 月 1 日,日本政府开始正式执行"产品负责法"。其实在此法律出现以前,日本服装进口商早已对服装断针残留有了专门的严格要求。根据日本法规,生产、经销的产品如有残断针存在,其生产者、销售者都将受到重罚,如给消费者造成伤害还要进行赔偿。日本服装进口商为避免因残断针造成经济损失,不仅要求生产商在产品出厂前进行检针,还专门设立检品工厂从事检针工作。对经检针合格的产品,悬挂或加贴检针标志。对针等金属残留物的要求已经发展到了服装辅料的检针要求,出口日本的服装产品,其使用的裤钩、裙钩、领钩、按扣、拉链等金属配件,必须100％过检针。

针的检测是在成品包装完毕装箱以前进行的,产品装箱以前要对其进行逐件针对服装行业对针的严格管理与要求,服装检针整理是不可缺少的重要工作。服装企业对于针的管理主要分为控制与检测两个方面。

针的控制主要是对辅料针的检测与生产用针断针的管理。对于有过检针要求的服装,其所使用的辅料通常需要能够过检针,辅料在使用前应该进行过针检测,要求辅料能够通过专门的检针设备,这种检测实际上主要是为了在对服装断针或金属残留物进行检测时更为方便。

检测,通常使用较多的是传送带式检针机,检针机是利用磁场原理,有效准确的检测出断针等铁质物品的存在与具体位置。使用过程中应该注意以下几点:

① 检针人员每天检针前用试验片放入检针机输送带底部、顶部、中间进行测试,均发生鸣叫,方可使用。否则不能使用,并应立即通知有关人员对检针机进行调试;

② 在检针过程中每间隔 2 小时必须用标准块对验针机的灵敏度进行比对试验,并做好记录。关机前应再进行一次比对试验和记录;

③ 客户要求检针的产品,必须在内包装完成后逐件进行检针;

④ 出口到日本的产品,对腈纶棉、人造毛等必须在裁剪后对裁片进行检针;

⑤ 顾客有要求时应对拉链等有关辅料进行检针;

⑥ 当产品通过检针机,机器发出鸣叫声、灯光报警时,必须将该产品剔除,拆包人工检验,剔除断针、铁屑,重新包装后复检;

⑦ 未检和已检的产品必须严格分组堆放,以免混淆。一旦发生混淆必须重新检针。

此外,检针前、后做好机台和周围地面的清洁工作,检针完毕后在检针机上加盖罩布。

| 传输带式检针机 | 手持检针器 | 台式检针机 |

检针机的检针传感器使用的是永久性磁石,但是长年使用后,器磁力会逐渐降低。检针机的使用过程中,如何正确校准检针机是十分重要的,这关系到检针的精度,所以使用前必须将试验检测用测试样品放在所定的位置上进行检查。

3. QC 验货基本常识

1)规格不符

序　　号	缺　　陷	产生原因
（1）	规格超差——样板不准	裁剪下刀不准;绗棉时缝位超差

2）缝制不良

序号	缺　陷	产生原因
（1）	针距超差	缝制时没有按工艺要求严格调整针距
（2）	跳针	由于机械故障，间断性出现
（3）	脱线	起、落针时没打回针；或严重浮线造成
（4）	漏针	因疏忽大意漏缝；贴缝时下坎
（5）	毛泄	拷边机出故障或漏拷；折光毛边时不严密，挖袋技术不过关，袋角毛泄
（6）	浮面线	梭皮螺丝太松，或压线板太紧
（7）	浮底线	压线板太松，或梭皮螺丝紧
（8）	止口反吐	缝制技术差，没有按照工艺要求吐止口
（9）	反翘	面子过紧，或缝制时面子放在上面造成
（10）	起皱	没有按照缝件的厚薄调换针线；或缝合件有长短
（11）	起绺钮	由于技术不过关缝钮了；缝合件不吻合
（12）	双轨	缉单明线，断线后，接缝线时不在原线迹上；缝制贴件下坎后，补线时造成两条线迹
（13）	双线不平行	由于技术不过关，或操作马虎造成双线宽窄不匀
（14）	不顺直	缝位吃得多少不匀造成止口不顺直；技术差缉明线弯曲
（15）	不平服	面里缝件没有理顺摸平；缝件不吻合；上下片松紧不一
（16）	不方正	袋角、袋底、摆角、方领没有按 90 度缝制
（17）	不圆顺	圆领、圆袋角、圆袖头、西服圆摆，由于缝制技术不过关出现细小楞角
（18）	不对称	由于技术差或操作马虎，必须对称的部位有长短、高低、肥瘦、宽窄等误差
（19）	吃势不匀	绱袖时在袖山部位由于吃势不均匀，造成袖山圆胖，或有细褶
（20）	绱位歪斜	绱袖、绱领、定位点少于三个或定位不准
（21）	对条、对格不准	裁剪时没有留清楚剪口位；或排料时没有严格对准条格；缝制时马虎，没有对准条格
（22）	上坎、下坎	缝纫技术低或操作马虎，没有做到缉线始终在缝口一边
（23）	针孔外露	裁剪时没有清除布边针孔；返工时没有掩盖拆孔
（24）	领角起豆	缝制技术低；领角缝线清剪不合要求；折翻工艺不合要求；没有经过领角定型机压形
（25）	零配件位置不准	缝制时没有按样衣或工艺单缝钉零配件
（26）	唛牌错位	主唛、洗水唛没有按样衣或工艺单要求缝钉

3）污迹

序号	缺　陷	产生原因
（1）	笔迹	违反规定使用钢笔、圆珠笔编裁片号、工号、检验号
（2）	油渍	缝制时机器漏油；在车间吃油食物
（3）	粉迹	裁剪时没有清除划粉痕迹；缝制时用划粉定位造成
（4）	印迹	裁剪时没有剪除布头印迹
（5）	脏迹	生产环境不洁净；缝件堆放在地上；缝件转移时沾染；操作工上岗前没有洗手
（6）	水印	色布缝件沾水褪色斑迹
（7）	锈迹	金属钮扣、拉链、搭扣质量差生锈后沾在缝件上

4）整烫

序号	缺陷	产生原因
（1）	烫焦变色	烫斗温度太高，使织物烫焦变色（特别是化纤织物）
（2）	极光	没有使用蒸气熨烫，用电熨斗没有垫水布造成局部发亮
（3）	死迹	烫面没有摸平，烫出不可回复的折迹
（4）	漏烫	工作马虎，大面积没有过烫

5）线头

序号	缺陷	产生原因
（1）	死线头	后整理修剪不净
（2）	活线头	修剪后的线头粘在成衣上，没有清除

6）其他

序号	缺陷	产生原因
（1）	倒顺毛	裁剪排料差错；缝制小件与大件毛向不一致
（2）	做反布面	缝纫工不会识别正反面，使布面做反
（3）	裁片同向	对称的裁片，由于裁剪排料差错，裁成一种方向
（4）	疵点超差	面料疵点多，排料时没有剔除，造成重要部位有疵点，次要部位的疵点超过允许数量
（5）	扣位不准	扣位板出现高低或扣档不匀等差错
（6）	扣眼歪斜	锁眼工操作马虎，没有摆正衣片，造成扣眼横不平，竖不直
（7）	色差	面料质量差，裁剪时搭包，编号出差错，缝制时对错编号，有质量色差没有换片
（8）	破损	剪修线头，返工拆线和洗水时不慎造成
（9）	脱胶	黏合衬质量不好，粘合时温度不够或压力不够，时间不够
（10）	起泡	黏合衬质量不好；烫板不平或没有垫烫毯
（11）	渗胶	黏合衬质量不好；粘胶有黄色，烫斗温度过高，使面料泛黄
（12）	套结不准	套结工没有按工艺要求摆正位置
（13）	钉扣不牢	钉扣机出现故障造成
（14）	四合扣松紧不宜	四合扣质量造成
（15）	折衣不合格	没有按工艺要求（或客户要求）折衣
（16）	衣、袋规格不符	包装工操作马虎，将成衣装错包装塑料袋
（17）	丢工缺件	缝纫工工作疏忽，忘记安装各种装饰绊，装饰钮或者漏缝某一部位，包装工忘了挂吊牌和备用扣等
（18）	装箱搭配差错	包装工工作马虎，没有严格按装箱单搭配装箱
（19）	箱内数量不足	打下的次品过多，没有合格品补足造成尾箱缺数
（20）	外箱唛头印错	外贸部门提供的唛头有错；生产厂家辨别英语出错

第九章　服装装箱与出运

一、装箱明细表缮制

【任务安排】

装箱明细 DVS 订单实际生产数量和细码如下表所示,请缮制装箱明细。装箱要求:36件/箱,出运加拿大单色单码,出运美国单色混码,出运欧洲混色混码。

装箱明细表

订单号	颜色	S	M	L	XL	合计	交期	
SU264604	BLACK 黑色组	8	32	43	31	114	12 月 4 日	加拿大 SP09
SU264604	TROPICAL 拼色组	36	93	113	52	294	12 月 4 日	加拿大 SP09
2269	BLACK 黑色组	124	187	140	36	487	12 月 4 日	美国 SP09
2269	TROPICAL 拼色组	166	267	229	85	747	12 月 4 日	美国 SP09
PEDW-123	BLACK 黑色组	112	167	143	55	477	12 月 4 日	欧洲 SP09
PEDW-123	TROPICAL 拼色组	247	383	326	122	1 078	12 月 4 日	欧洲 SP09

1) 发加拿大订单的装箱明细

(1) 先求出这张订单装箱的总箱数。

(2) 根据单码装箱要求,分别计算各码箱数。余数做单色混码处理,最后混色混码处理。算出所有尺码数的箱数后,把数据填入装箱明细表。

【解答】

装箱明细 Packing List

Style no:SU264604　　　　　　　　　　　　　　　　　　　　Destination:加拿大

箱号	箱数	颜色	尺码				每箱件数	总数	每箱净重(kg)	每箱毛重(kg)	纸箱尺寸(cm)
			S	M	L	XL					
1#	1	BLACK 黑色组			36		36	36	14	15	60×40×30
2#	1	BLACK 黑色组	4	32			36	36	14	15	60×40×30
3#	1	BLACK 黑色组	4		1	31	36	36	14	15	60×40×30

（续表）

箱号	箱数	颜色	尺码				每箱件数	总数	每箱净重（kg）	每箱毛重（kg）	纸箱尺寸（cm）
			S	M	L	XL					
4#	1	TROPICAL 拼色组	36				36	36	14	15	60×40×30
5～6#	2	TROPICAL 拼色组		36			36	72	14	15	60×40×30
7～9#	3	TROPICAL 拼色			36		36	108	14	15	60×40×30
10#	1	TROPICAL 拼色组				36	36	36	14	15	60×40×30
11#	1	TROPICAL 拼色组		21		15	36	36	14	15	60×40×30
12#	1	BLACK 黑色组			6		12	12	7.5	8.5	60×40×15
		TROPICAL 拼色组			5	1					
总计		BLACK 黑色组	8	32	43	31		114			
		TROPICAL 拼色组	36	93	113	52		294			
								408			
合计	12	60 cm×40 cm×30 cm×11 箱＝0.792 m³ 60 cm×40 cm×15 cm×1 箱＝0.036 m³							119.5	128.5	0.828 m³

2）发美国的单色混码装箱明细

【解答】

装箱明细表

Style no：2269   Destination：美国

箱号	箱数	颜色	尺码				每箱件数	总数	每箱净重（kg）	每箱毛重（kg）	纸箱尺寸（cm）
			S	M	L	XL					
1～10#	10	BLACK 黑色	9	14	11	2	36	360	14	15	60×40×30
11～13#	3		9	15	11	2	36	108	14	15	60×40×30
14～33#	20	TROPICAL 拼色	8	13	11	4	36	720	14	15	60×40×30
34#	1	TROPICAL 拼色	6	7	9	5	36	36	14	15	60×40×30
		BLACK 黑色	7	2							
35#	1	BLACK 黑色				10	10	10	6	7	60×40×15
总计		BLACK 黑色	124	187	140	36		487			
		TROPICAL 拼色	166	267	229	85		747			
								1 234			
合计	35	60 cm×40 cm×30 cm×34 箱＝2.448 m³ 60 cm×40 cm×15 cm×1 箱＝0.036 m³							482	517	2.484 m³

3）发欧洲的混色混码装箱明细

【解答】

装箱明细

Style no：PEDW-123　　　　　　　　　　　　　　　　　　　　　　Destination：欧洲

箱号	箱数	颜色	尺码				每箱件数	总数	每箱净重（kg）	每箱毛重（kg）	纸箱尺寸（cm）
			S	M	L	XL					
1～26#	26	BLACK 黑色组	3	4	3	1	36	936	14	15	60×40×30
		TROPICAL 拼色组	6	9	7	3					
27～36#	10	BLACK 黑色组	2	4	4	2	36	360	14	15	60×40×30
		TROPICAL 拼色组	5	9	8	2					
37～38#	2	BLACK 黑色组	2	4	5	2	37	74	14.5	15.5	60×40×15
		TROPICAL 拼色组	5	9	8	2					
39～41#	3	BLACK 黑色组	2	3	3	1	37	111	14.5	15.5	60×40×15
		TROPICAL 拼色组	6	8	10	4					
42#	1	BLACK 黑色组	2	3	3	1	37	37	14.5	15.5	60×40×15
		TROPICAL 拼色组	7	8	9	4					
43#	1	BLACK 黑色组	2	3	3	1	37	37	14.5	15.5	60×40×15
		TROPICAL 拼色组	6	9	9	4					
总计		BLACK 黑色组	112	167	143	55		477			
		TROPICAL 拼色组	247	383	326	122		1 078			
								1 555			
合计	43	60 cm×40 cm×30 cm×43 箱＝3.096 m³							605.5	648.5	3.096 4 m³

二、订舱

【任务安排 1】

根据 DVS 订单的装箱明细单，选择合适的集装箱尺寸和数量，准备出运。

Style no：SU264604　　　　　　　　　　　　　　　　　　　　　　Destination：加拿大

总计		BLACK 黑色	8	32	43	31	114
		TROPICAL 拼色	36	93	113	52	294
							408
合计	12CTNS	60 cm×40 cm×30 cm×11 箱 = 0.792 m³ 60 cm×40 cm×15 cm×1 箱 = 0.036 m³			119.5 kg	128.5 kg	0.828 m³

Style no：2269   Destination：美国

总　计		BLACK 黑色	124	187	140	36	487
		TROPICAL 拼色	166	267	229	85	747
							1 234
合计	35CTNS	60 cm×40 cm×30 cm×34 箱 = 2. 448 m³ 60 cm×40 cm×15 cm×1 箱 = 0. 036 m³			482 kg	517 kg	2. 484 m³

Style no：PEDW-123   Destination：欧洲

总　计		BLACK 黑色	112	167	143	55	477
		TROPICAL 拼色	247	383	326	122	1 078
							1 555
合计	43CTNS	60 cm×40 cm×30 cm×43 箱 = 3. 096 m³			605. 5 kg	648. 5 kg	3. 096 4 m³

【解析】

此订单货物分三个目的地。其中运往加拿大 12 箱，0.828 m³，毛重 128.5 kg，净重 119.5 kg。运往美国 35 箱，2.484 m³，毛重 517 kg，净重 482 kg。运往欧洲 43 箱，3.096 4 m³，毛重 648.5 kg，净重 605.5 kg。它们都不够一个 20 尺货柜的数量和重量，从价格上来说，拼箱是最佳选择。

如果此订单只有一个目的地，数量是 3 万件左右，又该如何选择货柜？如果此批服装全部运往一个目的地，数量是原来的 10 倍，将有大约 900 箱，64 m³，毛重 12 940 kg，净重12 070kg。从价格上来说，选择 40 尺高柜正好合适。

【任务安排 2】

请根据 S/C NO. CF-FZ-09-0110 童装订单的装箱明细，确定合适的集装箱(FCL 方式)。

装箱明细 packing list

S/C No.：CF-FZ-09-0110   Date：JULY 1,2009
FM：NINGBO CHENGFENG GARMENT CO.，LTD
TO： PATAGONIA CLOTHING CO.LTD

CTN. NO.	CTNS.	ART. NO.	3M	6M	9M	Q'TY PCS	N. W. KGS	G. W. KGS	MEAS. CM
1～35	35	0955	33	33	34	3 500	6.8	7.7	40 * 35 * 60
36	1	0955	45	51	4	100	6.8	7.7	40 * 35 * 60
37～68	32	0956	33	34	33	3 200	6.8	7.7	40 * 35 * 60
69	1	0956/0955	29	2	27/12	70	4.7	5.6	40 * 35 * 40
70～108	39	0957	34	33	33	3 900	6.8	7.7	40 * 35 * 60
109	1	0957	3	34	38	75	5.1	6.0	40 * 35 * 45
		0955	1 200	1 206	1 206	3 612			
		0956	1 085	1 090	1 083	3 258			
		0957	1 329	1 321	1 325	3 975			
TOTAL：109CTNS, 10845PCS, N. W732.7KGS, G. W. 946.3KGS, 9.2CBM									

【解析】

从该订单的装箱明细可以看出,此批童装共 109 箱,10 845 件,毛重 946.3 kg,9.2 m³。对照集装箱的容积和最大载荷量,20 尺的集装箱已经足够。

三、服装出运

在服装贸易中,把服装从卖方国家转移到买方国家必须通过运输来实现。运输是服装贸易合同中的一个重要组成部分,也是服装交易最终能够得以实现的、必不可少的手段。在服装跨国运输中,使用的运输方式很多,包括海洋运输、铁路运输、航空运输、公路运输、邮包运输,以及各种运输方式组合而成的国际多式联运等。这些运输方式在运输能力、运输费用、货物适应性以及风险等方面具有不同的特点,在实际业务中,应根据具体情况,合理地选择运输方式。

1. 海洋运输

海洋运输优点:

① 运量大。海运船舶的运载能力远远大于铁路和公路运输车辆的运载能力。世界大型油船为 50 万吨级。

② 运费低。按照规模经济的观点,因为运量大、航程远,分摊于每吨货物的运输成本就少,因此运价相对低廉。

③ 对货物的适应性强。远洋运输的船舶可适应多种运输的需要。现在许多船舶是专门根据货物需要设计的。如多用途船舶,专用化船舶的产生,为不同货物的运输提供了条件。

海洋运输缺点:

① 易受自然条件和气候等因素影响,风险较大。

② 普通商船的航运速度相对较慢,因而,对不能经受长途长时间运输的货物和易受气候条件影响以及急需的货物,一般不宜采用海运。

海洋运输可分班轮运输与租船运输两种形式。

1)班轮运输(LINER SHIPPING)

班轮是指按照预定的航行时间表,沿着固定的航线,按照既定的港口顺序,收取相对固定的运费(即"四固定"),经常从事航线上各港口之间运输的船舶。特点:

① 有四固定的基本特点。

② 有船方负责配载装卸,装卸费包括在运费中,货方不再另付装卸费,船货双方也不计算滞期费和速遣费。

③ 船、货双方的权利、义务与责任豁免,以船方签发的提单条款为依据。

④ 班轮承运货物的品种、数量比较灵活,货运质量较有保证,且一般采取在码头仓库交接货物,故为货主提供了较便利的条件。

班轮运费包括基本运费和附加费两部分。前者是指货物从装运港到卸货港所应收取的基本运费,它是构成全程运费的主要部分;后者是指对一些需要特殊处理的货物,或者由于突然事件的发生或客观情况变化等原因而需另外加收的费用。

基本运费的计收标准:

① 重量吨,运价表内用"W"表示。

② 尺码吨,运价表中用"M"表示。

③ W/M,按毛重或体积计收,由船公司选择其中收费较高的作为计费吨,运价表中以"W/M"表示。

④ A.V. 按商品价格计收,又称为从价运费。

⑤ W/M or ad val.在货物重量、尺码或价值三者中选择最高的一种计收。

⑥ W/M plus ad val.按货物重量或尺码选择其高者,再加上从价运费计算。

⑦ 按每件货物作为一个计费单位收费。

⑧ 临时议定价格

上述计算运费的重量吨和尺码吨统称为运费吨,又称计费吨,现在国际上一般都采用公制。

附加费是指除基本运费外,另外加收的各种费用。附加费的计算办法,有的是在基本运费的基础上,加收一定百分比;有的是按每运费吨加收一个绝对数计算。常见附加运费有:a. 超重附加费;b. 超长附加费;c. 选卸附加费;d. 直航附加费;e. 转船附加费;f. 港口附加费。

班轮运费的计算公式:

$$总运费 = 基本运费率(1 + 附加费率) \times 货运量$$

例题:上海运往肯尼亚蒙巴萨港口"门锁"一批计 100 箱,每箱体积为 20 cm×30 cm×40 cm,毛重为 25 kg。当时燃油附加费为 30%,蒙巴萨港口拥挤附加费为 10%。门锁属于小五金类,计收标准是 W/M,等级为 10 级,基本运费为 443.00 港元/t,试计算应付运费多少?

解:a. 先分清该批货物是按重量(W)收费还是按体积(M)收费[本题应按重量(W)收费]。

b. 公式:运费＝基本运费率(1＋附加费率)×计费重量

c. 算出该批商品的总重量(W)为:

25 kg×100 ＝ 2 500 kg

2 500 kg÷1 000 kg/t ＝ 2.5 t

计算该批商品的总体积(M)为:

0.2 m×0.3 m×0.4 m×100 ＝ 2.4 m³

因为 W>M,所以按 W 计费。

d. 443×(1＋30%＋10%)×2.5 ＝ 1 550.50(港元)

答:应付总运费 1 550.50 港元。

2) 租船运输

又称不定期船运输,在租船运输业务中,没有预定的船期表,船舶经由航线和停靠的港口也不固定,须按船租双方签订的租船合同来安排,有关船舶的航线和停靠的港口、运输货物的种类以及航行时间等,都按承租人的要求,由船舶所有人确认而定,运费或租金也由双方根据租船市场行市在租船合同中加以约定。

租船运输的方式包括:

① 定程租船,又称航次租船,是指由船舶所有人负责提供船舶,在指定港口之间进行一个航次或数个航次,承运指定货物的租船运输。定程租船就其租赁方式的不同分为:a. 单程租船,又称单航次租船;b. 来回航次租船;c. 连续航次租船;d. 包运合同。

② 定期租船。是指由船舶所有人将船舶出租给承租人,供其使用一定时间的租船运输。承租人也可将此期租船充作班轮或程租船使用。

二者不同之处:a. 租船依据不同;b. 船方责任不同;c. 计租依据不同。

③ 光船租船。是指船舶所有人将船舶出租给承租人使用一个时期,但船舶所有人所提供的船舶是一艘空船,即无船长,又未配备船员,承租人自己要任命船长、船员,负责船只的给养和船舶营运管理所需的一切费用。实际上属于单纯的财产租赁。

关于定程租船的装卸费,具体做法有:

a. 船方负担装货费和卸货费,又可称为"班轮条件"(GROSS TERMS;LINER TERMS;或 BERTH TERMS);

b. 船方管装不管卸(FO);

c. 船方管卸不管装(FI);

d. 船方装和卸均不管(FIO);

e. 船方不管装卸、理舱和平舱(FIOST)。

2. 铁路运输

铁路运输优点:一般不受气候条件的影响,可保障全年的正常运输,而且运量较大,速度较快,有高度的连续性,运输过程中可能遭受的风险也较小。办理铁路货运手续比海洋运输简单,而且发货人和收货人可在就近的始发站和目的站办理托运和提货手续。

铁路运输可分为国际铁路货物联运和国内铁路货物运输两种。

3. 航空运输

航空运输是一种现代化的运输方式,它与海洋运输、铁路运输相比,具有运输速度快、货运质量高,且不受地面条件的限制等优点。因此,它最适宜运送急需物资、鲜活商品、精密仪器和贵重物品。

1)国际空运货物的运输方式

① 班机运输;

② 包机运输;

③ 集中托运;

④ 航空急件传送方式。

2)航空运输的承运人

① 航空运输公司;

② 航空货运代理公司;

3)航空运输的运价

此处略。

4. 集装箱运输和国际多式联运

1)集装箱运输

集装箱运输优点:

① 有利于提高装卸效率和加速船舶的周转;

② 有利于提高运输质量和减少货损货差;

③ 有利于节省各项费用和降低货运成本;

④ 有利于简化货运手续和便利货物运输;

⑤ 把传统单一运输连为连贯的成组运输,从而促进了国际多式联运的发展。

2)国际多式联运

国际多式联运是指按照多式联运合同,以至少两种不同的运输方式,由多式联运经营人把货物从一国境内接运货物的地点运至另一国境内指定交付货物的地点。构成多式联运应具备条件:

① 必须有一个多式联运合同,合同中明确规定多式联运经营人和托运人之间的权利、义务、责任和豁免。

② 必须是国际间两种或两种以上不同运输方式连贯运输。

③ 必须使用一份包括全程的多式联运单据,并由多式联运经营人对全程运输负总的责任。

④ 必须有一个多式联运经营人对全程运输负总的责任。

⑤ 必须是全程单一运费率,其中包括全程各段运费的总和、经营管理费用和合理利润。

3)大陆桥运输

① 西伯利亚大陆桥;

② 欧亚大陆桥;

③ 北美大陆桥。

5. 其他运输方式

① 公路运输;

② 内河运输;

③ 邮政运输;

④ 管道运输。

四、出运相关单据

(一)商业发票

商业发票是出口方向进口方开列发货价目清单,是买卖双方记账的依据,也是进出口报关交税的总说明。商业发票是一笔业务的全面反映,内容包括商品的名称、规格、价格、数量、金额、包装等,同时也是进口商办理进口报关不可缺少的文件。因此商业发票是全套出口单证的核心。在单据制作过程中,其余单据均需要参照商业发票。商业发票没有统一规定的格式。每个出具商业发票的单位都有自己的发票格式。虽然格式各不相同,但项目和内容大同小异。

商业发票的内容一般包括:

(1)商业发票必须载明"INVOICE"字样;

(2)发票编号和签发日期(NUMBER AND DATE OF ISSUE);

(3)合同或定单号码(CONTRACT NUMBER OR ORDER NUMBER);

(4)收货人姓名、地址(CONSIGNEE'S NAME AND ADDRESS);

(5)出口商姓名、地址(EXPORTER'S NAME AND ADDRESS);

(6)装运工具及起讫地点(MEANS OF TRANSPORT AND ROUTE);

(7)商品名称、规格、数量、重量等(COMMODITY, SPECIFICATION, QUANTITY,

WEIGHT ETC.）；

　　（8）包装及尺寸（PACKING AND MEASUREMENT）；

　　（9）唛头及件数（MARKS AND NUMBERS）；

　　（10）价格及价格条款（UNIT PRICE AND PRICE TERM）；

　　（11）总金额（TOTAL AMOUNT）；

　　（12）出票人签字（SIGNATURE OF ISSUER'S）。

【任务安排】

　　根据 DVS 订单的装箱明细和合同信息，其发往加拿大的商业发票如下所示：

【解答】

INVOICE

INVOICE NO.：SK-060716   NINGBO：JUN. 1, 2009

TO MESSRS：TIVOLI PRODUCTS PLC.．BERSTOFSGADE 48，ROTTERDAM，THE NETHERLANDS

SHIPPED VIA：TONG HE V. 144 FROM NINGBO TO TORONTO, CANADA

MARKS & DESCRIPTION OF THE GOODS	QUANTITY	UNIT PRICE	AMOUNT
STYLE NO.：SU264604 MEN'S L/S HOODED JACKET SHELL FABRIC：320T MATT NYLON	408PCS	FOB NINGBO US. $ 9. 2	USD3 753. 60

WE CERTIFY THAT THIS SHIPMENT CONTAINS NO SOLID WOOD PACKING MATERIAL.

（二）装箱单

　　（1）书面装箱单：传统纸质箱单，是发票的补充单据，它列明了信用证（或合同）中买卖双方约定的有关包装事宜的细节，便于国外买方在货物到达目的港时供海关检查和核对货物。通常可以将其有关内容加列在商业发票上，但是在信用证有明确要求时，就必须严格按信用证约定制作，是信用证项下结汇单据之一。

　　（2）EDI 装箱单：又称电子装箱单，是根据国家规定和港口业务运作情况制定的出口装箱单电子单证。一个自然重箱的一份电子装箱单可以对应一份电子装箱单，也可以将同一船舶、航次的若干装箱单组成一份电子装箱单。电子装箱单上所载事项必须与纸面装箱单中相应事项完全一致。

【任务安排】

　　根据 DVS 订单的装箱明细和商业发票，其发往加拿大的报关用装箱单如下（书面和电子两种）。

1）书面装箱单

PACKING LIST（Weight Memo）

Invoice No.：SK-060716   Date：July 1, 2006

CONTRACT NO. B01E-D06003

SHIPMENT BY <u>SEA</u> FROM <u>NINGBO CHINA</u> TO <u>TORONTO, CANADA</u>

TO MESSRS：<u>TIVOLI PRODUCTS PLC.．BERSTOFSGADE 48, ROTTERDAM, THE NETHERLANDS</u>

MARKS & DESCRIPTION OF THE GOODS	QUANTITY	NET WEIGHT	GROSS WEIGHT	VOLUME
AS PER INVOICE NO.：SK-060716 STYLE NO.：SU264604 MEN'S L/S HOODED JACKET	12CTNS	119.5KGS	128.5KGS	0.828CBM
TOTAL：	12CTNS	119.5KGS	128.5KGS	0.828CBM

WE CERTIFY THAT THIS SHIPMENT CONTAINS NO SOLID WOOD PACKING MATERIAL.

【解析】

（1）

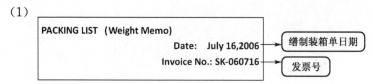

（2）

（3）

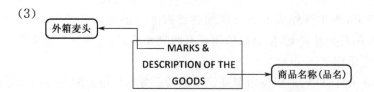

（4）

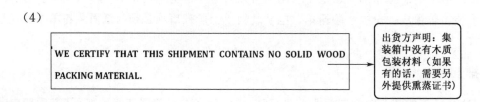

2）运往加拿大的 EDI 装箱单

ISSUER：Ningbo Cheng Feng Garment Imp & Exp Co. Ltd.		宁波乘风服饰进出口有限公司 地址：中国浙江省宁波市风华路495号乘风大厦409室 *PACKING LIST*			
Address：Room 409 Cheng Feng Building, No. 495, Fenghua Road，Ningbo315211，China					
Tel：86-574-86329926 Fax：86-574-86329283					
TO：TIVOLI PRODUCTS PLC..					
BERSTOFSGADE 48，ROTTERDAM，THE NETHERLANDS		INVOICE NO.	SK-060716	DATE：	Jun. 1. 2009
TRANSPORT DETAILS：		S/C NO.	CFFZ090214	L/C NO.：	
BY SEA FROM NINGBO TO TORONTO CANADA		TERMS OF PAYMENT		L/C AT SIGHT	
MARKS & NUMBERS.	DESCRIPTION & SPECIFICATION	QUANTITY	G.W （KGS）	N.W （KGS）	MEAS. （CBM）
AS PER INVOICE NO.： SK-060716 408PCS 12 CTNS	STYLE NO.：SU264604 MEN'S L/S HOODED JACKET 320T MATT NYLON	12CTNS	128.5KGS	119.5KGS	0.828CBM
THIS SHIPMENT CONTAINS NO SOLID WOOD PACKING MATERIAL.					
	TOTAL：	12CTNS	128.5KGS	119.5KGS	0.828CBM

【解析】

ISSUER：Ningbo Cheng Feng Garment Imp & Exp Co. Ltd.		*PACKING LIST*（1）			
Address：Room 409 Cheng Feng Building，No. 495，Fenghua Road，Ningbo315211，China					
TO(3)：TIVOLI PRODUCTS PLC..					
BERSTOFSGADE 48，ROTTERDAM，THE NETHERLANDS		INVOICE NO.	SK-060716	DATE：	Jun. 1. 2009
TRANSPORT DETAILS：		S/C NO.	CFFZ090214	L/C NO.：	
		TERMS OF PAYMENT			
MARKS & NUMBERS.（6）	DESCRIPTION & SPECIFICATION（7）	QUANTITY	G.W（8） （KGS）	N.W （KGS）	MEAS. （CBM）
AS PER INVOICE NO.： SK-060716 408PCS 12 CTNS	STYLE NO.：SU264604 MEN'S L/S HOODED JACKET 320T MATT NYLON	12CTNS	128.5KGS	119.5KGS	0.828CBM
	TOTAL：	12CTNS	128.5KGS	119.5KGS	0.828CBM

技能训练

根据合同号为 S/C No.：CF-FZ-09-0110 的如下信息,缮制装箱明细。

Art. No.	Name of Commodity & Specifications	Quantity	Total Quantity	Amount
0955 0956 0957	Boy's Creepers 3M/6M/9M 3M/6M/9M 3M/6M/9M	1200/1206/1206 1085/1090/1083 1329/1321/1325	3612pcs 3258pcs 3975pcs	FOB NINGBO $ 4 320. 00 $ 3 888. 00 $ 4 752. 00
TOTAL			10 845pcs	$ 13 015. 20
PACKING： FLAT PACKING, EACH PIECE INTO A POLYBAG, 100 PCS. INTO A CARTON IN SOLID STYLE ASSORTED SIZES. SIZE RATIO：3M：6M：9M＝1：1：1				

【解答】

此订单的装箱方式是单色混码。单件入一个胶袋,装箱比例 1：1：1,每箱 100 件。这样每个规格大约应该装入 33.3 件。选择数量多的规格装 34 件,其他两个规格 33 件。另外此订单每个款号只有一组配色,所以装箱方式就比较简单,同一款式,不同尺码混装。方案选定后,先装 0955 款。一共装了 35 箱。然后剩下 3M/6M/9M 各 45、51 和 16 件。36 号箱是 0095 款的尾箱,把 3M 和 6M 全部装完,9M 还剩 12 件没有入箱。同样的方法装入另外 2 款。最后给出总的箱数、件数、毛重、净重和体积。

装箱明细如下(阴影部分为尾箱):

装箱明细 packing list

S/C No.：CF-FZ-09-0110 　　　　　　　　　　　　　　　　　Date：JULY 25,2009
FM：NINGBO CHENGFENG GARMENT CO.,LTD
TO： PATAGONIA CLOTHING CO.LTD

CTN.NO.	CTNS.	ART.NO.	3M	6M	9M	Q'TY (Pcs)	N.W. (kg)	G.W. (kg)	MEAS. (cm)
1~35	35	0955	33	33	34	3 500	6.8	7.7	40 * 35 * 40
36	1	0955	45	51	4	100	6.8	7.7	40 * 35 * 40
37~68	32	0956	33	34	33	3 200	6.8	7.7	40 * 35 * 40
69	1	0956/0955	29	2	27/12	70	4.7	5.6	40 * 35 * 40
70~108	39	0957	34	33	33	3 900	6.8	7.7	40 * 35 * 40
109	1	0957	3	34	38	75	5.1	6.0	40 * 35 * 40
		0955	1 200	1 206	1 206	3 612			
		0956	1 085	1 090	1 083	3 258			
		0957	1 329	1 321	1 325	3 975			
TOTAL：109CTNS, 10 845Pcs, N.W. 732.7 kg, G.W. 946.3 kg, MEAS.6.1 m³									

知识拓展

（一）装箱术语

1. 装箱涉及到的常用术语

1）装箱方式

装箱方式是指外箱中服装的数量、颜色等的搭配方式。一般服装共有 4 种装箱方式，分别是单色单码（solid color/size）、单色混码（solid color/assorted size）、混色单码（assorted color/solid）、混色混码（assorted color/size）。

（1）单色单码 solid color/size

一个外箱中有且仅有一个颜色，一个尺码的服装。此装箱方式是目前服装出口最常用的方式之一。

（2）单色混码

一个外箱中只有该订单的一个颜色，所有尺码的服装。一般尺码放入的比例要按照细码表的搭配比例。

（3）混色单码

一个外箱中只有该订单的一个尺码，但包含该订单中这个尺码的所有颜色的服装。颜色比例也要按照细码表的搭配比例。

（4）混色混码

一个外箱中要包含这个订单中所有颜色的所有尺码的服装。装箱比例要按照细码单的搭配比例。

2）尾箱

装箱过程中，对于不能满足客户要求的剩余数量按尾箱处理，箱号排在正常箱号的尾端，称之为"尾箱"。通常尾箱的比例不超过总箱数的 5%。

2. 装箱计算

1）单色单码装箱方法

例 1：现有一订单，资料如下：

尺码：　　　　8　　　　10　　　　12　　　　14

数量（件）：　120　　　168　　　216　　　96

试以单码 24 件一箱包装，其装箱明细如何设计？

解法：（1）先求出这张订单装箱的总箱数：

$(120 + 168 + 216 + 96) \div 24 = 25$ 箱

（2）由于是单码装箱，所以每个尺码的箱数为：

8 码：$120 \div 24 = 5$ 箱

10 码：$168 \div 24 = 7$ 箱

12 码：$216 \div 24 = 9$ 箱

14 码：$96 \div 24 = 4$ 箱　　共 25 箱

算出所有尺码数的箱数后，把数据填入下列装箱明细表。

单色单码装箱明细表

箱号	箱数	总数	颜色	尺 码			
				8	10	12	14
1~5	5	120		24			
6~12	7	168			24		
13~21	9	216				24	
22~25	4	96					24

例 2：某一订单尺码与数量分配如下：

尺码：　　　　S　　　M　　　L　　　XL

数量（件）：　96　　186　　189　　129

试以单码 24 件一箱包装分配。

解法：(1) 总箱数 ＝（96＋186＋189＋129）÷24 ＝ 25 箱

　　　　(2) 各尺码的箱数：

S 码：96÷24 ＝ 4 箱

M 码：186÷24 ＝ 7 箱　　余 18 件

L 码：189÷24 ＝ 7 箱　　余 21 件

XL 码：129÷24 ＝ 5 箱　　余 9 件

整箱数：4＋7＋7＋5 ＝ 23 箱

余下的总件数为：18＋12＋9 ＝ 48 件

混码箱数为：48÷24 ＝ 2 箱

如箱数出现小数，则只能将余数的几个码混合装箱。至于余数的分配，要取最佳的方法。如将 9 件拆成 6 件＋3 件，那么，18 件＋6 件 ＝ 24 件，21 件＋3 件 ＝ 24 件，故装箱表如下表所示。

单色单码装箱明细表

箱号	箱数	总数	颜色	尺 码			
				S	M	L	XL
1~4	4	96		24			
5~11	7	168			24		
11~18	7	168				24	
19~23	5	120					24
24	1	24			18		6
25	1	24				21	3

2）单色混码装箱方法

例：其订单尺码及数量分配如下：

尺码：　　　　8　　　10　　　12　　　14　　　16

数量（件）：　100　　200　　400　　200　　100

如果以混码24件一箱装箱,其包装明细表如何设计?

解法:(1) 总箱数 = $(100＋200＋400＋200＋100)÷24 = 41$ 箱 16 件

(2) 每个尺码在每箱的件数:

8 码:$100÷41 = 2$ 件/箱　　余 18 件

10 码:$200÷41 = 4$ 件/箱　　余 36 件

12 码:$400÷41 = 9$ 件/箱　　余 31 件

14 码:$200÷41 = 2$ 件/箱　　余 36 件

16 码:$100÷41 = 2$ 件/箱　　余 18 件

整箱件数:$2＋4＋9＋4＋2 = 21$ 件,也就是一箱只有21件,每箱少了3件。考虑在 C/NO1-18 箱中,将8、10、12、码各加1件,即:

尺码:　8　　10　　12　　14　　16

件数:　3　　5　　10　　4　　2 = 24 件

余数:　-　　18　　13　　36　　18(件)

再在 C/NO19-36 箱中,将10、14、16 码各加1件,即:

尺码:　8　　10　　12　　14　　16

件数:　2　　5　　9　　5　　3 = 24 件

余数:　-　　-　　13　　18　　-(件)

再在 C/NO.37-41 箱中,将12码加1件,将14码加2件,即:

尺码:　8　　10　　12　　14　　16

件数:　2　　4　　10　　6　　2

余数:　-　　-　　8　　8　　-(件)

余下的件数作为第42箱,即:

C/NO.42:尺码:　12　　14

　　　　　件数:　8　　8 = 16 件

第42箱为扫零箱。装箱明细表如下表所示。

单色混码装箱明细表

箱号	箱数	总数	颜色	尺 码				
				8	10	12	14	16
1~18	18	432		3	5	10	4	2
19~36	18	432		2	5	9	5	3
37~41	5	120		2	4	10	6	2
42	1	16				8	8	
总数	42	1 000						

3) 混色混码装箱方法

例:现有订单资料如下:

尺码：	8	10	12	14	16
数量：红：	100	200	400	200	100＝1 000件
蓝：	80	100	300	200	100＝780件

试以混色混码24件一箱包装,其装箱明细表如何设计？解法：

(1) 总箱数＝(1 000＋780)÷24＝74箱　余4件

(2) 每个尺码在每一箱中所占的件数：

尺码：	8	10	12	14	16
红色：	1(26)	2(52)	5(30)	2(52)	1(26)(件/箱)(余数)
蓝色：	1(6)	1(26)	4(4)	2(52)	1(26)

说明：括号中的数是余数。

每箱整件数为：

(1＋2＋5＋2＋1)＋(1＋1＋4＋2＋1)＝20件

每箱少4件,这4件平均分给两种颜色,第一次分配可将红色的8和16码与蓝色的10和16码在C/NO.1~26箱中各加一件,即：

尺码：	8	10	12	14	16
红色：	2	2(52)	5(30)	2(52)	2
蓝色：	1(6)	2	4(4)	2(52)	2

第二次分配取30箱较易处理,即将红色的10、12、14码在C/NO.27~56中各加1件,将蓝色的14码加1件,即：

尺码：	8	10	12	14	16
红色：	1	3(22)	6	3(22)	1
蓝色：	1(6)	1	4(4)	3(22)	1

第三次分配将红色的10、14码在C/NO.57~62箱中各加1件,将蓝色的8、14码各加1件,即：

尺码：	8	10	12	14	16
红色：	1	3(16)	5	3(16)	1
蓝色：	2	1	4(4)	3(16)	1

第四次分配将红色的10、14码在C/NO.63~70箱中各加1件,将蓝色的14码加2件,即：

尺码：	8	10	12	14	16
红色：	1	3(8)	5	3(8)	1
蓝色：	1	1	4(4)	4	1

第五次分配将红色10、14码在C/NO.70~74箱中各加2件,即：

尺码：	8	10	12	14	16
红色：	1	4	5	4	1
蓝色：	1	1	4(4)	2	1

C/NO.75：尺码：　12

蓝色：　4(件)

最后装箱表如下表所示。

混色混码装箱明细表

箱号	箱数	总数	颜色	尺码				
				8	10	12	14	16
1~26	26	624	红	2	2	5	2	2
			蓝	1	2	4	2	2
27~56	30	720	红	1	3	6	3	1
			蓝	1	1	4	3	1
57~62	6	144	红	1	3	5	3	1
			蓝	2	1	4	3	1
63~70	8	192	红	1	3	5	3	1
			蓝	1	1	4	4	1
71~74	4	96	红	1	4	5	4	1
			蓝	1	1	4	2	1
75	1	4	红					
			蓝			4		
总数	75	1 780	红					
			蓝					

说明：第 75 箱中只有 4 件，数量极少，单独做尾箱不合适。这种情况常遇到，需灵活处理。一般是将第 75 箱取消，多余 4 件服装摊到其他各箱中。

(二) 集装箱

1. 集装箱

是指具有一定强度、刚度和规格专供周转使用的大型装货容器。使用集装箱转运货物，可直接在发货人的仓库装货，运到收货人的仓库卸货，中途更换车、船时，无须将货物从箱内取出换装。ISO 为了统一集装箱的规格，推荐了 3 个系列 13 种规格的集装箱。经常使用的是 20 英尺和 40 英尺的集装箱。纺织服装出口常用的集装箱是目前国际上通常使用的干货柜（Dry Container）。

2. 常见集装箱规格

（1）20 尺货柜：外尺寸为 20 英尺×8 英尺×8 英尺 6 英寸；内容积为 5.69 m×2.13 m×2.18 m，配货毛重一般为 17.5 t，体积为 24~26 m³。

（2）40 尺平柜：外尺寸为 40 英尺×8 英尺×8 英尺 6 英寸；内容积为 11.8 m×2.13 m×2.18 m，配货毛重一般为 22 t，体积为 54 m³。

（3）40 尺高柜：40 英尺×8 英尺×9 英尺 6 英寸；内容积为 11.8 m×2.13 m×2.72 m，配货毛重一般为 22 t，体积为 68 m³。

3. TEU

又称 20 英尺换算单位，是计算集装箱箱数的换算单位。目前各国大部分集装箱运输，都采用 20 英尺和 40 英尺长的两种集装箱。为使集装箱箱数计算统一化，把 20 英尺集装箱作为一个 TEU，40 尺集装箱作为两个 TEU，以利统一计算集装箱的营运量。

4. 拼箱货(Less Than Container Load 简称:LCL)

指装不满一整箱的小票货物。这种货物，通常是由承运人分别揽货并在集装箱货运站或内陆站集中,而后将两票或两票以上的货物拼装在一个集装箱内,同样要在目的地的集装箱货运站或内陆站拆箱分别交货。对于这种货物,承运人要负担装箱与拆箱作业,装拆箱费用仍向货方收取。承运人对拼箱货的责任,基本上与传统杂货运输相同。

5. 整箱货(Full Container Load 简称 FCL)

为拼箱货的相对用语。由发货人负责装箱、计数、积载并加铅封的货运。整箱货的拆箱,一般由收货人办理。但也可以委托承运人在货运站拆箱。可是承运人不负责箱内的货损、货差。除非货方举证确属承运人责任事故的损害,承运人才负责赔偿。承运人对整箱货,以箱为交接单位。只要集装箱外表与收箱时相似和铅封完整,承运人就完成了承运责任。整箱货运提单上,要加上"委托人装箱、计数并加铅封"的条款。

(三) EDI 装箱单的格式与说明

(1) 装箱单(Packing List):在中文"装箱单"上方的空白处填写出单人的中文名称地址,"装箱单"下方的英文可根据要求自行变换。

(2) 出单方(Issuer):出单人的名称与地址。在信用证支付方式下,此栏应与信用证受益人的名称和地址一致。

(3) 受单方(To):受单方的名称与地址。多数情况下填写进口商的名称和地址,并与信用证开证申请人的名称和地址保持一致。在某些情况下也可不填,或填写"To whom it may concern"(致有关人)。

(4) 发票号(Invoice No.):填发票号码。

(5) 日期(Date):"装箱单"缮制日期。应与发票日期一致,不能迟于信用证的有效期及提单日期。

(6) 运输标志(Marks and Numbers):又称唛头,是出口货物包装上的装运标记和号码。要符合信用证的要求,与发票、提单一致。

(7) 包装种类和件数、货物描述(Descriptions and Specifications):填写货物及包装的详细资料,包括:货物名称、规格、数量和包装说明等内容。

(8) N. W/G. W:填写货物的毛重/净重,若信用证要求列出单件毛重、净重和皮重时,应照办;

(9) 立方数(MEAS.):填写货物的体积,单位立方米。按货物的实际体积填列,均应符合信用证的规定。

(10) 自由处理区:自由处理区位于单据格式下方,用于表达格式中其他栏目不能或不便表达的内容。

附录 1 常见服装线迹

平车(正反相同)

三线拷克装饰(正面、反面)

平双针(正面)

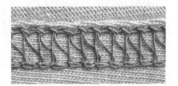

平双针(反面)

单针链条车(正面)

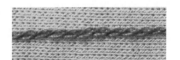

单针链条车(反面)

双针链条车(正面)

双针链条车(反面)

三线拷克(正面)

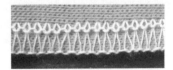

三线拷克(反面)

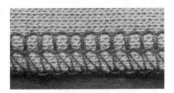

四线拷克(正面)

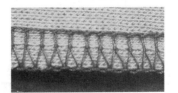

四线拷克(反面)

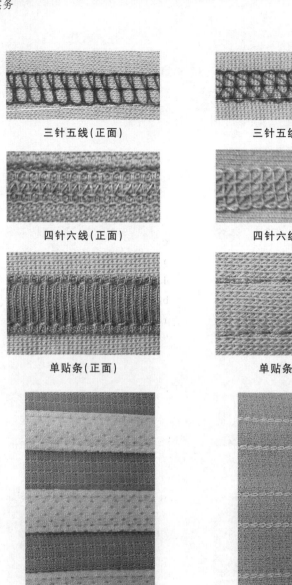

三针五线(正面)

三针五线(反面)

四针六线(正面)

四针六线(反面)

单贴条(正面)

单贴条(反面)

三贴条(正面)

三贴条(反面)

密拷(正面)

密拷(反面)

曲牙(正面)

曲牙(反面)

附录 2　服装常见疵点

Fabric fauit

uneven knitting yarn/布疵（编织纱线不匀）

coarse yarn/布疵（粗纱）

slub/布疵（大肚纱）

neps/布疵（棉结）

color yarn/布疵（色纱）

dye bars/布疵（染色横条）

stripes/布疵（染色竖条）

needle line/布疵（针路）

laddering/布疵（漏针）

drop stitches/布疵（漏针）

loose stitches/布疵（松针）

holes/破洞

fabric torn/布烂

permanent creases lines in/死皱痕

fabric Permanent fold lines in fabric/死折痕

Cleanlines

stain/污渍

oil spots/油点

oil stain/油渍

water spots/水点

water stain/水渍

rust stain/锈渍

pen mark/钢（圆）笔痕

pencil mark/铅笔痕

chalk mark/粉笔痕

glue stain/胶水渍

glue mark/胶水痕

untrimmed thread ends/线头未剪清

loose thread/松缝线

dust fibers sttached on fabric surface/脏污纤维附在织物表面

loose fibers sttached on fabric surface/松散纤维附在织物表面

Appearance

color shade variation/色差

color off tone/脱色

glaze/起镜（反光）

poor ironing/熨烫不良

creases mark/皱痕

wrinkle mark/起皱

fold mark/折痕

unmatched checks/不对格

unmatched stripes/不对条

sewn in wrong fabric direction/布纹用错

sewn in wrong fabric side/布正反面用错

washing mark/洗水痕

uneven washing effect/洗水不良

burned/烧毛过度

scorched/焦痕

over pressed(seam impressions)/熨烫过度

stretched shape due to pressing/熨烫不良（伸长）

distorted shape due to pressing/熨烫变形

bubbles due to improper fusing/里衬不良造成起泡

Stitching Defects

broken stitches/断线

skipped stitches/跳线

run‐off stitching/线落坑

uneven stitching/线迹不匀

irregular stitching/线迹不规则

wavy stitching/线迹起波浪

insecured back stitching/回针不良

loose stitch tension/线迹张力松

uneven stitch tension/线迹张力不匀

loose stitch density/线迹密度不匀

missed stitching/漏车缝

missed bar tack/欠打枣

unmatched join stitching/驳线不良

missed sewing operation/漏车缝工序

needle chewing/针痕

Seaming Defects

open seam/开缝

puckered seam/缝起皱

pleated seam/缝打折

twisted seam/扭缝

puckering/起皱

frayed edges/散口

folded seam/车缝折叠

seams folded opposite to specify direction/缝折向错误

unaligned seam/缝不对称

unmatched seam/缝不相配

uneven pleats length/折长度不对称

uneven darts width/摺宽不对称

misplaced bar tacks/错打枣位置

uneven seam length/缝长不对称

linking seam cannot stand for stretch/链缝拉伸强度不够

Collar/Neck

collar shape not as approved/领型不对

little recovery or no elasticity at neck/领松紧不良

neck opening too small for wearing/领口太小

Button & Button Hole

missed button/欠钮

broken button/烂钮

insecured button stitching/钮扣车线不牢

wrong button/错钮

omitted button hole/欠钮门

incomplete stitching/车缝不全

uncut button hole/钮门未开

unaligned button &button hole/钮与钮门位置不相对

misplaced button & button hole/钮与钮门错位

button stitch not properly locked/钮线打结不良

Sleeve & Cuff

uneven sleeve length/袖长不对称

notches exposed at sleeve slit/袖叉定位口外露

wrong attach of sleeve lining/袖里不对

uneven cuff width/袖口宽不对称

uneven cuff height/袖口长不对称

Body

excess gatherings at yoke seam/担干多余褶位

unmatched seams at armhole/袖窿缝不对称

improper gatherings at sleevecap/袖山打褶不对称

deformed shape/变形

Pocket & Pocket Flap

unaligned front pockets(Hi-Low pocket)/高低袋

slanted pocket/袋斜

excess tightness of pocket/袋口太紧

excess fullness of pocket/袋口太松

pocket cloth not smooth when bar tacking/袋布打
　枣口不平顺

twisted pocket cloth/袋布扭曲

poorly shaped pocket/袋形不好

poorly shaped pocket corner/袋角形不好

misplaced pocket position/袋位不正

incorrect pocket position/错袋位

exposing pocket corner/袋角外露

incorrect position of pocket flap/袋盖位不对

Hem/Ribbing

torn at ribbing/烂罗纹

holes at ribbing/罗纹破洞

little recovery or no elasticity at ribbing/罗纹弹性
　不好

uneven hem/下摆不对称

twisted hem/下摆扭曲

wavy hem/下摆起波浪

Waistband

uneven waistband(Hi-Low waistband)/高低腰带

poor waistband finishing/腰带成形不良

waistband stitching broken when stretched/腰带拉
　伸后断线

Leg

twisted leg/扭脚

uneve leg/长短脚

side seam turned wrongly/侧缝方向错

irregular hem width/脚口宽不对称

Embroidery

missed embroidery/欠绣花

misplaced embroidery/绣花错位

broken embroidery stitches/断绣线

incorrect embroidery stitch/绣线密度不对

uneven embroidery stitching/绣线不均

color off shade or not as specified/绣线脱色

wrong embroidery/错绣花

Printing defects

missed printing/欠印花

misplaced printing/印花错位

printing faults-(printing stain)/印疵(印污迹)

printing faults-(off printing)/印疵(印花移位)

color off shade or not as specified/印花脱色

wrong printing/错印花

Labels & Hangtags

missed label/欠商标

missed hangtag/欠挂牌

wrong label/错商标

wrong hangtag/错挂牌

label insecurely stitched/商标车缝不牢

label folded by stitching/商标车折

part of label sewn inside seam (invisible)/商标部
　分被车入缝

label sewn inverted (label up-side-down)/商标
　颠倒

label sewn reversed (label up-side-down)/商标
　车反

accessories/

scratches/挂花

poor plating/电镀不良

sharp points/利点

sharp edges/利边

rust/生锈

wrong accessories/错附件

color discharged/脱色

malfunction of zipper/拉链失灵

zipper slider running not smoothly/拉链不顺畅

missed zipper teeth/拉链掉齿

missed zipper puller/掉拉链头

wavy zipper/拉链起波

poor setting of zipper/拉链安装不良

zipper tape too close to fly seam affecting zip/拉链太近门襟影响拉链功能

function/按钮掉

detached snap/铆钉掉

detached rivet/按钮掉

detached stud/按钮开关太紧

snap too tight to close or open/按钮开关太松

snap too loose to close or open/按钮位置布烂

fabric torn around snaps/欠肩衬

missed shoulder pads/肩衬错位

misplaced shoulder pads/欠魔术贴

missed velcro tapes/魔术贴位置不对

misplaced velcro tapes

Packing defects

wrong folding size/折叠尺寸不对

wrong folding method/折叠方法不对

wrong hangtag/挂牌错

wrong tissue paper/防潮纸用错

missed hangtag/欠挂牌

missed tissue paper/欠防潮纸

missed silica gel/欠干燥剂

ploybag torn/胶袋破

missed spare button/欠备用扣

missed spare yarn/欠备用纱

Miscellaneous defects

wrong size label/尺码标错

odor/异味

mildew/发霉

wet item/受潮

damp item/受湿

visible or distur bing mending places/修补不良

附录 3 原产地证样表

ORIGINAL （1）

1. Exporter **NINGBO JIAYU IMPORTS & EXPORTS LTD.**			Certificate No. <div align="center">**CERTIFICATE OF ORIGIN** **OF** **THE PEOPLE'S REPUBLIC OF CHINA**</div>		
2. Consignee					
3. Means of transportation and route			5. For certifying authority use only		
4. Country/region of destination					
6. Mrks and numbers	7. Number and kind of packages; description of goods	8. H.S Code	9. Quantity	10. Number and date of invoices	
11. Declaration by the exporter The undersigned hereby declares that the above details and statements are correct，that all the goods were produced in china and that they comply with the rules of Origin of the People's Republic of china. 公司盖印 -- Place and date，signature and stamp of authorized signatory.			12. Certification It is hereby certified that the declaration by the exporter is correct. 商检局盖印 -- Place and date，signature and stamp of certifying authority.		

ORIGINAL（2）

1. Goods consigned from (Exporter's business name, address, country) **NINGBO JIAYU IMPORTS & EXPORTS LTD.** 2. Goods consignee to (Consignees' name, address, country) 客户名称/公司地址	Reference No. **GENERALIZED SYSTEM OF PREFERENCE** **CERTIFICATE OF ORIGIN** (Combined declaration and certificate) FORM A Issued in <u>THE PEOPOE'S REPUBLIC OF CHINA</u> (Country) See Noted Overleaf
3. Means of transport and route(as far as known) 运输方式 出货日期	4. For official use

5. Item number	6. Marks and number of packages 唛头	7. Number and kind of packages；description of goods 品名和箱数	8. Origin criterion (see Notes overleaf) 产品编号	9. Gross weight or other quantity 个数	10. Number and date of invoices 发票号和日期

11. Certification It is hereby certified, on the basis of control carried out, the declaration by the exporter is correct. 商检局盖印 -- Place and date. signature and stamp of certifying authority	12. Declaration by the exporter He undersigned hereby declares that the above detail and statements are correct that the goods were produce in China and that they comply with the original requirements specified for those goods in the Generalized System of Preferences for goods exported to -- 公司盖印 -- (import country) -- Place and date, signature of authorized signatory

ORIGINAL（3）

1. Goods consigned from（Exporter's business name, address，country） **NINGBO JIAYU IMPORTS & EXPORTS LTD.** 2. Goods consignee to（Cousignee's name，address，country） 客户名称/公司地址	Reference No. **ASEAN-CHINA FREE TRADE AREA PREFERENTIAL TARIFF CERTIFICATE OF ORIGIN** （Combined declaration and certificate） FORM E Issued in THE PEOPOE'S REPUBLIC OF CHINA （Country） See Noted Overleaf
3. Means of transport and route（as far as known）运输方式 出货日期 Departure Date Vessel/Flight/Train/Vehicle No. Port of discharge	4. For official use □ Preferential Tariff Treatment Given Under _____ □ Preferential Treatment Not Given（Please state reasons） ………………………………………………

5. Item number	6. Mrks and number of packages 唛头	7. Number and kind of packages；description of goods 品名和箱数	8. Origin criterion（see Notes overleaf）产品编号	9. Gross weight or other quantity 数量	10. Number and date of invoices 发票号和日期

11. Certification It is hereby certified on the basis of control carried out, the declaration by the exporter is correct. ……………………………………………… 商检局盖印 ……………………………………………… Place and date. signature and stamp of certifying authority	12. Declaration by the exporter He undersigned hereby declares that the above detail and statements are correct that the goods were produce in China 公司盖印 ……………………………………………… Place and date，signature of authorized signatory

ORIGINAL（4）

1. Exporter's name, address, country： **NINGBO JIAYU MPORTS & EXPORTS LTD.** 2. Producer's name and address, if known： 3. Consignee's name, address, country：	Certificate No.： **CERTIFICATE OF ORIGIN** **Form F for China-Chile FTA** Issued in _____ (see Instruction overleaf)
4. Means of transport and route (as far as known) Departure Date Vessel/Flight/Train/Vehicle No. Port of loading Port of discharge	5. For Official Use Only Preferential Tariff Treatment Given Under _____ Preferential Treatment Not Given (Please state reasons) ……………………………………… Signature of Authorized Signatory of the Importing Country
	6. Remarks

7. Item number (Max 20)	8. Marks and numbers on packages	9. Number and kind of packages; description of goods	10. HS code (Six digit code)	11. Origin criterion	12. Gross weight, quantity (Quantity Unit) or other measures (liters, m^3, etc)	13. Number, date of invoice and invoiced value

14. Declaration by the exporter The undersigned hereby declares that the above details and statement are correct, that all the goods were produced in (Country) CHINA and that they comply with the origin requirements specified in the FTA for the goods exported to (Importing country) CHILE Place and date, signature of authorized signatory	15. Certification It is hereby certified, on the basis of control carried out, that the declaration of the exporter is correct. * Place and date, signature and stamp of certifying authority Certifying authority Tel：Fax： Address：

附录 4   信用证

L.C.

SHANGHAI X X X X TEXTILE CO., LTD.   12AUG2008
ROOM XX, NO XX XXXX ROAD, SHANGHAI CHINA
SHANGHAI，CHINA 200336

  USD ONE HUNDRED AND FIVE THOUSAND ONE HUNDRED AND SEVENTY TWO. 10 ONLY

DEAR SIRS，

IN ACCORDANCE WITH THE VERSION OF THE UCP RULES（ISSUED BY THE ICC）AS
SPECIFIED IN THE CREDIT, WE ADVISE HAVING RECEIVED THE CAPTIONED
DOCUMENTARY CREDIT IN YOUR FAVOUR. FROM EMPORIKI BANK OF GREECE SA
    （SWIFT ADDRESS：EMPOGRAA）

27	SEQ OF TOTAL：	1/1
40A	FORM OF DC：	IRREVOCABLE
20	DC NO：	556102562
31C	DATE OF ISSUE：	12AUG08
40E	APPLICABLE RULES：	
	UCPURR LATEST VERSION	
31D	EXPIRY DATE AND PLACE：	01OCT08 CHINA
51D	APPLICANT BK：	EMPORIKI BANK
		CENTRALIZED OPERATIONS DIVIS BRANCH
		12-14 KOLONOU STR. ,3RD FLOOR
		10437 ATHENS, GREECE
50	APPLICANT：	CONCEPT S. A.
		19 KANARI STR
		10973 ATHENS
		GREECE
59	BENEFICIARY：	SHANGHAI X X X X TEXTILE CO. ,LTD.
		ROOM XX,NO XX XXXX ROAD, SHANGHAI CHINA
		SHANGHAI, CHINA 200336
		TEL：021-61135317 FAX：021-61135319
32B	DC AMT：	USD105172. 10
39A	PCT CR AMT TOLERANCE：	3/3
41A	AVAILABLE WITH/BY：	HSBCCNSHXXX
		BY DEF PAYMENT
42P	DEFERRED PYMT DETAILS：	USD 105.172，10 60 DAYS AFTER
		SHIPMENT DATE
43P	PARTIAL SHIPMENTS：	ALLOWED
43T	TRANSHIPMENT：	ALLOWED

44E LOADING PORT/DEPART AIRPORT:
ANY PORT OR AIRPORT IN SHANGHAI CHINA
44F DISCHARGE PORT/DEST AIRPORT:
ANY PORT IN GREECE OR ATHENS AIRPORT
44C LATEST DATE OF SHIPMENT: 10SEP08
45A GOODS:
GARMENTS AS SPECIFICALLY DESCRIBED IN BENEFICIARY'S PROFORMA
INVOICE NO: 08EPC58 DATED 02 JULY 2008 REVISED DATE: 24 JULY
2008 FOR TOTAL AMOUNT USD 105172,10. -
(DELIVERY TERMS:FOB SHANGHAI)
46A DOCUMENTS REQUIRED:
1) COMMERCIAL INVOICE IN TWO ORIGINALS AND TWO COPY DULY
STAMPED AND SIGNED BEARING THE BENEFICIARIES STATEMENT THAT
THE INVOICED AND SHIPPED GOODS ARE IN STRICT CONFORMITY TO
THOSE SPECIFIED PROFORMA INVOICE NO: 08EPC58 DATED 02 JULY
2008REVISED DATE: 24 JULY 2008 IT SHOULD ALSO STATE NIMEXE
NUMBER AND THE GROSS AND THE NET WEIGHT OF GOODS
2) PACKING LIST IN THREE ORIGINALS MENTIONING THE GROSS AND
THE NET WEIGHT OF EACH PACKAGE, THE MARKS AND NUMBERS AND
THEIR CONTENT BEARING BENEFICIARIES STATEMENT THAT THE
PACKING IS FIRM AND SUITABLE FOR SAFE BY OCEAN OR
AIRWAY TRANSPORTATION
3) FULL SET OF CLEAN ON BOARD BILL OF LADING ISSUED OR
ENDORSED TO THE ORDER OF EMPORIKI BANK EVIDENCING SHIPMENT
OF GOODS FROM SHANGHAI, CHINA WITH DESTINATION ANY PORT IN
GREECE FREIGHT PAYABLE AT DESTINATION AND NOTIFY
APPLICANT...OR...DUPLICATE OF CLEAN AIRWAY BILL ISSUED IN THE
NAME OF EMPORIKI BANK EVIDENCING SHIPMENT OF GOODS FROM
AIRPORT IN SHANGHAI, CHINA WITH DESTINATION ATHENS AIRPORT
GREECE FREIGHT PAYABLE AT DESTINATION AND NOTIFY APPLICANT
4) COPY OF EXPORT CERTIFICATE
5) COPY OF AZO FREE TESTS REPORTS
6) COPY OF CERTIFICATE OF CHINESE ORIGIN ISSUED BY CHAMBER
OF COMMERCE
7) CERTIFICATE ISSUED BY OWNER,MASTER OR AGENTS STATING THAT
THE CARRYING VESSEL IS NOT EXCEEDING 30 YEARS OF AGE AT THE
DATE OF LOADING (ONLY FOR SHIPMENT BY SEA)
47A ADDITIONAL CONDITIONS:
INSURANCE WILL BE COVERED BY THE APPLICANT ACCORDING TO
THEIR STATEMENT.
TOLERANCE 3 PERCENT MORE OR LESS IN QUANTITY AND AMOUNT ARE
ACCEPTABLE.
ALL DOCS MUST BE IN ENGLISH LANGUAGE AND BEAR OUR A/M L/C NO,
EXCEPT AZO FREE TEST, CERTIFICATE OF ORIGIN, EXPORT LICENCE.
SHIP. DOCS WITH DATE PRIOR TO L/C ISSUANCE DATE ARE
NOT ACCEPTABLE
DISCREPANCY FEE OF USD 35 WILL BE CHARGED ON BENEFICIARY S
ACCOUNT FOR EACH DISCREPANCY.
ORIGINAL EXPORTS CERTIFICATE, ORIGINAL CERTIFICATE OF ORIGIN
ORIGINAL AZO FREE TEST REPORTS, COPY OF INVOICE, COPY OF
PACKING LIST, COPY OF BILL OF LADING OR AWB TO BE SENT TO

CONCEPT SA ADDRESS（SEE FIELD 50 ）WITHIN 3 DAYS AFTER SHIPMENT
AND BENEF CERTIFICATE AS WELL AS PHOTOCOPY OF COURIER RECEIPT
MUST ACCOMPANY ORIGINAL DOCS THAT WILL BE SENT TO OUR BANK.

71B DETAILS OF CHARGES：   ALL YOUR CHARGES OUTSIDE
                          APPLICANT S BANK ARE ON
                          BENEFICIARIES ACCOUNT.
                          DO NOT WAIVE.

48 PERIOD FOR PRESENTATION： DOCUMENTS TO BE PRESENTED WITHIN
                            21 DAYS AFTER THE DATE OF ISSUANCE
                            OF THE TRANSPORT DOCUMENT，BUT
                            WITHIN THE VALIDITY OF THE CREDIT

49 CONFIRMATION INSTRUCTIONS： WITHOUT

78 INFO TO PRESENTING BK：
UPON RECEIPT OF DOCUMENTS AT OUR COUNTERS LATEST 16.10.2008
（15 DAYS AFTER L/C EXPIRY ）IN STRICT CONFORMITY WITH ALL
CREDIT TERMS AND CONDITIONS PAYMENT WILL BE EFFECTED AS PER YOUR
INSTRUCTIONS ON DUE DATE（SEE FIELD 42P ）WITH VALUE TWO WORKING DAYS.

57D ADVISE THRU：   HSBC BANK（CHINA ）COMPANY LIMITED
                    SHANGHAI BRANCH，G/F，HSBC TOWER
                    1 000 LUJIAZUI RING RD，PUDONG，200120
                    SHANGHAI CHINA S/C：HSBCCNSH

72 BK TO BK INFO：   FORWARD ONE SET OF DOCUMENTS
                     DIRECTLY TO OUR ADDRESS
                     SEE FIELD 51D.
                     KINDLY ACKNOWLEDGE TO US RECEIPT
                     MENTIONING ALSO YOUR REF.NO.

THIS ADVICE CONSTITUTES A DOCUMENTARY CREDIT ISSUED BY THE ABOVE BANK
AND SHOULD BE PRESENTED WITH THE DOCUMENTS/DRAFTS FOR NEGOTIATION/
PAYMENT/ACCEPTANCE，AS APPLICABLE.

749752-AUTO-000.01-00

附录 5 提 单

Shipper				OCEAN-TOP	B/L No. GTBHL1012224

Shipper code

0000852

SHANGHAI OCEAN-TOP INTERNATIONAL LOGISTICS CO.,LTD.

BILL OF LADING

ORIGINAL

Consignee

RECEIVED in apparent good order and condition except as otherwise noted the total number of containers or other packages or units enumerated below for transportation from the place of receipt to the place of delivery subject to the terms and conditions hereof. One of the Bills of Lading must be surrendered duly endorsed in exchange for the goods or delivery order. On presentation of this document duly endorsed to the Carrier by or on behalf of the Holder of the Bill of Lading, the rights and liabilities arising in accordance with the terms and conditions here of shall, without prejudice to any rule of common law or statute rendering them binding on the Merchant, become binding in all respects between the Carrier and the Holder of the Bill of Lading as though the contract evidenced hereby had been made between them. IN WITNESS where of the number of original Bill of Lading stated under have been signed all of this thnor and date, one of which being accomplished, the other(s) to be void.

Notify Party
SAME AS CONSIGNE

Party to contact for cargo release
Y. S. C. EXPRESS CORP.
3F. RECRUIT BLDG. , 6-3 KINKO-CHO KANAGAWA-KU,
YOKOHAMA SHI, KANAGAWA-KEN, 221-0056, JAPAN
TEL:0081-45-450-1518
FAX:0081-45-450-1918

Pre-carriage by	Place of receipt

Ocean vessel	Voy No.	Port of loading
SU ZHOU HAO V. 1835		SHANGHAI

Final Destination See Article 7.paragraph(2)

Port of discharge	Place of Delivery
OSAKA	OSAKA

Container No.	Seal No. Marks & Numbers	No.of Containers or Packages	Kind of packages:description of goods		Measurement m³ Gross weight kgs
	ACROS TOKYO/JAPAN MADE IN CHINA	213 CTNS	GARMENTS L/C NO. 041-0214230	3885KGS	16. 57CBM

— Particulars furnished by shipper —

SHIPPER'S LOAD, COUNT AND SEAL

CFS TO CFS
FREIGHT COLLECT

Total number of Containers of other Packages or units received by the Carrier(in words)	SAY TWO HUNDRED AND THIRTEEN CTNS ONLY.

Freight and charges	Revenue tons	Rate	Per	Prepaid	Collect

ON BOARD
14 DEC 2010

Exchange rate	Prepaid at	Collect at	Place and date of issue SHANGHAI 14 DEC 2010
	Total prepaid in national currency	No. of original B(s)L THREE	Signed for the Carrier

LADEN ON BOARD THE VESSEL

Date

By _____

For and on behalf of
SHANGHAI OCEAN-TOP INTERNATIONAL LOGISTICS CO.,LTD.

AS AGENT FOR THE CARRIER
SHANGHAI FERRY CO. , LTD.

(Authorized Signature(s))

(TERMS CONTINUED ON BACK HEREOF)

205-37330053

Master Air Waybill		House Air Waybill	GTBHL1012146

Not Negotiable

Air Waybill
Issued by

SHANGHAI GOLDEN-TOP INTERNATIONAL LOGISTICS CO.,LTD.

Shipper's Name and Address	Shipper's Account Number

Copies 1,2 and 3 of this Air Waybill are originals and have the same validity

Consignee's Name and Address	Consignee's Account Number

It is agreed that the goods described herein are accepted in apparent good order and condition (except as noted) for carriage, SUBJECT TO THE CONDITIONS OF CONTRACT ON THE REVERSE HEREOF, ALL GOODS MAY BE CARRIED BY ANY OTHER MEANS INCLUDING ROAD OR ANY OTHER CARRIER UNLESS SPECIFIC CONTRARY INSTRUCTIONS ARE GIVEN HEREON BY THE SHIPPER. AND SHIPPER AGREES THAT THE SHIPMENT MAY BE CARRIED VIA INTERMEDIATE STOPPING PLACES WHICH THE CARRIER DEEMS APPROPRIATE. THE SHIPPER'S ATTENTION IS DRAWN TO THE NOTICE CONCERNING CARRIER'S LIMITATION OF LIABILITY. Shipper may increase such limitation of liability by dearing a higher value for carriage and paying a supplemental charge if required.

Issuing Carrier's Agent Name And City
SHA

Accounting Information **FREIGHT COLLECT**

Notify Party
SAME AS CONSIGNE

Agent's IATA Code	Account No.
SHANGHAI PUDONG AIRPORT	

Airport of Departure(Addr. Of First Carrier)and Requested Routing

To	By First Carrier	Routing and Destination	to	by	to	by	Currency	CHGS Code	WT/VAL PPD COLL	Other PPD COLL	Declared Value for Carriage	Declared Value for Customs
NRT	NH										USD C C	

Airport of Destination	Flight/Date	For Carrier USE only Flight/Date	Amount of Insurance
NARITA	NH8518	DEC 11 2010	

INSURANCE-If Carrier offers insurance,and such insurance is requested in accordance with the conditions thereof,indicate amount to be insured in figures in box marked 'Amount of Insurance'.

Y.S.C.EXPRESS CORP. 3F, RECRUIT BLDG., 6-
SHINJUKU CHO KANAGAWA-KU, YOKOHAMA
SHI, KANAGAWA-KEN, 221-0056 JAPAN
TEL:008145-450-1518
FAX:008145-450-1518

SCI

(For U.S.A.use only) These commodities licensed by USA for ultimate destination _____ Diversion contrary to USA law prohibited.

No.of Pieces RCP	Gross Weight	Kg/ lb	Rate Class Commodity Item No.	Chargeable Weight	Rate / Charge	Total	Nature and Quantity of Goods (incl.Dimensions or Volume)
43	482	K	585		100 K		GARMENTS
							VOL: 3.5 CBM

Prepaid	Weight Charge	Collect	Other Charges
	Valuation Charge		
AS ARRANGED	Tax		
Total Other Charges Due Agent			
Total Other Charges Due Carrier			

For and on behalf of
SHANGHAI GOLDEN-TOP INTERNATIONAL LOGISTICS CO.,LTD.

Shipper certifies that the particulars on the face hereof are correct and that insofar as any part of the consignment contains dangerous goods, such part is properly described by name and is in proper condition for carriage by air according to the applicable Dangerous Goods Regulations.

Signature of Shipper or his Agent

Total Prepaid	Total Collect
Currency Conversion Rates	CC Charges in Dest. Currency

	Executed on (date)	at (place)	Signature of Issuing Carrier of its Agent
For Carrier's Use only at Destination	Charges at Destination	Total Collect Charges	

ORIGINAL 2 (FOR CONSIGNEE)

参考文献

［1］卓乃坚.服装出口实务[M].上海:东华大学出版社,2006
［2］沈根荣,阎文盈.国外进口商验厂制度对我国出口的影响及对策探讨[J].国际商务研究, 2009(1)
［3］徐利平.服装生产工艺单编制方法的探讨[J].嘉兴学院学报,2002,14(3)
［4］楼亚芳.服装跟单实务.青岛:中国海洋大学出版社,2014
［5］冯麟,等.服装跟单实务.北京:中国纺织出版社,2009
［6］李广松,等.服装跟单实务.北京:化学工业出版社,2012
［7］楼亚芳,韩纯宇."服装外贸理单跟单"课程项目化教学的实施[J].纺织教育,2012(1)
［8］于春阳.服装外贸理单中的专业英语翻译技巧.浙江纺织服装职业技术学院学报,2011 (4)
［9］金壮.服装品质管理实用手册.北京:中国纺织出版社,2005
［10］张芝萍.服装外贸跟单实务.北京:中国纺织出版社,2008
［11］毛益挺.服装企业理单跟单.北京:中国纺织出版社,2005
［12］吴俊,刘庆,王东伟.染整印花跟单.北京:中国纺织出版社,2005
［13］吴俊,刘庆.织造跟单.北京:中国纺织出版社,2005

关于本书中的单位及符号使用的说明:

由于本书中的资料都来自于服装出口企业的真实资料,在实际工作中都是采用了外商采用的单位及符号(有些在我国国标中已不再使用),还有在英语表述中采用的单位缩写不符合我国规范,但为了保持资料真实性与实际操作性,就保留了原样。如英寸(″);GMS:grams(克);SM:square meter(平方米);CBM:cubic meter(立方米)等。